马芳

—— 从俘虏到将军 ——

纪海龙 著

中国文史出版社

自　序

　　当这本书即将付梓之际，我突然萌生了一个大胆的想法——自己撰写序言。或许此举与我的学术地位并不相称，但我仍觉得这是一次颇为"酷"的尝试。

　　在攻读硕士学位期间，我便对历史人物研究产生了浓厚的兴趣，并曾在《内蒙古师范大学学报》上发表了一篇探讨《明史·万贵妃传》史源问题的文章。尽管以今日之眼光来看，那篇文章略显稚嫩，但当时的我却颇感自豪。此后，在东北师范大学亚洲文明研究院诸位师友的教导、鼓励与鞭策下，我系统地研读了《明史纪事本末》《明史》《皇明诏令》《大明律》以及市面上常见的明人文集等明史领域的基础文献。硕士毕业后，我顺利考入南开大学历史学院，攻读中国史博士学位。读博期间，我主要从事《明武宗实录》的文本整理与校勘工作，并发表了相关的研究成果。通过这项工作，我逐渐发现了一些有趣的研究话题，例如明代的养廉地以及"捣巢"战等。《明代边臣养廉地之初探》一文便是在这一契机下完成的，这也是我发表的第一篇与明代军事史相关的文章。

　　2019年3月，我加入廊坊师范学院历史系，开始从事教学与科研工作。入职后，出于对明代军事史的热爱，我围绕嘉隆万时期宣大镇的武将麻贵、马芳、马林等人撰写了一系列文章，并因此收集了大量与这些武将相关的史料。在将这些史料整理成长编的过程中，我逐渐意识到马芳这位在当时已名满天下的将领之成长轨迹，与明朝的各类军政制度以及明蒙关系的演变等议题息息相关。于是，萌生了以马芳为切入点，审视国家、家族、个人命运三者之间关系的想法。我深知，在当今强调学术创新的背景下，历史人物研究已不再是热门领域。然而，我仍然想强调的是，在探寻历史人物命运轨迹的过程中，我们往往能够深刻感受到当时"大历史"所带来的广泛、复杂且深远的影响力。从这个意义上来说，对典型历史人物的研究仍然是理解历史本身的一个重要途径。

本书主要从以下几个方面展开研究：其一，考述了马芳早年富有传奇色彩的经历，并从国家制度及个人层面两个角度，对他回归明朝这一行为进行了尝试性解释；其二，对马芳的军事素养、军事主张、具体战绩进行了详细梳理，并在此基础上，审慎地评估了他一生的军事作为；其三，从家庭、婚姻、社会关系角度考察了马芳及其后人在明朝军政两界的影响；其四，从个人及国家战略变迁的视角，回答了马芳晚年的结局何以具有"凄凉"色彩；其五，在解析马氏家风内涵的基础上，较为细致地考察了马芳后人的历史作为与最终归宿。

在撰写本书的过程中，我始终希望能够写得稍微"精彩"一些，以飨读者与自己。然而，受限于才识与笔力，早先的美好愿景几乎全部化为泡影。唯一值得庆幸的是，"求真"这一信念始终未变，但最终是否真正做到了这一点，还有待于读者的检验。倘若这本小书能够为文史爱好者，尤其是喜爱明代军事历史的朋友，带来一些鲜活的感受，那将是我莫大的荣幸。

是为序。

2024 年 11 月 29 日于知园

目　　录

绪　论 ……………………………………………………… 1

第一章　马芳早年之传奇经历 …………………………… 7

　　第一节　少年多磨难 ………………………………… 7

　　第二节　回归明朝 …………………………………… 21

第二章　组建家庭与定居蔚州 …………………………… 46

　　第一节　家有贤妻 …………………………………… 46

　　第二节　定居蔚州 …………………………………… 54

第三章　马芳的为将之道 ………………………………… 67

　　第一节　军事素养 …………………………………… 68

　　第二节　具体斩获 …………………………………… 90

第四章　马芳家族的社会关系 …………………………… 101

　　第一节　马氏族人的婚姻 …………………………… 101

　　第二节　马芳与内阁关系考（一）

　　　　　　——徐阶对马芳的关注与提携 …………… 114

　　第三节　马芳与内阁关系考（二）

　　　　　　——以"田世威、刘宝案"为中心 ……… 128

第五章　挫折与憾事 ……………………………………… 145

　　第一节　被迫辞官 …………………………………… 145

第二节 "捣巢"兴衰与"封贡"达成
　　——兼论马芳的最终归宿 ……………………………… 153

第六章 将门宿命 …………………………………………… 168
　第一节 马氏家风 ………………………………………… 168
　第二节 骈首辽东 ………………………………………… 178

附 录

马芳年表 …………………………………………………… 214
《战功私录》自序 ………………………………………… 223
战功私录 …………………………………………………… 225
《战功私录》题跋 ………………………………………… 231
马将军传序（代） ………………………………………… 232
马将军家传 ………………………………………………… 234
马将军传赞 …………………………………………… 李维桢 242
书马大将军传后 …………………………………………… 243
儒将马林的辽东生涯 ……………………………………… 245

参考文献 …………………………………………………… 260
后　　记 …………………………………………………… 271

绪　　论

一、选题缘由

马芳是活跃于明朝嘉靖中期至万历初期的一位杰出军事将领。尽管他的事迹在明清两代的史籍中有所记载，但尚未引起学术界的广泛关注。然而，以他的生平事迹为蓝本改编的曲艺和戏曲作品早已登上舞台，例如京韵大鼓《香莲帕》、川剧《鱼鳞阵》以及京剧《马芳困城》等。马芳逝世后，民间甚至将他神化为"马王爷"进行崇拜。时至今日，关于他的故事依然在网络上引发众多文史爱好者的浓厚兴趣。近期，长篇小说《明朝大将马芳传奇》由中国言实出版社出版发行。我们不禁要问，马芳究竟有何魅力，能在民间拥有如此广泛的影响力？与此同时，需要指出的是，民间传说和网络文章与严谨的史学作品相比，在求真方面仍存在较大差距。例如，网络上流传着马芳的籍贯是今日的张家口蔚县，他幼年时被蒙古人掳至宣府地区，后来因身负家仇国恨而回归明朝效力的说法，实际上这些观点均属误传。通过对史料的严谨考证，厘清马芳真实的历史面貌，有助于纠正上述种种谬误。

如前文所述，马芳的一生充满了传奇色彩，而造就这些"传奇"的因素，除了他个人的特殊际遇，更深层次的原因还需从明朝当时推行的各项制度或军事战略中探寻。例如，"走回人"的招徕与安置、军事家丁制的兴起、"捣巢"战略的演变等，都与马芳的命运走向密切相关。马芳既是这些制度的受益者，也在不知不觉中受到制度运作后果的影响。隆庆初期，他从曾经备受朝廷倚重的栋梁之臣，逐渐转变为内阁大臣眼中达成"封贡"的"绊脚石"。总之，我们希望通过聚焦这样一位具有代表性的军事将领的一生，洞察这一时期重要武臣的个人命运、家族命运与国家制度演进之间的内在张力。这正是撰写本书的现实意义与学术价值所在。

二、研究现状

自明清以来，关于马芳及其家族成员的各类记载颇为丰富。然而，这些著述在记事上多有重复，且内容中存在不少前后矛盾之处，这无疑阻碍了我们对马芳这一重要历史人物的全面了解与客观评价。1993年，韩立基先生向学界首次披露了马芳及其夫人师氏合葬墓志铭的基本情况。[①] 在这篇文章中，韩氏详细介绍了该墓志铭的规制、保存状况及文本内容。随后，作者将墓志铭与清修《明史》中关于马芳本人及其家族史事的记载进行了文本比对，揭示了两种文献记载中的差异，并据此指出了《明史》中的讹误。合葬墓志铭的发现，为日后学界对马芳及其家族成员的研究提供了更为可靠的史料依据。

此后，李兴华、李大钧、李大宏等学者在《大同伊斯兰教研究》一文中，对马芳及其两子马栋、马林主持或参与修缮大同大清真寺的基本史实进行了详细梳理。同时，作者们指出，"马林曾以'万历庚申年''教中马林书'为落款，为该清真寺题写了'秉教真一''持教不二'两块巨大匾额，两匾原悬挂在泮桥前木雕牌坊两侧，但遗憾的是，这些牌坊与匾额在'文革'期间均遭损毁"[②]。我们可从"教中马林

---

① 韩立基：《明马芳及夫人师氏墓志铭考》，《文物春秋》1993年第3期，第72—75页。

② 李兴华、李大钧、李大宏：《大同伊斯兰教研究》，《回族研究》2006年第3期，第52页。此外，李海的《大同清真大寺历史沿革考释》一文（载《山西大同大学学报（自然科学版）》2016年第2期，第93页）也对蔚州马氏家族参与修缮大同清真寺的情况予以关注。

书"这一记载出发，结合马氏父子多次参与修缮大同清真寺的史实，推断蔚州马氏家族的伊斯兰教信仰或倾向。北京大学的杨大业先生则依据马芳原籍地陕西灵州马姓回民众多的历史事实，以及马氏族人积极参与修缮清真寺的相关史实，认定蔚州马氏家族为信仰伊斯兰教的回族。① 然而，杨先生的这一论断尚未得到一些学者的完全认可。例如，陈亮、王娜认为，马芳"为灵州少数族裔的民族身份，由于目前并无确凿的证据说明马芳之族属，但马芳绝非汉族，应为信仰伊斯兰教之少数族裔"②。由此可见，陈、王二人对马芳的宗教信仰问题并无异议，但对于他是否是回族则持保留态度。范东杰、刘定一则考察了所谓的"马家将"（蔚州马氏家族）兴起的原因，他们认为，该家族的崛起主要得益于明代蔚州特殊的战略位置、马氏的家庭教育以及军门世家的强强联姻。③ 陈亮、王娜根据《都督兰溪马公墓志铭》和《中国明朝档案总汇》中关于马氏家族成员的记述，并结合正史、方志、碑刻等史料，对该家族的祖籍（卫籍）变迁、崛起过程、婚姻关系等方面进行了更为系统的考述。④ 在本书撰写完成之际，天津师范大学的硕士研究生郑岩成发表了题为《明代将领马芳的生平及用兵之道》⑤的论文。作者在文中简要介绍了马芳的籍贯及家庭成员情况，同时，梳理了马芳的用兵特点。

综上所述，学术界此前的研究主要围绕马芳的生平、家族信仰、军事成就以及家族联姻等主题展开，这些成果为本书的后续写作奠定了坚实的基础。然而，需要指出的是，尽管前贤在马芳及其家族的研究上取

---

① 杨大业：《明清回族进士考略（十九）》，《回族研究》2010年第1期，第96、97页。

② 陈亮、王娜：《明代蔚州将门马氏补阙》，《回族研究》2016年第1期，第30页。

③ 范东杰、刘定一：《明代马家将及其形成原因探析》，《武术研究》2016年第2期，第118、119页。

④ 陈亮、王娜：《明代蔚州将门马氏补阙》，《回族研究》2016年第1期，第27—30页。

⑤ 郑岩成：《明代将领马芳的生平及用兵之道》，《西部学刊》2024年9月上半月刊。

得了显著进展，但受限于研究主题的特性，以往的研究尚未将马芳本人及其背后的马氏家族作为一个整体进行系统性的考察。此外，现有的一些研究成果仍存在不足之处，具体话题的探讨仍有进一步深挖的空间。例如，在马芳的军事成就方面，早期研究多侧重于概括性叙述，而对其军事思想的微观探究尚显不足；明清学者对马芳斩级数量的夸大记载，也常被后世学者不加质疑地引用；马芳晚年的结局与明代国家政策演变之间的内在联系，还未得到足够的关注。同时，马芳去世后，其家族后人在明代军界依然具有重要影响力，他们的历史作为及其影响虽有学者偶尔提及，但尚未展开深入探讨。

在学术研究中，某一话题探讨的深入程度并不完全取决于成果的数量，研究数量的多寡也不应成为后续研究的障碍。相反，应将前贤所讨论的相关话题统摄于具体架构之下，进行更为全面的探究。如此，各类话题之间的关联性或许能够更加清晰地显现，从而推动研究向纵深发展。本书以马芳为中心，考察他本人及蔚州马氏家族在明代军事史上的作为、地位及影响，同时附带考察与之密切相关的明代中后期政治、军事制度，这无疑具有重要的学术价值与社会意义。

三、写作思路

笔者认为，若要对蔚州马芳及其家族进行系统且深入的研究，首先需对史料中记载的相关史实进行逐一辨析，以构建一个坚实可靠的研究文本体系。此外，还需将相关史实与当时社会的政治文化背景相结合，以突破个案研究的局限性。因此，本书的整体写作思路是从微观视角切入，先对史料中的相关记载进行详尽考证，以确保其可信度，然后逐步深入，围绕明代北部边疆政策的演变，回答以下几个关键问题：马芳及其背后的家族是如何崛起的？马芳的后人在晚明时期的军事冲突中为何大量殉难，其背后的主导因素是什么？个人、家族与国家之间的命运又是如何相互交织的？

为了回应前文的追问，本书的基本框架和内容安排如下：

第一章题为"马芳早年之传奇经历"。在本章第一节中，我们主要考证了马芳离家出走的地点，以及他从蒙古土默特部回归明朝的原因。这两个问题在史籍中并未直接记载，而是通过史料辨析得出的结论，其价值如何，读者可自行评估。在第二节则着重探讨了明代"走回人"招徕政策的演变与马芳回归之间的关系。这可以视为对马芳回归明朝原因的进一步补充探讨。此外，本节还详细分析了马芳加入明军初期得到总兵周尚文以及两任宣大总督郭宗皋、苏祐赏识的原因。

第二章题为"组建家庭与定居蔚州"。本章主要围绕马芳返回明朝后的婚姻家庭、居住地迁移等方面展开叙述。在第一节中，详细介绍了马芳的妻子师氏的辅助之功。同时指出，马芳除了与师氏所生的三个儿子，还有其他子嗣。在第二节中，提出马芳的家庭住址经历了从阳和卫到蔚州卫的迁移过程，并着重梳理了明代蔚州的行政建置、民风状况以及所处的军事形势。本书进一步指出，明代蔚州地区的民众性格粗犷、勇猛坚韧、吃苦耐劳、渴望建功立业，这种性格特征既与当地恶劣的自然环境有关，也与该地区长期处于明朝与蒙古诸部军事冲突的前线有重要关系。马芳及其后人的性格特征与蔚州地域民风基本契合。最后，笔者还对马氏家族后人担任蔚州卫武官的情况作了简要梳理。

第三章题为"马芳的为将之道"。在本章第一节中，以《马将军家传》《战功私录》等史籍为中心，参考《督抚疏议》《罪惟录》《南州草堂集》《明史》等书中的相关记载，考察了马芳的军事素养与相应的军事主张。在第二节中，详细列举了马芳在历次军事行动中的"斩获"，并纠正了方志等史料中关于马芳战绩记载的谬误。

第四章题为"马芳家族的社会关系"。在第一节中，主要参考《明诰封夫人师氏合葬墓志铭》的记载，详细叙述了马氏后人的婚姻关系。经分析发现，马芳的三位儿媳皆出身于宣大地区的武将家庭，并且这三个家庭的居住地与蔚州在地域空间距离上相隔不远。此外，随着马芳军功的累积，该家族声望日隆，等到他的孙子、孙女择偶之时，已经不限于武将家族，出现了与当朝士大夫家族结亲的情况。总之，该家族的姻亲遍布当时的军、政界，此类姻亲关系对于马芳本人及其家族后人在仕途上的助益不言而喻。在第二节和第三节中，详细论证了马芳与内阁的关系。书中指出，徐阶对马芳的提携与保护最值得关注。此外，马芳在"田世威、刘宝案"的处理过程中也牵涉颇深，能够看出他与内阁之间存在一定程度的政治默契。由此可见，马芳在朝中的影响力非一般武人可比。

第五章题为"挫折与憾事"。在本章第一节中，主要分析了马芳辞官的缘由。指出，除了身体原因，他的离职还与当时明蒙关系和解的大背景有关。马芳坚持早前的"捣巢"战略，与内阁主张的"封贡"策略直接冲突，因此，其仕宦生涯的终结实难避免。在第二节中，详细梳理了明代九边"捣巢"战略的基本运作情况，借此来探查马芳与该战略的捆绑情况。

第六章题为"将门宿命"。在本章第一节中，详细梳理了马芳家族的家风要旨。提出，马芳夫妇二人在文化层面有所缺失，但十分注重子弟的教育，在他们的刻意培育下，马家后人的文化素质大为改观。其家族子弟往往以将门子弟自期，努力践行并传承以忠于国家、建功沙场、亲儒习文、居家孝友为内涵要旨的家风。正是在这种家风的熏陶下，马氏子弟即便在战场上身处危境，也能坦然面对，甚至不惜以身殉国来捍卫家族的荣誉。在第二节中，集中考察了马芳的儿子马林在"萨尔浒之战"及镇守开原城的表现，对其军事责任作了辨析。此外，对马芳孙辈的军旅生涯也进行了详细梳理。总之，对马芳后人在明清易代之际的殉难事迹尽可能予以呈现。

为了使读者更直观地了解马芳的主要事迹，本书在附录部分特别编制了《马芳年表》。此外，还整理了方志中收录的《战功私录》序文、正文、跋文，以及《马将军传序》，并将文集中收录的《马将军家传》正文和《马将军传赞》《书马大将军传后》等文献一并附录于书后，以便为今后的研究者提供参考和使用的便利。最后，笔者将早前发表的与马芳、马林相关的文章也附于书后，以使整个研究工作更加完整。

第一章 马芳早年之传奇经历

本书所要讲述的主人公马芳，历仕嘉靖、隆庆、万历三朝，前后在明朝军队中服役39年，是这一时期颇受明廷倚赖的边将。按照其墓志铭的记载，万历九年（1581）二月十八日，马芳卒于宣府总兵官任上①。去世后，明朝官方给予了马芳高度评价，称他："勇敢善战，练习夷情。尤善抚养家丁，临戎对敌，斩馘最多，一时边塞倚之，称名将云。"② 受此影响，晚出的各类史籍对他也是多有赞誉，如清修《明史》称马芳："大小百十接，身被数十创，以少击众，未尝不大捷。擒部长数十人，斩馘无算，威名震边陲，为一时将帅冠。"③ 下面我们就通过史料的层层梳理，来尽力勾勒出这位明代中后期重要军事将领的一生行实，并借此考察个人命运、家族命运与国家运势之间的复杂关联。

第一节 少年多磨难

洪武初年，明朝驱逐了宁夏地区的残元势力，在此地设府。按照惯

---

① 河北省文物局长城资源调查队编：《明故特进荣禄大夫前军都督府左都督兰溪马公墓志铭》，《河北省明代长城碑刻辑录》（下），科学出版社，2009年，第676页。

② 《明神宗实录》卷109，万历九年二月庚申，第2104页。

③ 〔清〕张廷玉等撰：《明史》卷211《马芳》，中华书局，1974年，第5586页。

常的逻辑，宁夏的行政建制未来应与内地保持一致，施行州县制。然而，当时正值元明易代之际，宁夏周边的蒙古势力虽屡遭明军打击，但实力尚存，他们对在此地布防的明军时常发起攻击，这对于该地的安全构成了严重威胁。稍后，明朝出于防范蒙古的军事需要，旋即废置宁夏府，代之以卫所制对其地进行管理。明朝在宁夏地区先后设置军卫四、千户所三，分别是宁夏卫、中卫、屯卫、右屯卫，平州所、灵州所、宁夏守御所。① 要指出的是，明朝在何地置卫抑或设所，一般根据辖区的大小及军事重要程度而定。总之，马芳生在当时军事色彩浓厚的宁夏地区。

一、**离家出走**。正德十二年（1517），农历五月十五日②，马芳诞生于灵州所大沙井（属今宁夏吴忠市）的一个军户之家。灵州所归宁夏卫管辖，大沙井城在灵州所城之南约四十里③处。在马芳之前，这个家族在历史上还没有出现过什么显赫的人物，故而他的墓志铭称"其上世隐德，弗耀"④。马芳的生母同古代中国绝大多数女子一样，没有在史籍上留下正式姓名。根据马芳的墓志铭记载得知，其母姓魏，而令人稍感奇怪的是，《马氏家谱》称马芳的母亲姓苏，苏氏生二子，分别是长子马芳、次子马荷。考虑到墓志铭的撰写依据是马芳亲属郝杰先前所作之行状，郝氏对马芳家族成员的基本信息理当有较为准确的把握，故而，这里采信墓志铭中的说法。相对而言，《马氏家谱》后来应经过多次改修，存在记述偏差的可能性较大。另据《马氏家谱》透露，马芳是家族的长子，他还有一个弟弟叫作马荷。除《马氏家谱》，明清以来记述马芳家族信息的相关典籍中再未见到马荷此人，但是就命名规则而

① 〔清〕吴暎撰：《左司笔记》卷1《疆域》，《四库全书存目丛书》史部第276册，齐鲁书社，1996年，第150、151页。

② 河北省文物局长城资源调查队编：《明故特进荣禄大夫前军都督府左都督兰溪马公墓志铭》，第678页。

③ 1明里约等于现在的415.8米。下引史料中"里"一般都是指明朝的距离单位，如不特殊注出，则换算办法与此同。

④ 河北省文物局长城资源调查队编：《明故特进荣禄大夫前军都督府左都督兰溪马公墓志铭》，第676页。

言，"芳"与"荷"不论在字义还是部首上，都存有较强的逻辑关系，故而，《马氏家谱》中有关马荷的信息应该是比较可信的。然而，马荷与马芳是否同为魏氏所出，尚且无法给出确证，这是因为，他们的父亲马文通在原配辞世后，又娶了一位继室，这里不能排除《马氏家谱》中出现的苏氏就是这位继室夫人的可能。历史的真相究竟如何，也只能留待史料的进一步发掘来解答了。

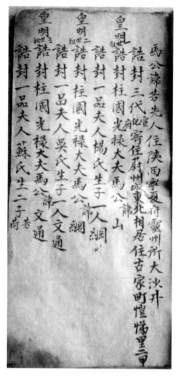

图由生活在张家口蔚县当地的曹璇同学提供

众所周知，在旧史籍中，即使是大家所推崇的正史，往往也会记录一些与重要历史人物身世相关联的"异象"。当然，这类记载，主要的目的是突出人物的与众不同，他们未来的命运似乎也透过"异象"预先展露出来，多少有些神秘色彩，至于事情本身的真伪，时人或者后世之人一般不加求证，大家也都心照不宣。总而言之，"异象"书写在古代中国的各类典籍中是一种比较典型且常见的叙事模式。如，明太祖朱元璋出生时，他的家中满屋红光，四邻甚至误认为朱家失火，而赶来灭火。再后来，这个穷苦出身的农家子弟，做了大明王朝的开国皇帝。马芳墓志铭中的一段记述，显然也是受到前述叙事模式的影响。据载，马芳出生前夕，他的母亲魏氏曾梦到一位自称"伏波将军"的人前来马家造访，"公方妊。母尝梦一将军造门，称曰：伏波。已，果生"[①]。"伏波"是古代中国颁赐给武将的封号之一种，字面的意思是降

---

① 河北省文物局长城资源调查队编：《明故特进荣禄大夫前军都督府左都督兰溪马公墓志铭》，第 676 页。

伏波涛，引申义为护佑国家安宁。所以大凡得到该封号的武将，往往也是当时对国家有大功勋的。古代中国历史上曾出现过几位被敕封为"伏波将军"的将领，如西汉时期的路博德、东汉时期的马援、曹魏时期的夏侯惇、西晋时期的孙秀等等。

马芳墓志铭所述之"伏波"当指东汉时期的名将马援。做出这一判断的依据是：马芳的身世以及他晚年的结局皆与马援高度契合。

马援（前14—49），字文渊，右扶风茂陵（今陕西省兴平市）人。其先人赵奢，是战国后期赵国的名将，号曰马服君。故而，赵氏子孙以马服为氏，简称马氏。马援十二岁那年父母双亡，他也因此成为孤儿。马援少时就有点特立独行，诸兄因此对他另眼相看。他尝学齐《诗》，但不善此道，意不能守章句。后来，受郡中督邮（汉代各郡的重要属吏）指派，护送囚徒至司命府（王莽置司命官，上公以下皆纠察）。在押解囚徒过程中，马援获悉其获罪情由，哀其不幸，竟私自将犯人放走。这样一来，马援本人也就无法向朝廷复命，最终亡命北地（即北地郡，秦昭襄王三十六年灭义渠后所置，为秦初三十六郡之一，郡治义渠县，在今甘肃庆阳市西南，统甘肃旧宁夏、庆阳、平凉、固原、泾州诸府州地）。后来，遇天下大赦，马援得以免除刑罚，但他并未因此而重返故里，而是留在北地郡经营畜牧业。由于马援头脑灵活，善于经营，很快积累了可观的家资。正当大家以为马援会在商业领域大展拳脚之时，他却做出了一个让周围人看不懂的决定——散尽家资，投奔隗嚣。在马援看来，一个有志于经邦济世的人，当以天下大事为己任，不应被眼前的财富所牵绊。毫无疑问，这个决定也改变了马援一生的轨迹。

说起隗嚣，他在当时确实算得上是一号人物。王莽末年，天下动乱，农民起义连年不断，地方各类豪强大姓也乘机拥兵自重，称王建制。公元23年到35年，隗嚣以陇西隗氏为首，在陇右豪强的支持下，乘势而起，以"复汉"为旗号，自称"西州上将军"，并联合氐、羌，以及关中士人，逐步发展成隗嚣政治集团。初期，隗嚣集团主要控制了当时的陇西、天水等郡，稍后，一度将势力范围扩展至河西五郡，几乎掌控了除关中以外的整个西北地区。隗嚣控制的陇右地区，战乱较少，社会环境较为安定，因此该地区短暂成为当时的文化中心。需要指出的是，隗嚣与光武帝刘秀之间还有过一段为期约五年的"蜜月期"，双方的合作不仅使西北地区保持了较为安定的形势，压制了西南公孙述向北发展的意图，刘秀也得以专注于河北地区的经营。

随着刘秀势力的逐渐增长，他与隗嚣之间的矛盾日益突出。隗嚣在陇右本地豪强的支持下欲封疆裂土以自雄，这为东汉朝廷所不容。马援在隗嚣手下，虽颇受倚赖，但他不认同隗嚣割据一方的做法，而是主张与东汉朝廷合作，实现天下一统。也正是因为这种理念上的差异，他最终与隗嚣分道扬镳。隗嚣与东汉决裂后，双方爆发战争，马援除了为刘秀出谋划策，还利用自己的特殊身份往来游说隗嚣的部属，为东汉平定隗嚣集团立下了大功。建武十一年（35），马援被任命为陇西太守，此后他又率部平定陇右诸羌。后来，马援被召入朝，任虎贲中郎将。建武十七年（41），东汉朝廷封马援为"伏波将军"，领兵南下，平定二征起义，为安定岭南立下功勋，也因此得封新息侯。此后，匈奴、乌桓侵扰三辅，马援又主动请缨出击。建武二十四年（48），马援以六旬高龄领兵远征武陵、五溪蛮，次年受阻于壶头，在军中病逝，享年六十四岁。马援死后受人构陷，被汉廷收回新息侯印绶。又因外戚之家不得封侯预政，故未得入云台二十八将之列。[①] 建初三年（78），汉章帝为马援平反，追赐谥曰忠成侯。[②] 综上所述，马援幼年失孤，稍后因私纵囚徒获罪成为逃犯，内中艰辛与酸楚自不待言。生逢乱世，马援既能经商以富其家，又能不受财富牵绊，兼济天下，直至拜将封侯。然而，富贵荣华如过眼烟云，马援晚年备受冷遇，志向难遂，身故后又遭政治清算，令人唏嘘。或许人生就是这样，喜忧参半，悲喜交加，难以事事

---

① 〔南朝宋〕范晔撰：《后汉书》卷24《马援列传第十四》，中华书局，1965年，第852页。永平三年（60），马援的女儿被立为皇后。汉明帝在云台图画建武年间的名臣列将，为了避椒房之嫌，单单没画马援。

② 〔南朝宋〕范晔撰：《后汉书》卷24《马援列传第十四》，第852页。

称心。

就马芳的经历来看，他与马援确实有诸多暗合之处。如，两人皆在少年时期失去了至亲；在文化层面，二人都有所缺失（按徐阶所讲，马芳不识一字，马援则"不能守章句"）；两人均在异地他乡长期生活，且从事的工作与畜牧业有关（马芳是给蒙古人放羊、养马）；回归之后，二人都为国家立下了诸多战功而身居要职；晚年二人皆在政治上受到了不同程度的冷落。因而，马芳墓志铭中的"伏波"比附马援之用意是相当明显的。总之，马芳母亲的梦境实际上是想告诉世人，即将出生的这个孩子未来将与"伏波将军"马援一样，成就斐然而又命途多舛。马芳墓志铭的此段记述虽然是后见之明，不过也比附得颇为恰当。

从某种程度上而言，马芳的童年比起马援可能还要不幸。马芳十岁之前，他的生母就已经离开人世，稍后，他的父亲马文通又娶了一位继室夫人，但后母对小马芳也不甚好，甚至常常虐待于他。年幼的马芳不甘忍受这样的境遇，最终选择离家出走。他投奔了居住在李旺堡的堂兄，"十岁为继母所虐，逃之李王堡，依其从兄"①。需要指出的是，引文中的"李王堡"，应是误书，其正确的写法为"李旺堡"。从史料的梳理情况来看，明清以来的相关史籍中关于"李王堡"的记载仅有三条。最早出现在万历时人李维桢②所作的《马将军家传》（后文简称《家传》）之中。另一处记载出现在清人徐釚所撰写的《南州草堂集》，然观其行文显然是受到了李维桢《家传》的影响。最后一处记载出现

① 〔明〕李维桢撰：《大泌山房集》卷68《马将军家传》，《四库全书存目丛书》集部第152册，齐鲁书社，1997年，第170页。

② 李维桢（1547—1626），字本宁，湖北京山人。晚明大臣、著名文学家，文坛领军人物。隆庆二年（1568），举进士，由庶吉士授编修。万历朝，参修《明穆宗实录》，进修撰，后出为陕西右参议，迁提学副使，又任浙江、山西按察使、布政使，河西兵备督理。他在京外做官，宦海浮沉近三十年。天启初年（1621）以布政使之职（从二品）居家赋闲，后朝廷召他为南京太仆卿，旋改太常卿。四年（1624），太常卿董其昌复荐，召为礼部右侍郎，后进南京礼部尚书。天启六年（1626），卒于家，年八十。崇祯继位，赠太子太保。

在《清国史·万年新传》（民国嘉业堂钞本）之中，该书中记载了这样一段话："时固原州城失陷，年新驰往查办，驻兵李王堡。"① 此条史料为我们透露了一个信息，即"李王堡"在宁夏固原州附近。

借助各类数据库查找明清以来宁夏固原州附近的地名，除前引《清国史》之外，皆无"李王堡"的任何蛛丝马迹，但固原州附近关于"李旺堡"的记载却有 27 部书、183 条之多②。如《关中奏议》有载："据平凉府、固原州、固原里、镇戎所迤北李旺堡居住土民李让状告。"③ 此类记载繁多，兹不具述。综上推断，马芳当年离家出走的目的地应为"李旺堡"而非"李王堡"。在明代卫所制下，李旺堡归镇戎守御千户所管辖，镇戎守御千户所归固原卫统辖。在府州县系统内，李旺堡属于平凉府、固原州、固原里。据（乾隆）《甘肃通志》记载："灵州，治在府东南九十里，东至榆林府定边县界二百八十里；西至宁夏县界三十里；南至李旺堡平凉府固原州界二百八十里；北至横城边墙七十里。"④ 若将前引史料中的路程换算成今天的距离单位，大概推知，灵州所距李旺堡约为 116.424 公里。马芳离家出走的距离或与前述公里数仿佛。若前说成立，这段路程对于当时年仅十岁的小马芳来说，应该也不是一件轻松的事情。

二、流落草原。如果一切波澜不惊，那么马芳或许能在李旺堡长久生活下去，安稳度过自己的一生。但后来的历史证明，正是由于这次离家出走间接改变了他一生的轨迹。马芳生活的李旺堡，北邻固原段长城，而此段长城地带又累年受到蒙古诸部的骚扰，因此，生活在当地的

---

① 〔清〕佚名撰：《清国史》，民国嘉业堂钞本。

② 这一统计来源于中国基本古籍库，其具体检索办法是：固原+李旺堡。如果采用其他搭配方式，不排除能检索到更多信息。而"固原+李王堡"的搭配仅有三条，且其中前两条实出自李维桢的记载。

③ 〔明〕杨一清撰：《关中奏议》卷 7《为处置招募土兵事》，（景印）《文渊阁四库全书》第 428 册，台湾商务印书馆，1986 年，第 175 页。

④ 〔清〕许容等监修、李迪等编纂：《甘肃通志》卷 4《疆域·灵州》，（景印）《文渊阁四库全书》第 315 册，台湾商务印书馆，1986 年，第 149 页。

居民，往往在人身安全上很难得到切实的保障。早在弘治十八年（1505），杨一清就曾在奏报中指出这个问题，其说曰："臣到固原，访得达贼自本年正月初五日入境抢掠李旺堡人畜之后，并无传报炮火声息。"① 内中不仅透露出李旺堡遭到劫掠的事实，还指出了明朝军队对于蒙古诸部的劫掠反应过于迟钝，沿途的预警系统形同虚设。这对生活在当地的人们而言，无疑是有着潜在的危险。杨一清的上疏在当时是否引起了朝廷足够的重视已然难以知晓，我们只知道，在他上疏二十四年之后，也就是嘉靖八年（1529），李旺堡遭到了蒙古土默特部的劫掠。少年马芳就是在此地被掳走的。

小马芳被抓，多少有点咎由自取的味道。按照常理，当蒙古军队侵扰边境、局势危急之时，当地居民理应想方设法躲避战祸。然而，马芳却反其道而行之，他甚至宣称蒙古人同样是血肉之躯，并不可怕。《家传》中就记载了当时他与堂兄的一段对话："语兄曰：虏亦人尔，奈何畏之甚？兄瞋目而嘻：童子何知，兵在其颈矣。公匿笑：始吾以兄为男子，乃妇人也。吾不与皆毙。"② 身处如此险境，暂且不论马芳有何良策脱身，但他言语间流露出对蒙古人的毫无惧色，倒是颇有几分初生牛犊不怕虎的意味，这与周围人"奉头鼠窜"③ 的行为形成了较为强烈的反差。其墓志铭也曾如此描述其性格特征："公少颖敏，即负胆气。"④ 这意味着马芳不仅聪慧过人，而且胆识过人。因此，少年马芳对堂兄说出那样的话，倒也符合他的性格。然而，对于自己的兄长，小马芳的言辞确实不够恭敬。十二岁的他毫无顾忌地嘲笑大人胆小怯懦，甚至将其比作妇人，实在过于失礼。最终，堂哥未能说服这位固执的堂弟，马芳宁可"不辞而行"⑤ 也不与其他人奔走避难。当然，或许在他看来，他

---

① 〔明〕杨一清撰：《关中奏议》卷4《为边务事》，第87页。
② 〔明〕李维桢撰：《大泌山房集》卷68《马将军家传》，第170页。
③ 〔明〕李维桢撰：《大泌山房集》卷68《马将军家传》，第170页。
④ 河北省文物局长城资源调查队编：《明故特进荣禄大夫前军都督府左都督兰溪马公墓志铭》，第677页。
⑤ 〔明〕李维桢撰：《大泌山房集》卷68《马将军家传》，第170页。

的选择要比其他人更高明。

马芳最终还是为自己的年少轻狂付出了代价，"失道逢虏，止公"①。所谓"失道"，是指他在逃亡途中迷失了方向，意外与蒙古军队狭路相逢。这一情节也见于他的墓志铭，"嘉靖己丑，公才十一龄耳，被虏驱塞外去，略无惧色。虏奇之，得不害"②。"嘉靖己丑"指的是嘉靖八年（1529）。根据马芳的出生日期推算，他被掳走时年仅十二岁，而引文中记载的十一岁略有出入。前文史料还暗示，马芳在遭遇蒙古人时并未表现出明显的恐惧，这使得对方觉得他与众不同，因而没有加害于他。墓志铭中的这一说法或许有一定依据，但不能排除有刻意褒扬马芳的可能。众所周知，蒙古各部侵扰边境，主要是为了掠夺明朝边境地区的财物和人口等资源。他们没有杀害马芳，并非完全出于对他性格的好奇，而是打算将他带回草原充当劳动力。综合马芳之前的一系列表现，我们可以得出这样的结论：马芳自幼性格刚强，颇具主见，桀骜不驯且不愿受大人管束。以现代的眼光来看，少年马芳近乎于问题儿童。然而，常识也告诉我们，具有此类性格特征的儿童，往往行事出人意料。只要给予他们合适的机遇，甚至可能成就一番大业，而马芳后来的经历正是这一点的有力证明。

马芳被土默特部俘获后，被安排在部落中负责养马和放羊。"遇虏掠去，从俺答饲马，虽小，辄能腾跃控御，无敢蹑哨"③，由此可见，尽管马芳当时年纪尚轻，但他的骑术已十分精湛。后来，马芳的孙子马煊曾向他的好友——清初学者宋起凤讲述过祖父在草原上的这段经历。"大将军幼孤，居灵州。值西部（长）入，挟之出塞。使牧羊，冬夏一

---

① 〔明〕李维桢撰：《大泌山房集》卷68《马将军家传》，第170页。

② 河北省文物局长城资源调查队编：《明故特进荣禄大夫前军都督府左都督兰溪马公墓志铭》，第677页。

③ 〔明〕朱国祯著：《涌幢小品》卷12《兵器》，中华书局，1959年，第263页。引文中的俺答，即明代史籍中常常提到的俺答汗（1507—1582）。隆庆封贡后，明朝封他为顺义王，自称阿勒坦汗，意为"黄金家族可汗"。他是16世纪后期蒙古土默特部的重要首领，在位期间不论在政治、经济、军事、宗教层面均颇有建树。

裘，听其栖止。"① 尽管马芳在草原上的生活较为清苦，但他依然享有一定的人身自由。在牧羊之余，马芳并未虚度光阴。他私下用软曲木制作成弓的形状，并在曲木两端系上皮革制成的绳索，这样，一件简易的弓便制作完成了。小马芳平日里就用这种自制的弓来练习射箭，"大将军闲中削荆为弓矢，日习射，且精"②。此事又见朱国祯的《涌幢小品》，"又挽弱木为弓矢，每发命中"③。他在射箭这方面也颇具禀赋，经过一段时间的练习后，其射术已然有成，"使之牧，寸铁不着身。私以曲木为弓矢，革为弦，习射命中如注"④。目前尚无法确定马芳在练习射箭时是否有人从旁指导。然而，可以推测，马芳在骑术和射术方面取得的造诣，与游牧民族崇尚武力的文化氛围熏陶密不可分。

正是凭借上述才能，马芳在一次偶然的机会中脱颖而出。"虏酋俺答将万人猎。有虎咆哮，众蒲伏，虎至公所，一发殪之。酋属之目，内穹庐中饮，以径路刀、留犁、挠酒，裹以旃裘，授以良弓矢、善马，使执寝戈，而先后之。"⑤ 通过这件事，马芳精湛的射术令蒙古人刮目相看，他也因此改善了在土默特部落中的处境。马煊的说法与马芳墓志铭的记载基本吻合，还提供了更为具体的历史细节。"会当天大雪，西部长纵猎穹庐外，人各捕射鸟兽，不暇成队。遇猛虎逸出，直奔西部长，长怆皇驰走，将噬及，忽旁飞一镞，穿虎腹，得少挫。长控马返顾，再镞虎已毙矣。因呼曰：援我者谁？则见披敝裘，盘跚而前者，为公也。长愕然，呼骑，骑渐至。乃与公偕归幕，速之坐。公曰：予小人曷敢？长曰：非子，予且不支矣。子为予之功臣，何泥常格为？因叩公名，知

① 〔清〕宋起凤撰：《大茂山房合稿》卷5《书马大将军传后》，《四库未收书辑刊（第七辑）》第19册，北京出版社，2000年，第807页。

② 〔清〕宋起凤撰：《大茂山房合稿》卷5《书马大将军传后》，第807页。

③ 〔明〕朱国祯著：《涌幢小品》卷12《兵器》，第263页。

④ 河北省文物局长城资源调查队编：《明故特进荣禄大夫前军都督府左都督兰溪马公墓志铭》，第676页。

⑤ 河北省文物局长城资源调查队编：《明故特进荣禄大夫前军都督府左都督兰溪马公墓志铭》，第676页。

灵州挟与来者，自是不令牧。易缟纻、骏马，位次通侯间。同卧起。"①
"西部长"所指的正是俺答汗。简而言之，马芳射虎之举救了俺答汗一命，因此他备受俺答汗的礼遇。此外，马煊的记载还间接表明马芳的臂力超群，一箭洞穿虎腹便是明证。为了答谢马芳，俺答汗赏赐了他许多精良的武器和装备，并且将"执寝戈"（近身护卫）这一重要职责托付于他，这也充分展现了俺答汗用人不疑的胸襟与气度。按照草原的传统，马芳在部落中的职事可称为"那可儿"，意为门户奴隶，但他的身份与待遇与我们通常所理解的奴隶有着显著区别。据《元史译文证补》记载："那颜，又曰乌鲁克那颜。义皆谓大那颜，成吉思汗常称之曰奴可儿，谓义为从者，以常在左右之故。案元《秘史》蒙文那可儿解为伴当即此。"② 总之，"那可儿"是蒙古贵族领主的亲兵和侍从。由此可以推断，俺答汗与马芳之间曾有过一段密切交往的时光。然而，令人感慨的是，二人最终却成为彼此的宿敌。对于土默特部而言，像马芳这样的对手无疑让他们心情复杂。他们曾利用马芳的这一经历来嘲讽明朝，"敌尝嗤之曰：芳吾隶尔，中国遂为大将，足知无人"③。意为：马芳原本只是我们土默特部的一名卑微的门户奴隶，到了你们大明朝，却获得了大将的高位，这似乎表明明朝人才匮乏。然而，这种说法在逻辑上并不成立，因为一个人的能力与其早年的身份地位并无必然联系。明人其实也明白，土默特部上述言论表面上是在讽刺明朝无人可用，实际上却透露出他们对马芳这样强大对手的无可奈何。"然敌实忌之。"④

我们同样无法忽视一个事实：在土默特期间，马芳确实参与了针对明朝军队的作战行动。明人唐顺之曾言："副总兵马芳陷虏中十二年而

① 〔清〕宋起凤撰：《大茂山房合稿》卷5《书马大将军传后》，第807、808页。

② 〔清〕洪钧撰：《元史译文证补》卷1《太祖本纪译证下》，《续修四库全书》第283册，上海古籍出版社，2002年，第750页。

③ 〔明〕王樵撰：《方麓集》卷6《使代记》，（景印）《文渊阁四库全书》第1285册，台湾商务印书馆，1986年，第224页。

④ 〔明〕王樵撰：《方麓集》卷6《使代记》，第224页。

归，在虏中亦称为骁将。"① 马芳在俺答汗的阵营中早已以英勇善战而闻名。唐顺之（1507—1560），字应德，一字义修，号荆川，嘉靖八年（1529）会试第一名，官翰林编修，后调兵部主事。唐顺之本人十分留心当时的军事，与马芳年纪相仿，其说辞可信度较高。稍晚时人王樵也曾言："马芳幼陷敌中，亦称骁将。"② 总之，马芳在战场上早年与明军一定有过交手，"久之，西部长复内举，用公前导。公阴识出入山川、道里，随其归"③。据此可知，马芳在土默特军队中主要负责侦察和向导工作。由于其工作性质，他对土默特部进攻明朝的路线以及撤退时的路线都了如指掌。综上所述，马芳因射虎一事受到俺答汗的关注与提拔，这使得他在土默特部落中的处境得到了显著改善。尽管马芳在草原上继续生活并无障碍，但他最终选择回归明朝，其中的缘由在此还需进一步探讨。

三、**暗藏归志**。按照李维桢《家传》的说法，对于俺答汗的提拔，马芳表面上应承下来，而内心中却暗藏异志，因为他时时刻刻都想逃回明朝，"公阳为之用，而阴怀复国"④。为达成目标，他不断做着准备，"所过山川，常登望识其处险，夷道近远，水草饶乏，熟察虏部落众寡、权力高下。惯习其饮食、衣服、言语。居则画地为军阵，明进退攻守之宜。慨然曰：虏譬之如禽兽，吾寝处之矣，七尺躯，宁为羁终世乎！序当其夜，间道革山亡归，昧爽，虏觉而捕之。射杀二骑，得脱"⑤。由此看来，马芳之所以寻求返回明朝，主要是他对蒙古部落的风俗习惯难以适应。受《家传》的影响，《南州草堂集》《明史》等文献在记载马芳回归明朝的原因时，均将其归结为对当地风俗习惯的不适应。这与明

① 〔明〕唐顺之撰：《北奉使集》卷1，载马美信、黄毅点校：《唐顺之集》（下册），浙江古籍出版社，2014年，第927页。

② 〔明〕王樵撰：《方麓集》卷6《使代记》，第224页。

③ 〔清〕宋起凤撰：《大茂山房合稿》卷5《书马大将军传后》，第808页。

④ 〔明〕李维桢撰：《大泌山房集》卷68《马将军家传》，第170页。

⑤ 〔明〕李维桢撰：《大泌山房集》卷68《马将军家传》，第170页。

代士人一般将边外走回人员的动机归为"思慕中国，设计逃回"①的解说模式倒也一致。遗憾的是，马芳在晚年亲自撰写的《战功私录》中，也未曾正面解释他回归明朝的动机，而他的后人对此也未做进一步的阐释。

马芳晚年曾亲口对人说："予年二十二时，挟骑射从戎宣、大间，即负吞胡气。"②仅从这句话来看，我们或许难以察觉其中的问题。然而，结合马芳早年在蒙古的生活经历，便可发现一些端倪。俺答汗对马芳有知遇之恩，而马芳在土默特蒙古部落中亦拥有较高的地位。此外，他曾多次参与针对明军的作战，其勇猛表现深受蒙古人赞誉。更值得注意的是，马芳年少时失学，文化水平有限，如何会萌生对草原文化习俗的抗拒情绪？因此，马芳所声称的"吞胡气"究竟源自何处？

明人王樵的记述，为我们提供了其他方面的线索，"（马芳——引者注）尝盗敌女，敌爱其勇不杀，而割其右耳。芳自以功多，宜足以当一女子，不得，又以为戮，殊恨之，遂来归"③。根据记载，马芳在蒙古期间曾因盗取一名蒙古女子而遭受惩罚，被处以割耳之刑。这段经历直接导致他与蒙古人决裂，并愤然逃回明朝。"盗女"事件可能与蒙古部落的抢亲习俗有关，但马芳的行为显然违反了部落的律法。尽管具体细节不详，但这为我们理解马芳回归明朝的动机提供了新的视角。或许正是这段屈辱的经历，使他内心充满了愤怒与不甘，从而决心报仇雪耻。《方麓集》的作者王樵（1521—1599），字明逸，镇江府金坛人，嘉靖二十六年（1547）进士，授行人。历刑部员外郎，浙江佥事，尚宝卿，南京鸿胪寺卿。④他与马芳是同时代人，并且二人还有过交集。据王氏讲："予在尚宝时，曾见之。与之语，佯为侏僚，不可晓，及访

① 〔明〕陈子龙等选辑：《明经世文编》卷60《陈言边务疏》，上海书店出版社，2019年，第547页。
② 〔清〕杨世昌修，吴廷华纂：（乾隆）《蔚州志补》卷12《艺文·〈战功私录〉自序》，清乾隆十年刻本，哈佛大学哈佛燕京图书馆藏。
③ 〔明〕王樵撰：《方麓集》卷6《使代记》，第224页。
④ 〔清〕张廷玉等撰：《明史》卷221《王樵》，第5817、5818页。

其第，沉酣富贵，与诸帅同态，宁复有沙场死绥之志乎？"① 综上所述，王樵关于马芳逃归明朝原因的论述恐非无稽之谈。若所述属实，那么"盗女"一事确实不甚光彩，马氏后人必然不会允许李维桢将此内容写入《家传》。因为一旦如实记载，势必会对马芳正面且光辉的历史形象造成损害。

以上是对马芳逃归明朝原因的梳理。至于哪种说法更接近历史真相，在缺乏更多佐证史料的情况下，似乎已无法进一步深入探讨。本书倾向于采纳王樵的观点，即马芳与土默特部之间存在着复杂的个人恩怨纠葛。此外，王樵还曾透露，马芳当时已是明朝军队中的将领，但因触犯军法而被宣大总督江东施以贯耳之刑。马芳对此深感耻辱，一度想要重返草原，最终因徐阶的劝慰而作罢。"为裨将时，尝为总督江东以军法箭贯耳，徇于营，芳耻之，又欲北奔。内阁徐存斋急遣人慰解，馈以千金，芳乃止。"② 从马芳受刑后的情况来看，他在土默特部依然拥有相当的影响力。换言之，如果他执意北归，土默特部很可能会再次接纳他。由此可见，他与土默特部之间存在着错综复杂的恩怨纠葛。

对于马芳回归明朝之举，时人唐顺之有诗赞曰：

> 穹庐元以射雕称，
> 一骑常先万马腾。
> 意气肯甘胡地老，
> 勋名终属汉坛登。
> 斫残右臂方挥刃，
> 殪尽追锋未释冰。
> 归自虏中还破虏，
> 古来名将亦谁曾。③

① 〔明〕王樵撰：《方麓集》卷6《使代记》，第225页。
② 〔明〕王樵撰：《方麓集》卷6《使代记》，第224、225页。
③ 〔明〕唐顺之撰：《北奉使集》卷1，第927、928页。

"穹庐"指北方游牧民族的住所，"射雕"暗指马芳的勇武，如同射雕英雄一般。他即使在虏中，也以勇猛著称，一人一骑常能领先万马，展现出非凡的军事才能。马芳虽被俘虏，但从未甘心在胡地终老，他的志向是为国家建功立业，最终也实现了这一目标，登上汉家的功勋榜。"斫残右臂"暗示他返回时遭到了追击，其本人在战斗中受伤，但依然挥刀作战；"殪尽追锋"则表示他杀尽追兵，战斗到最后一刻。最后，唐氏指出，马芳的境遇实在富于传奇色彩，因为在此之前并未有哪位知名历史人物有类似的经历。这首诗不仅是对马芳的赞美，也是对所有爱国将领的颂扬，展现了明代文人对英雄人物的敬仰之情。透过马芳逃归的历史细节，我们已然窥见其中的凶险。

早在宣德二年（1427）辽东三万卫总甲张显即言及此事："辽东军士往年为虏掠去者十亡七八，间有存者，多以计窃马驰回。有为贼追及而戕之者；有为虎狼所伤；有死于冻饿；有陷于履冰涉水者。还至原卫能有几人？"[1] 成化时期的名臣叶盛也曾讲到，"闻有走至中途，被贼捉回杀死，其走回者百中一二耳"[2]。由此可见，"走回人"复归的过程何其艰难，即便以骁勇善战著称的马芳，在归途中也是历经九死一生。对于普通人而言，成功逃归更是一件难以实现的事情。马煜的好友宋起凤也曾详细描写过马芳逃归的具体经过，"未卒岁，乘长夜，寝盗其捷足、利刃，驰入边。路方半，追者踵至，公先后格杀数人，叩关门，陈来状"[3]。这一说法与前引唐顺之的诗歌可相互印证。

第二节　回归明朝

众所周知，马芳出生于明朝的军户家庭，后来被蒙古土默特部掳

① 《明宣宗实录》卷28，宣德二年六月丁卯，第744页。
② 〔明〕陈子龙等选辑：《明经世文编》卷60《陈言边务疏》，第547页。
③ 〔清〕宋起凤撰：《大茂山房合稿》卷5《书马大将军传后》，第808页。

走。当他从塞外逃回时，其身份已然发生了转变。明朝将像马芳这样有着类似经历的人称为"走回人"，指的是原本生活在明朝的编户齐民，因各种原因脱离明朝的管辖，投奔到少数民族控制的游牧地区，之后又返回明朝管辖范围并接受其统治的这部分人口。①

一、明代"走回人"招徕政策的衍化。对于生活在九边地区的明朝边民来说，他们的命运常常充满了变数。蒙古诸部频繁南下，除了掠夺财物，掳掠人口也是其重要目标。这是因为，中原地区的居民掌握着先进的农耕技术和手工业制造工艺，将这些人口掳至草原充当劳动力，对蒙古诸部的生产和生活有着显著的提升作用。此外，还有一些人是主动投奔蒙古的，其中包括明朝社会中的一些失意者，以及沿边地区的部分贫苦农民。这些新成员的加入，不仅改善了土默特部的生产和生活条件，还加速了土默川地区的开发进程，进而增强了俺答汗的实力。"而是时，中国人以罪亡入虏中者，有丘富、周原、萧芹之属。富有智略，俺答待之厚，至亲为扫除。富说虏垦田、积粟、造舟，渡河大收谋勇之士。俺答悬书穹庐之外曰：尝为中国举人诸生者，有幸临，吾厚遇之。边民黠智者，率诣俺答。自言举人诸生，俺答令富试，能者统骑伍，不能者给瓯脱地使耕。"② 在上述智囊佐理下，土默特部将丰州地区经营得颇有声色。据曹永年先生考察，丰州此时的经济构成已处于半农半牧状态。③

除了农业取得显著进步，土默特部这一时期的军事实力也得到了大幅增强。"往年彼无他志，惟遣间入边境，窥探积聚。小村疃，掩取之，遇大城堡，皆远引，不敢辄近。自全等教以攻取之术，多诱华人为彼工作。利兵坚甲，云梯冲竿，尽其机巧，而沿边无坚城矣。避实攻虚，声

---

① 赵茜茜：《明代"走回人"研究》，中央民族大学硕士学位论文，2013年5月，第14页。

② 〔明〕何乔远撰：《名山藏》卷108《王享记》，《续修四库全书》第427册，上海古籍出版社，2002年，第654、655页。

③ 曹永年：《阿勒坦汗和丰州川的再度半农半牧化——阿勒坦汗研究之一》，《内蒙古大学学报（哲学社会科学版）》，1980年Z1期。

西击东，而诸镇疲于奔命矣。"① 由此可见，土默特部通过诱骗或掠夺明朝边民为其效力，在掌握攻城技术后，对明朝沿边防御构成了巨大威胁。这种掠夺边民并加以利用的方式，使得土默特部的军事实力显著增强。对土默特部而言，这几乎形成了一种良性循环。然而，对于明朝来说，这无疑是一个令人头疼的问题。因此，如何吸引那些脱离明朝管辖的边民回归，就成为一个亟待解决的紧要问题。

实际上，明朝在嘉靖年间之前就已经开始重视招抚"走回人"。根据宣德二年（1427）的政策，对于"走回人"的安置办法是："今后有自虏地还者，令还原卫，惟以姓名呈报府部。所获之马一匹者就给赏之。二匹、三匹者，惟给赏一匹，余皆与无马者骑操。仍定赏例，所获一匹，除给赏外，其余马别赐钞若干。其先自虏中归充勇士者，悉遣还卫，并其军役，如此则被虏之人忘死争归，感朝廷之恩大矣。"② 后来，成化年间人叶盛对这一规定做了如下解释："照得各边虏中走回被虏（掳）男子。在虏年久，或颇知虏情者，奏送赴京送审毕，御马监验充勇士小厮。若貌陋软弱不堪，发回原籍，应当本等差役，系是见行事例。"③ 换言之，自宣德年间至成化年间，"走回人"在北京服役是一种普遍的做法。只有那些相貌丑陋、身体羸弱的人才会被遣返原籍安置。然而，这种安置策略对"走回人"而言并无太大吸引力。

随着明朝与蒙古之间的关系日益紧张，明廷为了削弱蒙古的力量，积极采取措施招抚被掳人员回归中原。成化十三年（1477）九月，山西按察司副使（负责协守偏头关、雁门关等重要关隘）蔡麟提出建议："宜于胡人经行要路立牌。时谕：若有汉人被虏（掳），能弃甲来归，或斩首来献，或密报虏情者，重加官赏，亦足以疑其心，而分其势矣。

① 〔明〕方逢时撰：《大隐楼集》卷17《云中处降录》，《四库未收书辑刊（第五辑）》第19册，北京出版社，1998年，第783页。
② 《明宣宗实录》卷28，宣德二年六月丁卯，第745页。
③ 〔明〕陈子龙等选辑：《明经世文编》卷60《陈言边务疏》，第547页。

兵部具拟以闻。诏可。"① 嘉靖元年（1522），都御史彭泽上疏进言："乞敕各边镇巡官：凡有走回人口，如幼男、妇女，并掳去年浅者，量给衣粮，护回原籍。其在虏日久、谙晓虏情者，务加研审，若果忠实有才略，即留边效用，厚加慰劳，以备咨访。因而资为间谍，诱我汉人，使渐逃归，以消虏势。其无他者，仍护还。若有留难需索者，加治不宥。庶来归日众，而虏情可得，战守有赖。从之。"② 据此，彭泽明确提出建议，建议吸纳那些资历深厚且熟悉边疆情况的归顺人员加入明军，参与对蒙古诸部的作战行动。此建议当即得到了明世宗的采纳。

随后，总督陕西三边侍郎曾铣为收复河套地区所呈的奏疏，向明世宗阐述了"走回人"的关键作用。谨摘录如下：

前件看得，招降用间法曰，兵有五间。五间并起，莫知其端，是为神。《纪》古之谋臣策士，以之弱强敌、离硕交、养内乱、制生胜。如陈平之间范增，岳飞之间刘豫，韦孝宽之间斛律光，蔡挺之间熟羌思顺，以成奇功者甚多。今陕西抚镇等官言，凡遇来降者，即赏银二十两，为之置产、娶妻，原带马匹给与骑坐，以遂其心。然后大悬升赏，选胆大有谋百十余人，人先给银百两，为养赡家口之资，仍月给食米一石，以恤其私。密令出边，佯为樵采，或假牧马为虏所获，深入虏地，陈说中国待降之厚。被掠之人，必闻风鱼贯而来，虏势自弱。

行间之人不拘存亡，俱升以世袭指挥，仍各赏银一千两，深得古人用间之意。盖虏自盘据河套以来，每一大举入寇，中国之人被掠者，不可胜数。池鱼越鸟之思，谁则无之。中间有畏其追杀而不敢归者，亦有乐其放旷而忘归者，故虏势日益盛强，有由然矣。归人供说，虏中中国之人居半，非虚语也。今

① 《明宪宗实录》卷 170，成化十三年九月己丑，第 3089 页。
② 《明世宗实录》卷 14，嘉靖元年五月丁巳，第 478 页。

各镇招降事例，酬以马价，蠲其徭役，可谓厚矣。然来降者固有，尚未悉获其效死之心。在虏者甚多，无以感发其来归之念者。非分之恩罔施，招徕之典弗隆，故也。诚如所议，凡遇来降者，为之厚其金帛之赍，丰其房产之给，美其妻室之配，则志获安富，心无叛离。多选机谋敢死之士，从而用之，人再给百金，以坚其志。俾深入虏地，因其机而伍间之术起，谋岂有不行？事岂有不济？顾应用银两，必须仰给内帑。乞敕该部无拘常格，定为新规，拟发帑银数万两，专备招降行间之用。俾臣等或于平昔抚用降人，或于出师之日，明开待降之典，大揭榜文，广布牌檄于套内。如是，则感恩慕义而来者沛然，孰能御之？抚而用之，俱为劲卒。冲锋破敌，陷阵摧坚，战无不胜，攻无不克。且因以益知套内山川、厄塞，所向无滞，势如破竹，丑虏势焰，不期其弱而自弱，不逐之遁而自遁矣。河套之复此亦一奇策也。伏乞圣裁。①

该奏疏大约于嘉靖二十六年（1547）十一月底呈上，明世宗阅后极为振奋，随即命相关部门对奏疏中提及的条款展开讨论，并限期提出相应的实施方案，"上览而嘉之，令所司一并议奏"②。在前引奏疏中，曾氏指出蒙古诸部的强盛与"虏中中国之人居半"密切相关。因此，若能将这些被掳的汉人重新吸引回明朝一方，将直接削弱蒙古的力量。此外，选拔"走回人"中的"机谋敢死之士"加入明军，无论是在侦察、间谍活动中，还是在战场上的直接交锋中，都能给明军带来巨大的助力。当然，这　切的前提是明朝必须展现出足够的诚意，包括提供丰厚的粮饷赏赐，以及授予高官厚禄等。

写到这里，笔者不禁联想到马芳回归明朝一事，这或许与明朝招揽

---

① 〔明〕曾铣撰：《复套议》卷下，《四库全书存目丛书》史部第 60 册，齐鲁书社，1996 年，第 652、653 页。

② 《明世宗实录》卷 330，嘉靖二十六年十一月丁未，第 6074 页。

"走回人"的政策不无关系。毕竟，与早前相比，嘉靖时期"走回人"的待遇已有了显著提升。至少马芳能够预见到，他回归明朝后将会享有上述优待。

这里需要特别指出的是，尽管明朝出台了多项关于安置"走回人"的政策，但在具体实施过程中，仍然暴露出诸多问题。例如，一些走回人员被明朝官府过度役使，其处境甚至比之前更为艰难，以至于出现了他们试图重返塞外的情况，"今者，发回应当差役，倘遇军卫有司不知艰难，不加怜恤，差役烦扰，愈加苦楚，致其自悔逃回；甚者狡黠之徒，能觇虚实，复走虏地，因而作孽"①。显而易见，明朝对"走回人"重返塞外可能引发的潜在危险有着清晰的认识。因为此类事件若频繁发生，极有可能将明朝的大量情报泄露给蒙古诸部，这无疑会给明军的前线作战带来严重的隐患。因此，合理安置"走回人"符合明朝当时的根本利益。此外，还有一些不幸的"走回人"，他们在返回途中虽躲过了蒙古骑兵的追杀，最终却被明军前线将领误认为是敌方人员，惨遭私自斩杀，只为将领们借此冒领军功。有鉴于此，明朝颁布了严厉的旨意，严惩那些残害"走回人"的行为，"凡逃回人口，嘉靖十九年诏，各边走回人口，有被边将藏匿杀死，以图报功升赏者，抚按官举奏，得实，照杀降抵死"②。然而，其具体效果如何，因与本书主旨无关，故在此不做详细讨论。

二、加入明军。马芳墓志铭记载，马芳"岁庚子，乃脱归"③，说明他是于嘉靖十九年（1540）返回明朝。自被掳走以来，马芳在土默特蒙古部度过了整整十二年，回到明朝时，他已二十四岁。鉴于马芳"走回人"的身份，以及他曾参与土默特部对明朝的攻击行动，他在加

---

① 〔明〕陈子龙等选辑：《明经世文编》卷60《陈言边务疏》，第547页。

② 〔明〕申时行等修：《明会典》卷132《各镇通例》，中华书局，1989年，第677页。

③ 河北省文物局长城资源调查队编：《明故特进荣禄大夫前军都督府左都督兰溪马公墓志铭》，第677页。

入明军之前，必然要经过严格的审查。

据宋起凤记述，"叩关门陈来状。关吏白诸大中丞。询知为内地俘虏者，壮公胆略，录为百夫长"[1]。尽管文中未详细说明具体的审查流程，但可参考其他类似案例进行辅助说明："嘉靖三十一年十二月初九日酉时，据大同阳和后口墩军人曾叫化收送虏中走回男子韩介供：系山西阳曲县民，嘉靖十九年八月内，被达贼摆腰哑不孩抢去，住过一十二年。思想家乡，偷骑马二匹脱走，一日夜到边。"[2] 由此可知，明军在审查"走回人"时，通常会询问其原籍所在地、被掳走的具体时间地点、在外生活时长以及逃归缘由等问题。巧合的是，这位山西男子韩介与马芳一样，在草原生活了十二年，但他逃回的原因相对简单，只是出于对家乡的思念。联想到前述事例，马芳逃回时显然也需回答上述问题。尽管具体细节无从得知，但最终结果是马芳通过了审查，成功加入明军，并且负责审查的官员（很可能是周尚文）因其胆识过人，直接任命他为"勇士队主"。然而，需要指出的是，在加入明军初期，马芳尚不属于正式编制人员。

（一）初识周尚文。马芳在明朝遇到的第一个赏识他的人是时任大同镇副总兵的周尚文。《家传》有载："周武襄方镇云中。投谒，试其技、咨其方略，大奇之，署勇士队主士。"[3] 显然，马芳之所以能被明军接纳，主要归功于他在草原习得的本领以及自身的智谋。引文中提到的"周武襄"即周尚文，"武襄"是明穆宗登基后朝廷赐予周尚文的谥号，以彰显其生前的功绩。周尚文接纳马芳参军的做法，与当时国家招纳边外"走回人"的政策相契合。关于周尚文，这里有必要进一步介绍："周尚文，字彦章，西安后卫人。幼读书，粗晓大义，多谋略，精

---

① 〔清〕宋起凤撰：《大茂山房合稿》卷5《书马大将军传后》，第808页。

② 〔明〕苏祐著，王义印点校：《苏祐集》，上海古籍出版社，2023年，《谷原奏议》卷3《虏中走回人口传报夷情恳乞天恩借给草束以资马力以备征战疏》，第538、539页。

③ 〔明〕李维桢：《大泌山房集》卷68《马将军家传》，第170页。

骑射。年十六袭指挥同知，屡出塞逐贼有功。"① 周尚文在当时是一位极具影响力的武将。在他逝世后，明朝才转而在宣大地区重用仇鸾，这一决策最终导致了严重的后果。周尚文去世后，礼科给事中沈束为其上奏朝廷，请求给予恤典，"尚文为将忠义自许，迩者，虏骑深入，闻命疾趋，奋勇先登，多所杀获，虏遂彷徨宵遁，此亦一时奇功也。虽幸蒙圣恩褒之玺书，升之官秩，然尚文有不泯之功，朝廷有未尽之赏，请命该部阅实先后功伐，从公佥议，赠以封爵延之世赏，将见九边熊罴之士，咸扼腕自奋争先赴敌，义不旋踵矣"②。明世宗览沈氏题奏后大怒，"周尚文连疏自伐功劳，又肆言，甲辰未得酬报，怨望多端，宽而未治，不知何故即死。束言官也，乃不行重劾，反肆欺狂毁朝廷，擅权市美。吏部都察院参看"③。由此可知，周尚文生前便已触怒明世宗。所谓"怨望多端"，指的是嘉靖二十七年（1548）二月，周尚文因诸子被指责"冒功升赏"上疏弹劾大同巡抚贾启一事。其曰："臣往岁镇守延绥，为巡抚贾启以私怨劾臣子君佐、君佑、君仁，各冒功升赏。幸皇上赦不诛，迄今九年，启遗恨未已，嗾令陕西按察司还臣三子于狱，俱发戍边。臣惟父子血战边陲三十余年，前后效首功以数千百计，不自意为邪臣所枉，致父子暌离异域，一旦遇警，臣以孤身当虏，谁为援者。臣死不足惜，独恨启植私党而杀有功之臣，惟圣明怜察。"④ 纵观周尚文奏疏中的言辞，透露出诸多不满情绪，且隐约带有居功自傲的意味。兵部鉴于周尚文的功绩，曾上奏朝廷请求重新审议前案，然而这一提议却被明世宗断然否决。其曰："朝廷赏罚功罪自有定法。君佐等所犯既查明与各处功次无与，仍照原罪发遣。"⑤ 内中我们明显能感受到皇帝对

---

① 〔清〕旧题万斯同撰：《明史》卷299《周尚文》，《续修四库全书》第329册，上海古籍出版社，2002年，第273页。

② 《明世宗实录》卷348，嘉靖二十八年五月己卯，第6302页。

③ 《明世宗实录》卷348，嘉靖二十八年五月己卯，第6303页。

④ 《明世宗实录》卷333，嘉靖二十七年二月辛酉，第6109页。

⑤ 《明世宗实录》卷333，嘉靖二十七年二月辛酉，第6110页。

周尚文的不满之意。周尚文上疏后不久即离世。言官沈束为其上请恤典，这正给了余怒未消的明世宗以发泄的机会。此外，周尚文的家人在上请恤典时，私下没有与内阁首辅严嵩打招呼，也为严所嫉恨，"又自周尚文死后，一时边将可谓无人。不得已，乃用仇鸾，若冥数焉……周尚文守边得士死力，虏人畏之，然亦颇用术数。翁万达能驾驭之。其死也，严氏没其功不叙，寝其恤典。给事中沈束论之，忤旨下狱"①。总之，周尚文的功绩直到明穆宗即位后才得到追认。

马芳在蒙古生活既久，且"谙边事"②"精骑射""多谋略"等素质正与周尚文的能力暗合，因而受到周氏的赏识。总之，马芳正是明朝迫切需要的军事人才。事实上，在周尚文之前，大同总兵梁震便已积极吸纳"走回人"，利用他们来抵御蒙古诸部的侵扰，"近年大同总兵，无如梁震。震收虏中逃回人口，养为家丁者数百，与之婚娶，授以鞍马器械，使出境与虏同处。（大将以牙兵为威，此不可取。）见虏势弱，即斩首以归。自是虏不敢近边者数年。而边军慑服，不敢鸳鸯，此大同故事也"③。这种"大同故事"对周尚文的影响显而易见。而马芳之所以能在明朝军界迅速崛起，也与他继承梁震、周尚文等人的"故事"密切相关。

马芳初次与周尚文会面时，二人具体交谈的内容因缺乏文献记载而无法详知。然而，据马芳后来的回忆，周尚文在此次谈话结束时对他非常满意，并多次称赞他"智勇"④，而直接任命他为勇士队主。在此有必要对"勇士"一词稍做解释。所谓"勇士"，实指明朝军事将领豢养的家丁，其中表现尤为突出的家丁常被将领选拔为亲随，负责将领的近身防卫。马芳在加入明军之初便被任命为家丁队长，这充分体现了周尚

---

① 〔明〕王樵撰：《方麓集》卷6《使代记》，第223页。

② 河北省文物局长城资源调查队编：《明故特进荣禄大夫前军都督府左都督兰溪马公墓志铭》，第677页。

③ 〔明〕陈子龙等选辑：《明经世文编》卷249《大同经略》，第2761页。

④ 〔清〕杨世昌修，吴廷华纂：(乾隆)《蔚州志补》卷12《艺文·〈战功私录〉自序》。

29

文对他的器重。而马芳的妻子师氏，深知周尚文对丈夫仕途发展的重要性，因此她时常勉励马芳妥善处理与周尚文的关系，"肃皇时，多虏警。适渭涯周公，绾大将军印，广伍中独视伟公，收置幕下，计划多所听。夫人因勉公曰：生公者父母，知公者周公也，善事之，久将保汝矣"①。由此可见，周尚文早年对马芳的悉心栽培是何等重要。

在担任勇士队长期间，马芳确实没有辜负周尚文的期望，无论是在军队管理还是作战指挥方面，都表现得极为出色。根据《家传》记载，马芳所带领的家丁队伍，平日里纪律严明，训练有素；战时则深谋远虑，行动果敢，作战时更是勇猛无畏，"不尽饮、不近水、不尽餐、不尝食。所过，不樵树、不朵艺、不抽屋、不强丐。先计后战，战不必胜不苟接刃。因事为势，用人不拘文法，往从其所"②。李维桢在这里用了两个典故来含蓄表扬马芳。其一曰："不尽饮、不近水、不尽餐、不尝食。"源出《史记·李将军列传》："广之将兵，乏绝之处，见水，士卒不尽饮，广不近水，士卒不尽食，广不尝食。宽缓不苟，士以此爱乐为用。"③ 这几句大意是，李广每遇到粮食缺乏、水源断绝的地方，手下的士兵们不全喝上水，李广就不靠近水；士兵们不全吃上饭，李广亦不先吃饭。其二曰："不樵树、不朵艺、不抽屋、不强丐。"典出《左传》，鲁昭公六年（前536）楚国公子弃疾访问晋国时途经郑国，他给手下下了一道命令，在郑国期间要做到："禁刍牧采樵不入田。不樵树，不采蓻。不抽屋，不强丐。誓曰：有犯命者，君子废，小人降。"④ 上述禁令充分展现了公子弃疾驾驭下属的高超能力，郑国三卿目睹此景，推断弃疾日后必将继承楚国王位。李维桢将马芳与公子弃疾、李广等历

① 《明诰封夫人师氏合葬墓志铭》，载韩立基：《明马芳及夫人师氏墓志铭考》，《文物春秋》1993年第2期，第74页。

② 〔明〕李维桢撰：《大泌山房集》卷68《马将军家传》，第170页。

③ 〔汉〕司马迁撰：《史记》卷109《李将军列传》，中华书局，1959年，第2872页。

④ （战国）左丘明著，〔晋〕杜预注：《左传》，《春秋经传集解·昭公六年》，上海古籍出版社，2016年，第747页。

史名人相提并论，意在突出他平日爱护士兵、与部下同甘共苦的品德，同时又能严明军纪，做到令行禁止。

马芳晚年撰写的《战功私录》一书，详尽记录了他在勇士队效力期间所经历的战斗细节及取得的战果，以下谨作摘录：

嘉靖二十四年，总兵姜石（作姜奭是——引者注，具体考证过程见后文）偶驻大同单于王城。贼数万卒至，官军惧众寡不敌，芳独鼓众力战，所乘骑忽毙于矢，乃亟取驮马乘之，引弓射中二贼并杀其马，贼气阻不敢近。二十五年冬十一月，芳遇贼凤凰山夷家店，发矢连中三贼，堕马而遁，追至蔚州石门峪时，月明如昼。贼众大举，芳复奋击之，矢毙二贼，贼惧北奔。二十七年春三月，芳率通丁四人，自偏关出，时近暮，贼方饮马回，挺身过之，得马二百九十余匹而还。二十七年，芳率通丁数人，自大同右卫出边哨贼，直入其营，获其战马七匹，贼不敢追。二十八年，芳督修山西榆次岭边工，有瞭望者，遇贼四骑自小径突出，缚数人去，芳仓卒不及戎服，独骋马追贼二十余里，夺回所虏兼得贼箭若干。二十八年秋八月，芳率通丁六人，从山西偏关出边哨探，马憩树下，有贼三千余骑卒至，芳首被刃伤，身中一矢，奋死步斗乃免。[①]

根据前文所述，马芳于嘉靖十九年加入明军，而《战功私录》中记载的战场情节发生在嘉靖二十四年至二十八年。目前，他加入明军后的前五年经历尚未被相关文献所记载。由此可见，马芳在勇士队期间屡立战功，但这些功绩却未被朝廷正式记录。对此，他自己的解释是："前此所获所俘固多，受赏赉也。"[②]《战功私录》并未明确说明马芳为

---

① 〔清〕杨世昌修，吴廷华纂：(乾隆)《蔚州志补》卷11《外志补》。

② 〔清〕杨世昌修，吴廷华纂：(乾隆)《蔚州志补》卷12《艺文·〈战功私录〉自序》。

何选择接受赏赐而不记录功绩。关于这个问题，《家传》中有相关记载："俺答猿臂善射，控弦之众数十万，最名桀。黠子黄台吉，有气敢往，部兵三千人，戴铁浮图，马被铠，长刀大镞，望之若雪，名铁甲军。为边郡患无虚岁。公数御之，斩馘中率过当，应得官，以父居灵州食贫，愿悉受赏代养。"① 由此可见，马芳之所以这样做，是他希望通过建立战功来换取赏银，从而赡养远在灵州居住的父亲。清代编纂《蔚县志》的修史人员对马芳的这一举动给予了高度赞赏，称他"忠孝之性，自少成已"②。后来，马芳的子孙大多也继承了这种优良品质，在乡里以孝顺父母、救济贫困而闻名，深受当时人们的赞誉。

令人稍感困惑的是，马芳在加入明军后的第十年，即嘉靖二十九年（1550），才因战功晋升为小旗，而这一职位在明军体系中尚属低阶。我们不禁要问，马芳在军中的前十年难道仅仅依靠斩获换取赏银以赡养父亲？又或者其中另有隐情？尽管笔者没有找到直接的证据，但《家传》在描述嘉靖二十九年秋天的一场战斗时，似乎暗示了一些耐人寻味的细节："诸军观者如堵，墙何物馘也，若是其果于众，与众之信，辑慕焉，有死命而无二心。盖公尝以事见法，故云。"③ 李维桢并未对这段记载进行详细解读，因此目前尚不明确马芳早前因何事受到处罚。文中"有死命而无二心"的表述，似乎暗示军中长官起初对马芳并不完全信任，甚至对他的忠诚度有所怀疑，直到通过观察他在此次战斗中的英勇表现，才消除了疑虑。考虑到马芳曾是"走回人"的身份，以及他早年曾参与土默特部对明军的作战行动，这些复杂的经历或许使当事者对马芳心存戒备，不敢轻易重用或提拔他。综上所述，马芳在加入明朝军队十年后才得以因功晋升，除了出于接济家庭的需求，更主要的原因可能在于其复杂的经历。熬过最初的十年后，马芳的仕途便开始平步

---

① 〔明〕李维桢撰：《大泌山房集》卷68《马将军家传》，第170页。
② 〔清〕王育榞修，李舜臣等纂：(乾隆)《蔚县志》卷20《人物》，成文出版社，1969年，第99页。
③ 〔明〕李维桢撰：《大泌山房集》卷68《马将军家传》，第171页。

青云。"丙辰正月，虏寇洗马林，公御之及孤山，斩首三十一。捷闻，上拜公左都督，赐蟒衣一袭。左都督于武臣穷贵矣。故事偏裨无授者，实自公始。"① 这一年是嘉靖三十五年（1556），也就是说，马芳仅用了六年时间，就从一名小旗跃升至武臣之巅峰。

（二）引起宣大总督的注意。宣大总督，是宣大山西总督的简称，统辖宣府、大同、山西三镇，为明代九边之"中三边"地区的最高军政长官。② 继周尚文之后，马芳又得到了另一位伯乐——宣大总督郭宗皋的关注。"督府郭宗皋召问方略。对曰：广耳目、屯要害，固军而伺之，即以寡当众可弗败。悬赏过当，出不备而掩之，可以徙其帐。郭善之。"③ 李维桢则称："嘉隆间，宣大称名将以赵公岢及公为巨擘，战则同疆，守则同固，而公尤著。少而隐悼播越，能自归，壮而受知郭公，不五年官一品，又五年为大将。"④ 显而易见，郭宗皋对马芳的赏识与提携，正是马芳能够在军界迅速崛起的关键因素。

在此，有必要对郭宗皋其人进行一番介绍。郭宗皋（1499—1588），字君弼，江西吉安府万安县人，山东登州卫军籍，嘉靖八年（1529）进士，选庶吉士。嘉靖十年（1531），主持浙江乡试。改任兵部主事，兼理清黄稽核。历任：湖广道监察御史，提督京通等仓；山西按察副使，兵备雁门；后转任兵备易州；陕西参政，分守关西；大理寺少卿；右佥都御史，巡抚顺天、大同、宣府等处。嘉靖二十八年（1549），郭氏由巡抚宣府右佥都御史升任兵部右侍郎兼右佥都御史总督宣大军务。⑤ 同年九月，俺答率三万骑进犯万全左卫，总兵官陈凤、

---

① 〔明〕李维桢撰：《大泌山房集》卷68《马将军家传》，第172页。

② 韩帅：《明代宣大总督研究》，陕西人民出版社，2024年。关于明朝宣大总督的设置过程、执掌、防区等相关问题可参看该书。

③ 〔清〕查继佐撰：《罪惟录》，《列传十九·武略诸臣列传总论》，《续修四库全书》第323册，上海古籍出版社，2002年，第329页。

④ 〔清〕王育榞修，李舜臣等纂：（乾隆）《蔚县志》卷30《艺文·马将军传赞》，第172页。

⑤ 〔明〕于慎行撰：《谷城山馆文集》卷19《明故资政大夫南京兵部尚书赠太子少保郭康介公墓志铭》，《四库全书存目丛书》集部第147册，齐鲁书社，1997年，第561—563页。

副总兵林椿交战于鹞儿岭，杀伤相当，郭宗皋坐夺俸。

马芳于嘉靖二十九年（1550）应郭宗皋之邀，向其详细阐述了当时的明蒙军事形势，并提出了相应的应对策略。以下是他们之间的对话内容：

> 嘉靖庚戌，都督郭公耳其名，檄召问："若何而战？"公对曰："谈何容易。镇兵十万，弱小、劳死、罢转十五六，壮丁十一二。又分置各路，其隶大将者不满五千。虏内犯，胜兵率数十万，少亦数万。我以五千人委之，罢士无伍，甲兵钝弊，几为笑而不陵我。然窃观俺答勇而轻，黄台吉慎而鲜断。诚广耳目、屯要害、深垒固军以须之，观衅而动，慎虑而从之，攻不足者，守有余，庶无全胜，必无丰败。若宣示购赏，为勇爵奋行者，官过其望，出其不备，掩其帐落，歼其种众，使妇子相怨却，徙而北，亦一策也。"郭公拊髀曰："善哉！若之言是，何见之晚也。"①

清代学者查继佐将此次对话的内容总结为："广耳目、屯要害、固军而伺之，即以寡当众可弗败。悬赏过当，出不备而掩之，可以徙其帐。"② 这段话也准确传达了马芳的核心观点。在此次对话中，马芳针对郭宗皋的提问，深入分析了明蒙双方的军事态势。他指出，明军存在兵力不足、士兵缺乏训练以及部署分散的问题。而蒙古方面，各部落多次入侵边境，动辄数十万大军，少则也有数万人，其兵力集中于一点，对明朝的关隘发起攻击，这是明军难以正面抗衡的主要原因。因此，马芳建议，明朝应充分利用之前修建的坚固城防设施，采取总体防御策略，同时，应在关键地势处进行梯次部署，以便更有效地延缓对方的进攻势头。

为了尽量弥补单纯防御的不足，马芳在阐述整体防御方案的同时，

---

① 〔明〕李维桢撰：《大泌山房集》卷68《马将军家传》，第170、171页。
② 〔清〕查继佐撰：《罪惟录》，《列传十九·武略诸臣列传总论》，第329页。

还提出了补充建议。他建议针对俺答汗、黄台吉等人的性格弱点，派遣间谍进行分化瓦解，以削弱土默特部落的内部团结。这一提议并非凭空臆想，而是基于他多年在草原生活的经验以及对土默特内部情况的深入了解。尽管土默特部在对抗明朝的战争中屡次占得上风，但我们必须承认一个事实：他们的军队在明朝腹地也不敢长期逗留。其他"宏图大志"更是停留在口头而已。究其原因，主要是当时土默特内部的力量尚未得到有效整合，内部矛盾时隐时现。正如时人王世贞所言："日者，余出使上谷，所询问梗概一二。谙达（俺答——引者注）有四万骑，其精兵万余骑。子即所谓杭台吉（黄台吉——引者注）也，有一万骑，其精兵七八千骑；庶弟曰青台吉，有万骑，其精兵三四千骑。谙达老矣，娶二妾，弃其妻，杭台吉怨之。妾各子一人，予万骑自备，以故中自疑不敢深入。"① 因此，土默特内部局势动荡不安，俺答汗与他的儿子们之间矛盾重重，而且每个儿子都拥有自己的武装力量。不仅如此，俺答汗与黄台吉在政治目标上也存在显著分歧。黄台吉认为父亲缺乏远大的志向，曾不满地抱怨道："老婢子有此兵而老死沙漠，可笑也。"② 总之，郭宗皋对马芳所提建议的认可必然有其现实依据。

最后，马芳建议明朝应主动派遣情报人员前往土默特部，以收集关键信息，从而在适当时机趁其不备，发动突袭，捣毁其营地。马芳的战略目标是通过军事手段迫使对方迁徙至漠北。需要指出的是，马芳的这一战略构想并非由他首创。根据笔者的考证，早在前期的正统年间，明朝将领杨洪就曾采用类似策略对付宣府一带的蒙古势力。此后，明朝前线的边臣逐渐将这种战术行为发展成后来广为人知的"捣巢"战术。（关于这一问题，后文将进行详细考证。）

实际上，就在此次对话前不久，郭宗皋曾向朝廷呈递奏疏，专门论述宣府、大同、山西等军事重镇的防御与作战策略。其曰："一请增造

① 〔明〕王世贞撰：《弇州四部稿》卷80《北虏始末志》，（景印）《文渊阁四库全书》第1280册，台湾商务印书馆，1983年，第329页。
② 〔明〕王世贞撰：《弇州四部稿》卷80《北虏始末志》，第329页。

宣、大、山西等处戎器。移文工部，查各省所运器械给发，如不适用，即折解军门自制。一议选真、保、河、顺四郡射士六百人，及山东青、沂二州枪手四百人，刻期赴镇，分曹教习，非有大急毋得轻调。一伺探敌情，全在用间。今出境之禁太严，故莫能觇敌所向，宜稍破常格，许边臣多方募遣，以探其情。兵部议覆。从之。"① 由此看来，郭氏提出的三条建议中，除了第一条关于器械修造的内容外，其余两条马芳在交谈中都进行了不同程度的阐述。第二条，郭氏建议朝廷征选射士和枪手并加以整训，显然是为了解决明军士兵战斗素质低下的问题。而最后一条，放宽出边侦察的限制，实际上是为了接下来开展出边偷袭作战寻求朝廷政策上的支持。由此可见，马芳发表的见解与郭宗皋此前上疏的意图不谋而合。至于马芳的言论是否有意揣测郭宗皋的心理，已难以断定。这次谈话使郭氏对马芳赞赏有加，不久之后，他便将马芳调入自己的麾下，并将总督标下的精锐部队全部交由马芳统领。"置麾下，力战深入之士皆属焉。"② 此事在《明诰封夫人师氏合葬墓志铭》中也略有提及，"已而，督统郭公果檄公领诸营卫勇士"③。后来事实证明，正是因为这支部队的加入，使得马芳在后续的军事行动中屡创佳绩，表现出色。这支部队也构成了马芳所部军士的一大特色，即以军事家丁为主力，并辅以宣大总督标兵。

然而，事情的发展往往不随个人意志而转移。郭宗皋在担任宣大总督期间，尽管他尽心尽力，积极提出对蒙战略构想，但这些构想尚未在战场上得到充分验证，他就因前线接连失利而被朝廷革职。据《明世宗实录》记载，嘉靖二十九年（1550）六月二十五日，俺答汗率部由小莺圪塔墩口进犯大同，明朝总兵官张达及副总兵林椿皆战死。④ 此时，

① 《明世宗实录》卷355，嘉靖二十八年十二月甲寅，第6396、6397页。
② 〔明〕李维桢撰：《大泌山房集》卷68《马将军传》，第171页。
③ 《明诰封夫人师氏合葬墓志铭》，载韩立基：《明马芳及夫人师氏墓志铭考》，第74页。
④ 《明世宗实录》卷361，嘉靖二十九年六月戊午，第6447、6448页。

担任宣大地区军务总督的郭宗皋首当其冲，成为问责的主要对象。最终，他被朝廷处以廷杖之刑，随后被流放至陕西靖虏卫，"逮总督侍郎郭宗皋，巡抚都御史陈耀，廷杖之各百，谪戍边"①。郭氏在戍所度过了长达十七载的岁月，直到隆庆初年，他才被重新起用，重返朝廷。然而，此时的他已步入垂暮之年，岁月在他的脸上留下了深刻的印记。尽管如此，他依然保持着对明朝军政的热忱和忠诚。尽管他渴望能够再次为国家做出贡献，但遗憾的是，在被重新起用之后，他对于明朝的军政大局并没有再做出其他显著的建树。

郭宗皋被罢免后，明朝命时任兵部左侍郎苏祐暂代其职，"以大同督抚官缺，命兵部左侍郎苏祐暂行总督事兼都察院右佥都御史带管巡抚"②。苏祐（1493—1573），字允吉，一字舜泽，别号谷原，明代东昌府濮州（今河南省濮阳市范县王楼镇苏庄）人，官至兵部尚书。嘉靖五年（1526）中进士，以知县放为吴县令。嘉靖八年（1529），嫡母周氏卒，丁忧三载，服阕，以知县诏授广东道监察御史。嘉靖十二年（1533），由于大同兵士苦于工役，边臣处置失措，发生了兵变，总兵李瑾被杀。明廷命苏祐为监军，安抚兵士，平定叛军，大同遂安。此后，苏祐先后调任江西督学副使、山西参政（治雁门三关）、大理寺少卿、右副都御史、刑部右侍郎。后来改任兵部左侍郎，又以本职兼佥都御史，行宣大总督事。

苏氏在担任宣大总督期间所进行的一系列部署，马芳大多都参与其中。苏祐的行状也讲到了他本人对于马芳等边将的赏识与提拔，"公居北边十年，厉兵秣马，训练将士，虏慑其威，几不近塞。知人善驭下，

---

① 〔明〕王樵撰：《方麓集》卷6《使代记》，第221页。

② 《明世宗实录》卷362，嘉靖二十九年闰六月丙子，第6455页。又，郭宗皋被罢职后，朝廷任命翁万达为下一任宣大总督，但翁氏家在广东，距任所遥远，故以苏祐暂代其事。王樵对于此后宣大方面的人事变动有集中记述："起尚书翁万达代宗皋，未至，以兵侍苏祐暂行督事。起佥都御史赵锦代耀。复咸宁侯仇鸾太子太保，镇大同。仇鸾者其祖仇钺，宁夏游击将军也，以擒反者安化王封咸宁伯。又以征流贼功进封。侯鸾为人短小精悍，粗涉文字。"

马芳、刘汉、胡镇、董一夔，皆拔自行伍，为大将，各树功名"①。此言不虚，马芳从阳和卫小旗一路晋升至阳和卫都指挥佥事，并以游击将军身份行事，而在此期间担任宣大总督的正是苏祐。苏氏在向朝廷呈递的请功奏疏中，字里行间无不流露出对马芳的赏识与赞誉。

正如马芳与郭宗皋早前所评估的那样，当时的明蒙军事态势对明军极为不利，而这种局面显然不会因人事变动而迅速改变。苏祐接任宣大总督后不久，俺答汗凭借此前在大同之战中取得的胜利余威，趁机进攻宣府（今河北宣化）。尽管遭遇守军顽强抵抗，俺答汗仍转而攻打蓟镇（位于河北迁西县），明军再度战败。随后，土默特部又分兵进犯密云、怀柔、通县、昌平等地，致使北京为之震动，并随即宣布戒严。当时驻守北京的兵力为四五万人，但其中多为老弱残兵，战斗力令人担忧。情势危急之下，明世宗紧急诏令各镇兵马火速驰援北京，同时任命大同总兵仇鸾为平虏大将军，负责节制各路援军，并命定西侯蒋傅、兵部侍郎王邦瑞共同督守京师九门。

嘉靖二十九年（1550）八月十八日，土默特部的前锋部队已兵临安定门下。各路勤王兵马接到警报后，虽迅速轻装驰援，但因粮草匮乏，加之士兵饥寒交迫、疲惫不堪，无人敢与敌军正面交锋。由于这一系列战事都发生在旧历庚戌年，因此，明朝人将其称为"庚戌之变"。在"庚戌之变"期间，马芳因斩获敌军首级一颗而立功受赏，"值虏从古北口入，俘斩有功，授阳和卫左所小旗"②。在明代都司卫所制度下，小旗甚至无法被归入中下级武官的行列。方志远指出："（明代）坐衙武官有两种情况。一种是高级武官，均为流官，分八等：都督府的都督、同知、佥事，都司的都指挥使、同知、佥事，留守司的正、副留守。另一种是中下级武官，均为世官，分九等：各卫指挥使、同知、佥

① 〔明〕于慎行撰：《谷城山馆文集》卷28《明故资政大夫兵部尚书兼都察院右都御史谷原苏公行状》，第87页。

② 河北省文物局长城资源调查队编：《明故特进荣禄大夫前军都督府左都督兰溪马公墓志铭》，第677页。

事、镇抚，各千户所正、副千户、镇抚、百户、试百户，以及土官宣慰使、宣抚、安抚及其副贰。"① 马芳当时的职位虽然低微，但对他而言，这意味着正式进入了明朝军队的编制体系。《诸司职掌》中对晋升小旗、总旗的流程有所记载："凡总、小旗缺役，务选年深精壮，勇敢军人。小旗并枪军人，并枪得胜升小旗；小旗并枪得胜升总旗，须凭各府照会开缴，当该卫所保结文状到部，然后类写具奏请旨，准用。仍咨呈该府，行下各该卫所收补，或奉旨取用，年深总旗除授，须自各卫取勘从军脚色，保结呈送到部，仍审实来历，相同具本引奏选用。其附选出榜，抄榜给凭催任，一如除授官员施行。"② 综上所述，从那以后，马芳已经彻底摆脱了"走回人"的标签，不再被定义为那个身份。

按明制，"凡卫所额军，洪武二十六年定，内外卫所军士，俱有定数。大率以五千六百名为一卫；一千一百二十名，为一千户所；一百一十二名，为一百户所；其有卫分军士数多，千百户所统则一，每一百户所，设总旗二名，小旗一十名，管领钤束"③。换言之，马芳本应管理十名军士，然而实际上他此前所统率的兵士数量已远远超出这一数字（详见下文）。关于马芳晋升小旗一事，《蔚州卫选簿》中亦有相关记载："查有马芳□□月于嘉靖二十九等年，新店儿斩首一颗，升小旗。"④ 马芳此次斩获敌军首级的地点位于新店儿，然而由于引文中的文字有所缺失，具体时间已无法明确。苏祐在事后呈递给朝廷的奏报中提及了这一情况，"勘得原任参将李朝阳管领标下官军三千员名，八月十九日，跟随总督军门至居庸关，蒙总督军门调遣宣大、山西守墙官军，前来过关截杀。于二十日，先将李朝阳兵马发往南口截杀，本日，

---

① 方志远：《明代国家权力结构及运行机制》，广西师范大学出版社，2024年，第319页。

② 〔明〕佚名撰：《诸司职掌》，《兵部·升用总小旗》，《续修四库全书》第748册，上海古籍出版社，2002年，第714、715页。

③ 〔明〕申时行等修：《明会典》卷137《军役》，第700页。

④ 中国第一历史档案馆、辽宁省档案馆编：《中国明朝档案总汇》，第70册，《蔚州卫》，广西师范大学出版社，2001年，第260页。

分遣通事马芳等四百名前锋哨探。行至地名新店儿，迎遇哨马达贼，对敌，就阵斩获首级一颗，为首，通事马芳，为从，通事贾住"①。苏祐在此称马芳为"通事"，并非指其承担翻译工作，而是指马芳当时在明朝军队中负责情报刺探和侦察等任务，这与马芳此前在土默特军中从事的工作性质相似。需要指出的是，马芳所率领的这支约四百人的小规模侦察部队，正是早前宣大总督郭宗皋麾下的精锐家丁。此外，根据苏祐的奏疏，马芳在新店儿斩首一级的具体时间是嘉靖二十九年八月二十日。关于斩首地点新店儿，《战功私录》中记载道："二十九年秋八月，贼大举入犯居庸关，芳力战于南口新店。"② 南口位于现今的北京市昌平区，这个地方在历史上曾经是交通要道，连接着京城与北方的多个地区。明人张爵撰写的《京师五城坊巷衚衕集》一书"安定德胜关外"目下有"新店儿"。③ 据此，新店儿位于安定门与德胜门附近。综上所述，嘉靖二十九年（1550）八月十八日，土默特部前锋部队抵达安定门。两天后的二十日，以马芳所部四百人为先锋的边军侦察部队才姗姗来迟。从这支部队的规模来看，他们显然无法与土默特部正面交锋。然而，这支部队已是各路回援部队中最早抵达北京附近的。双方短暂交锋后，随即脱离了接触。

直至八月二十一日辰时（上午7点至9点），明朝各路回援的边军才陆续抵达北京周边，并随即向新店儿方向集结。此时，俺答汗仍未成功攻破北京城，他担心遭到明军内外夹击，于是迅速收拢部队，准备撤出边关。对此，苏祐也提前做出了相应的战略部署："二十一日辰时至新店儿，迎遇大虏，整阵长驱，从东往西。其余众贼，驱赶人畜，西北行走。必从镇边城白羊等口，由宣府北、东二路出境，一半仍从原口出

---

① 〔明〕苏祐撰：《督府疏议》卷1《虏寇奔突地方官军鏖战克获疏》，载中国国家图书馆编：《原国立北平图书馆甲库善本丛书》第2220册，国家图书馆出版社，第140页。

② 〔清〕杨世昌修、吴廷华纂：（乾隆）《蔚州志补》卷11《外志补》。

③ 〔明〕张爵撰：《京师五城坊巷衚衕集》不分卷，《安定德胜关外》，《续修四库全书》第729册，上海古籍出版社，2002年，第190页。

边等因。臣惟前项各营兵马已发内援，恐地方遭其蹂躏，会同巡抚都御史李良，分投差人，传谕宣府各城堡，收敛人畜，坚壁清野。及晓示军民人等，但有夺获人口，量赏银两，头畜尽给充赏。"① 根据这份奏报，土默特部在围攻北京期间，宣府、大同方向的明军主力部队也紧随其后。当蒙古军队试图从白羊口出边时，宣府一带的沿途城堡已无多余兵力与撤退之敌周旋。为避免更大的损失，苏祐不得不下令宣府周边的各城堡采取坚壁清野的策略。

一切安排妥当之后，苏祐再次向马芳下达了一道命令："先将前锋家丁通事马芳等四百名督发，径赴怀来城，会合兵马并力战剿。"② 换言之，早在二十日马芳在新店儿斩获敌首一级后，苏祐便立即命马芳率领总督标下的这支家丁部队火速前往怀来。其目的是与怀来守军会合，对从该地出边的蒙古军队实施夹击。由此可见，在"庚戌之变"期间，马芳所部不仅承担侦察任务，还扮演着战场机动部队的角色，负责在各个战场之间快速穿插作战。根据苏祐的说法，他接任宣大总督时的驻跸地在宣府镇城（今张家口宣化区），"十九日过居庸关，二十二日至督属宣府镇城"③。马芳作为宣大总督标下通事家丁的统领，理应率领这支家丁部队从宣府镇城出发，与苏祐一同驰援北京。若此推论成立，则马芳的部队需行军约 160 公里方能抵达新店儿，再从新店儿回师至怀来，约为 100 公里。换言之，在"庚戌之变"期间，马芳所部的总行军里程约为 260 公里。然而，令人遗憾的是，由于苏祐未做详细交代，该部在怀来的具体战况至今无从知晓。

根据《家传》的记载，"庚戌之变"期间，各路援军的表现显得十分乏力："其秋，虏寇古北口，号三十万。壁清河，剽怀柔、顺义，吏

---

① 〔明〕苏祐撰：《督府疏议》卷 1《虏寇奔突地方官军鏖战克获疏》，第 146 页。

② 〔明〕苏祐撰：《督府疏议》卷 1《虏寇奔突地方官军鏖战克获疏》，第 146 页。

③ 〔明〕苏祐著，王义印点校：《苏祐集》，《谷原奏议》卷 2《任事谢恩疏》，第 504 页。

民杀而脯诸城上，殴男、妇、畜产万数，望屋而食，焚城郭庐舍，火光彻于都门，暴骨如莽。诸路援兵各顾其后，蔑有斗心。"[1] 与其他各路援军士气低落形成鲜明对比的是，马芳所部则展现出高昂的斗志。他们在战场上冲锋陷阵，击破敌军，斩杀敌将，狠狠挫败了对手的锐气，"公与私属徒百人，三踊于庭曰：芳在此，敢勤他人乎？麾其骑驰虏，虏不知所为，色骇，亟击之，斩虏将，解其左肩。虏奔，逐之，左右角之，复斩其骑十数"[2]。《南州草堂集》对此事亦有记载，但内容较为简略，"嘉靖庚戌，俺答率众寇古北口，壁清河，剽怀柔、顺义，杀掠男、妇、产畜，焚城郭、庐舍，火光彻都门。诸路援兵逡巡不敢进。芳以所属三百人驰敌营，斩十数骑"[3]。根据前述两部文献的记载，马芳所率领的士兵人数均为三百名，这与苏祐在奏报中提到的数量相比少了一百人。至于其中缘由，目前尚不明确，有待进一步考证。

正如前述史籍所记载，"庚戌之变"期间，明军整体表现极为低迷。尽管苏祐在奏报中宣称各路明军，"奋勇血战，追逐达贼，尽行退遁出边"[4]。然而，当我们仔细核查苏氏随后呈报的战果清单时，不难发现，宣、大边军在此战中取得的成果实在是微乎其微：总共斩首50级；生擒3人；夺回被掳人口1420余名；收获降人17名；夺获马、骡、驴、牛、羊319匹（头、只）；收获夷器1412件。[5] 这样的战果与这场战争的规模并不相称。综上所述，在"庚戌之变"期间，土默特蒙古军队突破长城防线后几乎畅行无阻，苏祐所统计的战果已然揭示了这场战争的最终结局。明廷因此遭受了极为惨重的损失。

---

① 〔明〕李维桢撰：《大泌山房集》卷68《马将军家传》，第171页。

② 〔明〕李维桢撰：《大泌山房集》卷68《马将军家传》，第171页。

③ 〔清〕徐釚撰：《南州草堂集》卷27《拟史传五首》，《续修四库全书》第1415册，上海古籍出版社，2002年，第412页。

④ 〔明〕苏祐撰：《督府疏议》卷1《虏寇奔突地方官军鏖战克获疏》，第145页。

⑤ 〔明〕苏祐撰：《督府疏议》卷1《虏寇奔突地方官军鏖战克获疏》，第140—148页。

尽管马芳所部及明军其他部队可能在一些零星战斗中给敌军造成了一定伤亡，但这些杀伤规模有限，对整个战局的发展已无法产生实质性影响。土默特部发动的大规模攻势，给明朝君臣带来了强烈的震撼，"嘉靖二十九年，俺答犯顺，直逼神京。援兵四集城下……当是时，兵火燎原，大掠。城外号哭之声彻于西内，举朝震恐"①。明世宗因此对蒙古各部深恶痛绝。然而，皇帝陛下却无计可施，只能通过其他方式宣泄心中的愤懑。据沈德符记载："时上苦虏之扰，最厌见夷狄字面……按世庙晚年每写夷狄字必极小，凡诏旨及章疏皆然，盖欲尊中国卑外夷也。"② 这种自欺欺人的做法在今人看来既幼稚又可笑，但其影响却不可小觑。终嘉靖一朝，明蒙关系改善的大门被世宗人为关闭。"庚戌之变"让土默特部尝到了甜头，在此后的二十余年间，俺答汗连年南下侵扰，致使长城沿线的边民及京畿腹地的百姓深受其害。直到隆庆四年（1570），明蒙关系才迎来转机。在时任宣大总督王崇古及内阁诸臣的积极推动下，明蒙双方实现了和解。经过多轮谈判，双方达成了互市、册封、停止敌对行为等一系列协议。最终，明廷册封俺答汗为顺义王，土默特部正式归附中央朝廷，长城一带才得以安宁。马芳本人是这段历史的重要见证者，而他的政治命运也与这段历史的走向紧密相连。

综上所述，"庚戌之变"对明朝造成了极其惨重的损失，而土默特部在此次行动中轻易得手，也使其意识到明廷的软弱，从而助长了他们日后继续沿边劫掠的信心。"庚戌之变"对朝廷而言是一场灾难，但从个人角度来看，却为马芳提供了一个展现才能的契机。正是他在新店儿立下的斩首战功，使其从一名边外"走回人"（明代一些士大夫甚至蔑称"走回人"为"降虏"）或通事（侦察兵）之类的角色，转变为明朝军队中的正式编制人员（阳和卫左所小旗）。马芳进入明军正式编制

① 〔清〕李塨撰：《恕谷后集》卷9《书明刘户郎墓表后》，《续修四库全书》第1420册，上海古籍出版社，2002年，第89页。

② 〔明〕沈德符撰：《万历野获编》卷2《触忌》，中华书局，1959年，第57页。

序列，无疑为他日后的职级晋升迈出了关键一步。

嘉靖三十年（1551）春，苏氏向朝廷上疏，详细阐述了明蒙战争的利弊。他建议开放马市，推动贸易往来，以缓解双方紧张关系。该提议最终获得批准并付诸实施，沿边地区的军民无不欢欣鼓舞，明蒙双方化干戈为玉帛的前景似乎指日可待。马市开放后，双方关系显著改善，俺答汗向明廷进献贡品并上表谢恩，明朝也给予了回赐。苏祐因妥善处理此事而功勋卓著，同年四月，明世宗下诏："总督宣大兵部左侍郎苏祐以边功，诏荫其孙宋为国子生。"[①] 然而，好景不长，不到一年，明廷便下诏关闭马市，并严令禁止，日后若有人再提议开放马市，将以斩首论处。此中具体缘由与本书主旨关系不大，故在此不做详述。但其中一条重要原因是：明廷在前次战役中败北，令朝中君臣深感耻辱，而翌年开放马市也不过是在军事失利后不得不做出的带有屈辱色彩的妥协。作为宣大总督的苏氏，此时也只能加强战备，不敢再有其他主张。

嘉靖三十二年（1553）秋天，俺答汗因对关闭边境贸易怀恨在心，率领十余万大军，越过长城，对明朝发动大规模进攻。其前锋部队迅速突破紫荆关，令明廷朝野上下大为恐慌。苏祐派遣将领分路迎击，自己则亲率铁骑，抄小路在永安堡截击俺答汗。经过数昼夜的浴血奋战，被动的战局逐渐得到扭转。明世宗随即对有功人员予以嘉奖，苏祐本人被擢升为兵部尚书，同时仍兼任宣大总督并荫其孙苏綮为锦衣卫正千户。[②] 在宣大总督的职位上，苏祐正享受着事业的巅峰时刻，春风得意，然而，明廷却突然以他年老体衰为由，决定解除他所担任的所有职务，这一决定无疑给苏祐带来了沉重的打击。据《明世宗实录》记载，嘉靖三十三年（1554）四月，"上谕辅臣严嵩等曰：朕虽废一早朝，此心胜于一坐，常念边方之事，用人为重。闻山西宣大总督苏祐，年向衰矣，卿等盖择所以代之。嵩等传示兵部，复言祐素号知兵，顷又以功蒙

① 《明世宗实录》卷372，嘉靖三十年四月辛未，第6650页。

② 〔明〕于慎行撰：《谷城山馆文集》卷28《明故资政大夫兵部尚书兼都察院右都御史谷原苏公行状》，第87页。

赏，故未敢辄议弃置，比闻其精力不逮壮时，诚如圣谕。诏遂罢祐回籍，而以兵部右侍郎贾应春升左侍郎兼都察院右佥都御史代之"①。实际上，通过仔细审视兵部的复奏内容，我们可以清晰地看出，兵部并不倾向于撤换苏祐，然而面对皇帝的明确旨意，他们又不敢直接表达反对意见。在这一点上，苏祐的行状中有着明确的记载，指出这一系列的事件实际上是严嵩出于个人恩怨的刻意报复："少师嵩故尚书时，尝为公所论，恨公，从中主之，削籍为庶人。"② 综合上所述，从嘉靖二十九年的六月份开始，一直到嘉靖三十三年的四月份，苏祐担任了宣大总督这一职位，总共经历了大约四年的时间。苏祐的罢职对于马芳来说，意味着失去了一位极其重要的伯乐，一位能够赏识并支持他的重要人物。

① 《明世宗实录》卷 409，嘉靖三十三年四月癸巳，第 7138 页。这里要说明的是，贾应春其实并未赴任。内中详情可参见《明世宗实录》卷 410，嘉靖三十三年五月乙卯：诏筭以侍郎贾应春提督陕西二边。命协理戎政兵部左侍郎许论兼都察院右佥都御史总督宣大、山西等处军务。初应春自三边召佐本兵，寻又移镇宣大，以代者江东未至，久留不发。御史胡宗宪等因言，东沿途患病，未有莅任期，而三边去宣大远，非可旦夕克期至者，今时已入夏，秋防伊迩，而两镇总督俱已升调去任，无固志，非所以一号令，安边鄙也。臣谓宜留应春仍总督三边，其宣大员缺，即于近地推补，趣令之任，庶彼此调度得人，边防有赖。上以为然，因有是命。（第 7150 页）故而，实际上接替苏祐任宣大总督的是许论而非贾应春。

② 〔明〕于慎行撰：《谷城山馆文集》卷 28《明故资政大夫兵部尚书兼都察院右都御史谷原苏公行状》，第 87 页。

第二章　组建家庭与定居蔚州

前一章已对马芳少年时代的家庭背景、草原经历以及初入明军期间的各种机缘进行了较为详尽的梳理。实际上，就在"庚戌之变"发生前夕，马芳还完成了人生中的一件大事——成家。由于《明诰封一品夫人马母师氏合葬墓志》的出土，我们得以更具体地了解马芳家族的家庭成员构成及其姻亲关系等重要历史信息。

第一节　家有贤妻

马芳的妻子师氏，"生嘉靖四年乙酉十一月辛亥"①，根据推算，师氏的生日应为嘉靖四年（1525）十一月二十日。我们知道，马芳出生于正德十二年（1517）五月十五日，因此在年龄上，马芳比师氏年长八岁。若论家庭条件，师氏则明显优于马芳。她出生于大同阳和卫的一个武官家庭，"父升，官间（'间'当为'阃'——引者注）帅，母刘氏，阳和卫华胄也"②。"阃"字意为城门的门槛，而"阃帅"则引申为地方的军事将领。母亲刘氏出身于阳和当地的名门望族。师氏于嘉靖二十九年（1550）嫁给了马芳。这一年恰是马芳回归明朝的第十个年

---

① 《明诰封一品夫人马母师氏合葬墓志》，载韩立基：《明马芳及夫人师氏墓志铭考》，第 75 页。
② 《明诰封一品夫人马母师氏合葬墓志》，载韩立基：《明马芳及夫人师氏墓志铭考》，第 74 页。

头，"于嘉靖庚戌，适兰溪公"①，"兰溪"是马芳的号。

　　如前文所述，师氏结婚时年已二十六岁，而马芳则三十四岁。夫妇二人的年龄在当时无疑属于晚婚。根据师氏墓志铭的记载："夫人生有奇征，长而庄靓，虽未涉图综史，而言论多符古，父甚奇之。"② 此处的"奇征"或许是指师氏幼年时在生理上具有某些显著特征，这些特征可能有些碍眼，这或许是她晚婚的原因之一。然而，随着年龄的增长，师氏逐渐出落得端庄秀丽，其言行举止也暗合了古人推崇的诸多优良品德。婚后初期，由于马芳家境贫寒，亲戚邻里中有人为师氏感到惋惜，认为她作为阳和当地的"名门之后"，嫁给这样一个穷人家似乎有些不相匹配。这类闲言碎语不胫而走，师氏自然有所耳闻，但她始终坚信丈夫终有一日会出人头地。"公方执戟旅伍，穷苍席门，不异曲逆，未遇时也。戚里有为夫人太息者。夫人解之曰：贫困，人所恒有也。人固有英资，若彼而长贫者乎！甘荆布、操井臼，事舅姑如礼。视世俗躁，急疾贫者，不径□哉！"③ 由此可见，师氏的见解与寻常世俗之人截然不同。她并不在意眼前的贫苦生活，反而坚信马芳这样英姿飒爽的武人，将来必定会出人头地。这表明，她对马芳的前途充满信心，而这种信心并非盲目，而是基于马芳的"英姿"做出的理性判断。此外，从她"事舅姑如礼"一语可以推断，马芳婚后便将远在灵州的父亲与继母等人接到了自己身边共同生活。为了让马芳免受家庭琐事的牵绊，师氏主动承担起了家中的各项事务。她曾对马芳说道："君所急在国事，无内顾也。"④ 意思是说，马芳只管军旅之事即可，家中事务不需要他过多操心。以此观之，马芳后来能够取得如此辉煌的军事成就，与这位

---

　　① 《明诰封一品夫人马母师氏合葬墓志》，载韩立基：《明马芳及夫人师氏墓志铭考》，第 74 页。

　　② 《明诰封一品夫人马母师氏合葬墓志》，载韩立基：《明马芳及夫人师氏墓志铭考》，第 74 页。

　　③ 《明诰封一品夫人马母师氏合葬墓志》，载韩立基：《明马芳及夫人师氏墓志铭考》，第 74 页。

　　④ 《明诰封一品夫人马母师氏合葬墓志》，载韩立基：《明马芳及夫人师氏墓志铭考》，第 74 页。

贤内助的辅佐和协助密不可分。

马芳与师氏婚后育有三子，分别是长子马栋、次子马椿和三子马林，"生子三。长栋，中军都督府佥事，娶祁氏，参将祁谦女；次椿，早卒，娶王氏，总兵王国勋女；次林，大同左卫副总兵，娶孙氏，都司孙献策女"①。后文将集中介绍马芳三个儿子的生平事迹，在此不再赘述。

由于马芳常年征战在外，子女的教育重任自然就落在了师氏的肩上。徐阶在嘉靖四十二年（1563）十月呈递给明世宗的奏疏中曾提及："臣惟用人当论其材，不当专论资格。至于将官尤要取其谋勇惯战，而略其粗率，如马芳、胡镇，皆起自行伍，不识一字却能杀贼。"② 徐氏在此处虽然意在阐述用将之道，却也无意中透露了马芳、胡镇等将领不识字的事实。关于这一点，马芳的墓志铭中表述得较为委婉，其中提到："虽质朴少文，然多大略，晓畅兵事。"③ 这意味着马芳虽然在文化素养上有所欠缺，但他聪明机智且足智多谋，尤其在军事方面有着卓越的才能。总的来说，马芳文化水平不高确属事实，这与他早年的坎坷经历有很大关系。他自幼流落草原，根本没有机会接受私塾教育。而他的妻子师氏文化程度也并不高，"未涉图综史"，但她却非常重视诸子的教育，"为隆师亲友，责其凡斥习铅椠业，故二子敦《诗》《书》，挽《礼》《乐》，塞上无能右者"④。正是在她的悉心培养下，长子马栋和三子马林虽身为武将，却常常流露出儒者的风范，"栋故世将家，素娴韬略，尤能泽以《尔雅》，与弟都督林并以大将驰文坛，无愧色。今两蔚祠庙、寺观径尺大字，林所书，皆栋所题也。说《礼》《乐》而敦

① 《明诰封一品夫人马母师氏合葬墓志》，载韩立基：《明马芳及夫人师氏墓志铭考》，第 75 页。
② 〔明〕徐阶撰：《世经堂集》卷 2 《又答兵事谕一》，《四库全书存目丛书》集部第 79 册，齐鲁书社，1997 年，第 389 页。
③ 河北省文物局长城资源调查队编：《明故特进荣禄大夫前军都督府左都督兰溪马公墓志铭》，第 678 页。
④ 《明诰封一品夫人马母师氏合葬墓志》，载韩立基：《明马芳及夫人师氏墓志铭考》，第 75 页。

《诗》《书》，故屡莅严疆，胥能以功名见"①。甚者，马林还被时人赞誉为武翰林，"林，丰仪美髯，博经史，善谈论，精韬略，行楷大书尤称独擅，人号'武翰林'焉"②。由此可见，自马芳之后，其家族子弟的文化素养得到了显著提升。更有甚者，马芳的孙辈中出现了放弃武职、投身文途的现象。

需要指出的是，师氏培养诸子努力学习文学的行为，除了家庭因素的影响外，或许还与当时社会大环境的熏陶有关。明代学者唐枢曾指出："本朝武臣至嘉靖一大变，而武欲胜文矣。究厥所自，国初以将对敌，举动自由。以渐而制于群珰之出镇，乃设巡抚以制群珰。又以渐而制于巡抚、总督之吹求。重臣握兵权，借巡按以为纠察，又以渐而制于巡按之翻异随在掣肘。不得不文，以为自御之计。且文臣轻辱鄙陵，动以不识字为诮，及其荐剡，则右文而后武。又不得不文，以为自立之途。于是，天下靡然从之，莫知其自为武矣，此岂安不忘危之道哉。"③前引史料大致表明，明代武将常因文化素养不足而在官场中受到文官群体的轻视乃至欺压。有鉴于此，为了自身及家族的前途，武将家族纷纷致力于学习文化，以求开辟"自立之途"，这已然成为当时的一种普遍现象。这种风气的转变，在当时朝臣的奏疏中也有所体现。嘉靖十六年（1537），兵科都给事中朱隆禧就讲道："近年举将才者，率称其儒雅，能父置之高等，习以成风，因而废弃。自后保举将才，必取其骑射精闲，谋勇素著，不得以徒骏文词之辈，滥列其间。"④此时已可看出，明朝在选拔武将时标准出现了偏差，过于重视文辞而轻视军事技能。这种异化趋势引发了朱隆禧的担忧。

此外，根据《蔚州卫选簿》的记载，马芳还有其他子嗣。然而，

① 〔清〕王育榑修，李舜臣纂：（乾隆）《蔚县志》卷20《武功》，第114页。
② 〔清〕李英纂修：（顺治）《蔚州志》下卷酉集《人物志》，清顺治十六年刻本。
③ 〔清〕谭吉璁撰：《延绥镇志》卷3《名宦志下》，《四库全书存目丛书》史部第227册，齐鲁书社，1996年，第378页。
④ 《明世宗实录》卷205，嘉靖十六年十月乙卯，第4290页。

这些子嗣在师氏的墓志铭中并未被提及，因此可以推断他们并非师氏所生。"查伊曾祖马芳，屡获战功，历升宣府总兵。隆庆二年，前往北路独石等处出境捣剿，到地名长水海子，遇贼，对敌擒斩贼级九十余名颗。题荫一子，典做正千户世袭。长男马桧，嘉靖四十四年，随父在宣府渡口堡，斩首一颗，拟升小旗，故绝。次男马林，系应袭儿男，承袭正千户。"①据此，"长男马桧"在嘉靖四十四年（1565）拟升小旗后不久便去世了。否则，马芳因隆庆二年在长水海子的"剿敌"之功，作为长子的马桧理应直接承袭蔚州卫千户的职位。正因如此，最终由马林承袭了这一恩荫。回顾前文，马芳与师氏于嘉靖二十九年（1550）成婚，如果马桧是师氏所生，那么他在嘉靖四十四年时的年龄很可能不足十四岁。以如此年幼之龄在战场上斩获敌首，实在令人难以置信。如前所述，马芳与师氏所生的长子实为马栋，那么此处的"长男马桧"究竟是何人？

为确保严谨，我们将逐一核实师氏所生长子马栋和次子马椿的生平概况，以判断"马桧"是否可能是他们其中一位曾使用过的名字。

据《蔚州卫选簿》记载："马炳，指挥佥事。万历十七年八月马炳年九岁，灵州所人。系蔚州卫故左都督马芳嫡次孙……又查伊父马栋，另自获功，升至指挥同知，见任在……且年老身终之日……照舍人功，弃小就大例，本舍只袭一职，不许并袭。万历三十三年四月，马炳以进儒学，随父任读书，不愿出□袭职，□给执照。万历三十三年四月十四日，据山西总兵马栋呈焉，恳思俯照条例改正等事。奉堂批查明，报该署司事员外郎叶，查伊父马栋以行伍节次，斩首七颗，升指挥佥事，又以部功历升左都督，故。"②引文中提到马炳为嫡次孙，由此可知其父马栋当为嫡长子，而马炳则是马栋正妻所生的次子。此外，截至万历三十三年（1605）四月十四日，马栋仍在山西总兵任上。尽管其具体去世时间尚无法考证，但可以明确的是，他与马桧并非同一人。

---

① 中国第一历史档案馆、辽宁省档案馆编：《中国明朝档案总汇》，第70册，《蔚州卫》，第247页。

② 中国第一历史档案馆、辽宁省档案馆编：《中国明朝档案总汇》，第70册，《蔚州卫》，第260页。

接下来，我们来了解一下马椿的基本情况。根据《蔚州卫选簿》的记载："马椿，系芳嫡次男，于四十三年闰二月荫授总旗，加洪山口并入卫擒斩功三级，并授本卫副千户……马椿照例于副千户上加二级，并授指挥佥事，四十四年加铁山堡亲斩功一级，升指挥同知。隆庆六年，以父马芳四年招降有功，升一级，并荫升世袭指挥使。在任病故，绝嗣。"① 与马桧一样，马椿去世后也没有留下子嗣，但马椿的去世时间至少在隆庆六年（1572）之后。又，马椿在嘉靖四十三年（1564）"于副千户上加二级并授指挥佥事，四十四年加铁山堡亲斩功一级，升指挥同知"②。此外，马椿的父亲马芳因招降有功，其家族被朝廷赐予世袭蔚州卫指挥使的职位。然而，"长男马桧"在世时仅被"拟升小旗"，并未有马椿那样显赫的为官经历。因此，基本可以确定，马桧与马椿并非同一人。实际上，前引史料中特别强调"马椿，芳嫡次男"的身份，似乎也在某种程度上暗示马芳可能还有其他庶出的子嗣。

通过以上分析可以基本确定，马桧并非师氏所生。然而，从马家诸子的命名规律来看，马桧很可能是马芳的亲生儿子。如果这一推断成立，那么马芳除了正妻师氏之外，可能有过其他婚姻经历，或者同时拥有侧室。考虑到马芳曾在草原上经历过"盗女"事件，且他与师氏成婚时年龄较大，这样的推测具有一定的合理性。当然，更多的历史细节尚需通过发掘史料（如墓志铭等）来进一步证实。综上所述，马芳与师氏共育有三子，分别是嫡长子马栋、次子马椿和三子马林。此外，还有一子马桧，其生母不详，但年龄上应长于马林，甚至可能长于马栋和马椿。

需要补充的是，除马桧之外，宣大总督苏祐在奏报中还提到了马芳其他子嗣的相关信息。例如："（嘉靖）三十一年正月内……（马芳）又领前项家丁人等，在于新平堡边外野马川与大贼对敌，各营共斩贼首四十二颗，内芳与部下斩首二十六颗。比芳遇贼，首先率众冲入贼阵，芳

---

① 中国第一历史档案馆、辽宁省档案馆编：《中国明朝档案总汇》，第 70 册，《蔚州卫》，第 239、240 页。

② 中国第一历史档案馆、辽宁省档案馆编：《中国明朝档案总汇》，第 70 册，《蔚州卫》，第 239、240 页。

连杀四贼，俱斩割首级，芳自报一颗，其余三颗报于男马钦、马镗，弟马进才名下。"① 苏祐在奏报中解释称，马芳之所以斩首四颗，自报一颗而将另外三颗报在其两子马钦、马镗及弟弟马进才之名下，是因为"不知事例，恐重报不升"②。关于马芳这种报功行为是否违规，在此不做讨论，仅对其子嗣情况稍做分析。前引奏疏显示，马芳除了马桧、马栋、马椿、马林这四个儿子，还有马钦、马镗二人。然而，从名字的用字来看，"钦"和"镗"都带有"金"字旁，且两人的年龄显然大于前四子。在（乾隆）《宣化府志》中，我们还找到了马钦、马镗兄弟二人的任官信息。据其中的"万全都指挥使"条目可知，马镗在嘉靖年间曾任该都司指挥使③。另据"万全都指挥同知"条目可知，马钦在嘉靖年间也曾担任该都司指挥同知④。后来马芳定居的蔚州卫即归万全都司管辖。

笔者推测，马钦、马镗可能是马芳的义子。理由有三：首先，马芳在注籍蔚州卫后，其家族后人多数世袭蔚州卫武官职位（后文将详细说明），但唯独未见马钦、马镗及其后代在卫所中的袭职记录。其次，在当时，收养家丁作为义子是一种普遍现象，马芳也不例外。家丁，即是将帅的私人武装，其中的佼佼者被主帅收为义子是很常见的。隆庆元年，宣大总督王之诰曾上疏，其中一条提到："明功罪以劝间谍。言总兵马芳养子云入房巢，斩酋名郎中者，功未列上，而为游卒所杀，宜亟下御史议恤，以劝后人来边用命者。兵部复奏。从之。"⑤ 由此可以证实，马芳在军中收养了义子。此外，马钦、马镗二人的命名方式与马芳其他亲生儿子的命名规则存在明显差异。进一步来看，上文提及的马芳之弟

---

① 〔明〕苏祐撰：《督抚疏议》卷4《题为遵奉明旨忠杀贼乞怜早赐升赏以图报以励后效疏》，第264页。

② 〔明〕苏祐撰：《督抚疏议》卷4《题为遵奉明旨忠杀贼乞怜早赐升赏以图报以励后效疏》，第264页。

③ 〔清〕王文焘修，张志奇续修：（乾隆）《宣化府志》卷20《职官志三·万全都指挥使》，《中国方志集成·河北府县志辑》，上海书店，2006年，第356页。

④ 〔清〕王文焘修，张志奇续修：（乾隆）《宣化府志》卷20《职官志三·万全都指挥同知》，第356页。

⑤ 《明穆宗实录》卷11，隆庆元年八月丙戌，第298页。

马进才，若参照这一规则，基本可以推断他是马芳的结拜兄弟或堂兄弟。

为了帮助读者更清晰地了解马芳家族成员之间的关系，特此绘制了"马芳家族成员关系图谱"，如下所示：

马芳家族成员关系图谱

马芳（蔚州马氏核心人物）

├──上代亲属

├──曾祖：马训

      ├──祖父：马鉴

            └──父：马文通

            └──母：魏氏＆苏氏

                  ├──弟：马荷（生母不详）

├──配偶：师氏

      ├──（子）马桧（生母不详）

      ├──长子：马栋

         ├──栋子为：燮、煐、炳、焕、爌、煜、灼

                ├──燮子：弘任　　├──爌子：弘儒、弘仪

      ├──次子：马椿

      ├──三子：马林

         ├──林子为：烨、燃、照、熠、炯、飙①、炫、煌、煊②

           │   │   ├──熠子：天镇

           │ ├──燃子：元臣

           ├──烨子：元庆

                ├──元庆子：龙韬

---

① "马飙"有的文献作"马飚"。

② "马煊"有的文献作"马烜"。

需要说明的是，上图中未标注马栋、马林诸女的信息，这是因为笔者所掌握的文献对于该家族女性成员的记载不够明确，因此无法在图中做出恰当的安排。在此谨以文字形式记录相关信息：

孙女九。长适总兵麻贵子承宗，次许锦衣卫指挥周希□长子，余尚幼，俱栋出。次适总兵麻贵子承宣，次适副总兵解生子继盛，次许总兵黄明臣次子，余尚幼，俱林出。[1]

前述家族成员的信息主要来源于墓志铭、地方志等史料的汇集。由于未能找到《马氏家谱》的完整版本[2]，因此，上述信息在完整性方面无疑存在诸多不足，但蔚州马芳家族主要成员之间的基本关系已经得到了较为清晰的梳理。这对于深入解读马芳家族成员的相关历史事件仍然具有重要的参考价值。

第二节　定居蔚州

按照《马氏家谱》的记载："马公讳芳，先人住陕西宁夏府灵州所大沙井。诰封三代。宣化府，寄住蔚州城东北相，居住古家町恺悌里甲。"[3] 家谱中用"寄住"而没有用"定居"这样的词汇，可能与马芳的心境有关。晚年居家期间他曾坦言："吾幼为俘累，不获扫先人坟墓，

---

① 《明诰封一品夫人马母师氏合葬墓志》，载韩立基：《明马芳及夫人师氏墓志铭考》，第75页。

② 《马氏家谱》在乾隆十年编纂《蔚州志补》时尚存于世，当时的纂修人员尚能借助该家谱考证马氏家族成员之关系，"据《马氏家谱》，芳长子栋，栋子爌，此以爌为林子误"。参见：〔清〕杨世昌修，吴廷华纂：《蔚州志补》卷10《人物志补·忠孝节义》。

③ 《马氏家谱》不分卷。

游子思故乡，百岁后，吾魂魄犹在关陇间矣。"① 可见，在其心里远在关陇地区的灵州才是故乡，希望自己百岁之后灵魂也能回到那个生前魂牵梦萦的地方。又，据（正德）《宣府镇志》记载，可知《马氏家谱》中所记之古家町即古家町寨②，该寨是明朝在蔚州城周边布置的诸多军事堡寨之一，其职能不言自明。综上，马芳原籍为陕西宁夏府灵州所大沙井，后来迁到了宣化府蔚州卫，具体居住地点在古家町寨。

一、从阳和卫到蔚州卫。在讲蔚州之前，这里首先要介绍一下马芳成家的地方——阳和卫。《续通典》有载："阳和卫，元白登县，属大同路。明洪武初县废，二十六年二月置卫。宣德元年，徙高山卫来同治。"③ 阳和卫虽设立于洪武二十六年（1393），但卫城直到洪武三十一年（1398）方才建成，"阳和卫城，高山卫附。洪武三十一年筑，周围九里三十步，三丈五尺，壕深三丈。门三，东曰：成安，西曰：成武，南曰：迎宣，上各建楼，窝铺十四座，外各建月城。东半属阳和卫，西半属高山卫"④。在明代，阳和卫归山西行都指挥使司管辖，嘉靖二十六年（1547），出于军事调度的需要，明廷在大同方面的军事建制做了一定程度上的微调，设置了大同东、西二路，阳和卫属东路。入清以后，改阳和卫为阳高卫，即今天的山西省阳高县，"阳和卫属山西行都指挥使司，嘉靖二十六年设大同东路，本朝改曰阳高卫"⑤。阳高县境内有一座白登山，汉初刘邦与冒顿单于曾战于此，即后来我们耳熟能详的"白登之围"。

---

① 〔清〕王育榥修，李舜臣纂：（乾隆）《蔚县志》卷20《人物》，第99页。
② 〔明〕王崇献纂，李建武、程彩萍校注：（正德）《宣府镇志》卷2《镇城》，天津古籍出版社，2024年，第32页。
③ 〔清〕嵇璜等撰：《续通典》卷141《州郡》，（景印）《文渊阁四库全书》第399册，台湾商务印书馆，1983年，第620页。
④ 〔明〕李侃、胡谧撰：（成化）《山西通志》卷3《城池》，《四库全书存目丛书》史部第147册，齐鲁书社，1996年，第65页。
⑤ 〔清〕洪亮吉撰：《乾隆府厅州县图志》卷11《阳高县》，《续修四库全书》第625册，上海古籍出版社，2002年，第531页。

按照《明诰封夫人师氏合葬墓志铭》的记载，马芳婚后不久，就因斩首级功被擢升为阳和卫左所小旗。因此，马芳与师氏婚后，应该在阳和卫安家。此后，马芳因屡有斩首功，用了大约三年时间就从阳和卫左所小旗积功升至该卫指挥佥事署都指挥佥事，"嗣是，御虏于威远、盐场、新平堡、野马川，斩获独多。先赐冠带并衣一袭，寻授试百户，升本卫指挥佥事。与虏战羊圈沟、沉池、山河桥、刘家嘴、白草沟、安家屯、鸽子堂、洗马林，功最。屡迁大同镇川堡守备，本卫指挥同知，署都指挥佥事，充游击将军，又论功加升一级。虏犯龙门麻峪口、保安，斩□□□，升实授二级"①。引文中出现的试百户、指挥佥事、守备、指挥同知、署都指挥佥事、游击将军等职官名称，可能会对读者的理解造成一定困难，因此，有必要对明代武官系统的分类进行简要说明。"从永乐时直至明末，明军的编制实际上是卫所制和营兵制并存。"② 试百户、指挥佥事、指挥同知、署都指挥佥事是卫所制下的职官名称。《诸司职掌·武官资格》记载："凡内外军职官员，俱有原定资格。正一品：左都督、右都督；从一品：都督同知；正二品：都督佥事、正留守、都指挥使；从二品：都指挥同知；正三品：副留守、都指挥佥事、各卫指挥使；从三品：留守司指挥同知、各卫指挥同知；正四品：各卫指挥佥事；正五品：仪卫正、正千户；从五品：卫镇抚仪卫副、副千户；正六品：典仗、百户；从六品：所镇抚。"③ 也就是说，马芳的仕途是从阳和卫的小旗、总旗起步的，在获得正式官职后，他先后担任了阳和卫试百户（正六品）、阳和卫指挥佥事（正四品）、阳和卫指挥同知（从三品），以及阳和卫署都指挥佥事（正三品）。当然，由于史料不够详尽，上述任职经历只是一个大致的梳理。

"守备""游击将军"等称谓，是指在营兵制度下所设立的官职。

① 河北省文物局长城资源调查队编：《明故特进荣禄大夫前军都督府左都督兰溪马公墓志铭》，第 676 页。

② 方志远：《明代国家权力结构及运行机制》，第 294 页。

③ 〔明〕佚名撰：《诸司职掌》，《兵部·武官资格》，第 713、714 页。

"永乐、宣德以后，武职军事领导系统主要由京营和边、省镇戍将领组成，包括京营的提督总兵官、各营统领副将、参将、游击、佐击、大号头官等官，边、省各镇守总兵官、协守副总兵、分守参将、游击、守备等。但需要指出的是，充任总兵、副将、参将、游击、守备等官的，又均为都督府及都司的都督、都指挥、同知、佥事等。"① 明白了这一点，我们就能理解为何马芳的职官中会出现守备（卫指挥佥事）、游击将军（卫指挥同知）等不同称谓。卫所系统中的职衔是将领领取俸禄、子弟承袭以及获得优抚的依据，而某某处守备、游击、参将、副将、总兵等才是其实际任职的地点。

按马芳本人所言，他于嘉靖三十二年（1553）升任守备万全右卫参将，"癸丑，升守备万全右卫……寻升右卫参将"② 守备万全右卫参将在卫所系统对应的职官一般是卫指挥使（正三品）。正是由于这次职务的变动，马芳的家庭也随他本人搬迁到了另一个地方——蔚州卫。根据明朝的制度，万全右卫隶属于万全都指挥使司，而万全都指挥使司下辖的多个军事机构，其驻地就设在蔚州卫城内。据（乾隆）《蔚县志》记载，蔚州城内的军事衙署主要有：守备署（天顺年间设）、守备官厅（天顺年间建）、万全都指挥使分司（成化三年建）、分巡枭司（弘治年间建）、口北道行署（弘治年间设）、参将署（嘉靖年间设）、分守藩司（嘉靖年间建）、黑石岭把总署、桃花堡把总署等。③ 总之，马芳此时已升任万全右卫守备参将，其家庭迁往参将署所在地实属情理之中。此次职务变动后，马芳家族最终在蔚州卫落户入籍。

二、宣大喉襟蔚州卫。据（崇祯）《蔚州志》记载："按，蔚乃古冀州之域。春秋属晋。战国属赵，赵襄子代王有其地，武灵王置代郡。秦置代县，属代郡。西汉为代国，高皇帝封子为代王于此，后继惠帝为

① 方志远：《明代国家权力结构及运行机制》，第319页。
② 〔清〕杨世昌修，吴廷华纂：（乾隆）《蔚州志补》卷12《艺文·〈战功私录〉自序》。
③ 〔清〕王育榞修，李舜臣纂：（乾隆）《蔚县志》卷9《公署》，第43页。

文帝。东汉末废，后魏置怀荒、御夷二镇。东魏置北灵丘郡。后周始置蔚州，宇文周静帝大象二年（580）。隋属上谷郡，大业初周（疑'周'为衍字——引者注）废。唐复置蔚州，治灵丘。初没于突厥，置州侨治阳曲、繁峙、秀谷，后破突厥，复置蔚州。天宝元年改为安边郡，至德二年置兴唐县。五季改为灵山县，再改为灵仙县隶洪州。石敬唐以山后十六州赂契丹在焉。辽置忠顺军，金为蔚州，治灵仙县，隶上都宣德府。元仍旧。"① 以上即是明代之前蔚州的大体建置沿革。另外补充一点，蔚州城的建成时间及城址是否有过变迁，因文献记载不一，存在不少龃龉之处。孙靖国先生的《蔚州城最初修筑年代考》一文基本廓清了上述问题。孙氏的结论是："从唐代修筑横野军城和安边县城，到明代修筑蔚州土城并包砖，一直到今天，蔚州城的位置并未发生过转移。今天蔚县城的筑城历史，最早能追溯到开元六年（718）也就是横野军在此地设立的年代。"② 此论是在史料详细考订基础上得出的，较为可信。

（一）建置与城防。洪武二年（1369），大将军徐达派遣部将张温率军至蔚州城下，元朝蔚州守臣楚宝善见大势已去，便未做抵抗而选择了开城归附，"元臣楚宝善全城附焉"③。自此，蔚州正式纳入明朝政府的管辖范围。洪武四年（1371），明廷将邻近的灵仙县划归蔚州。洪武五年（1372），德庆侯廖永忠负责修缮蔚州城池，然而，廖氏主持的修缮工程并未对城墙等设施进行包砖处理，因此该城的相关设施仍较为简陋。洪武七年（1374），明廷在蔚州城内设立蔚州卫，下辖五千户所，隶属于万全都司，随后并受宣府镇节制。

需要指出的是，明代的蔚州城内实际上存在着两套管理系统，一为

---

① 〔明〕孙世芳修，来临纂辑：（崇祯）《蔚州志》卷1《沿革》，《日本藏中国罕见地方志丛刊续编》，北京图书馆出版社，2003年，第315—317页。

② 孙靖国：《蔚州城最初修筑年代考》，《中国史研究》2014年第3期。

③ 〔清〕王育橼修，李舜臣纂：（乾隆）《蔚县志》卷30《重修城楼记》，第168页。

州县管理系统，一为军事卫所系统，二者之治所均在蔚州城内。① 州治在蔚州城内西南隅，领广灵、灵丘、广昌三县。卫治在蔚州城内东南隅。蔚州卫原编左、中、右、前、后五所，后来又从山西等处充添中左、中右、中中三所，隶万全都司辖之②，充添三所的时间是在永乐十三年（1415）。这样一来，蔚州卫一共下辖八个千户所，"总前统八所改属万全都司"③，而明朝一般卫所满编为5600人，蔚州卫所属军士的数量显然超出了一般编制标准。之所以如此，是蔚州自古以来就是"实控北边"④ 的军事要冲，明代迁都以后更是成为"京师肘腋，宣大喉襟"⑤。《明一统志》称蔚州"实京师之藩屏也，三面临边，最号要害"⑥。总之，明朝迁都北京后，蔚州方向的军事重要性越发凸显，这正是朝廷后来高度重视并着力强化蔚州卫军事防御能力的原因所在。

蔚州卫首任指挥使周房上任后，立即着手积极组织人力物力，以加强蔚州城的防御工事。"乃因旧址筑城。城高三丈五尺，堞六尺。四面中各建重楼，下则辟门以通耕牧，楼俱三级五楹。城门角各有楼、有门，制敌台楼二十有四，楹级杀之。更铺间楼一，置门外，仍建瓮城，城亦设小楼，则二级一楹。门三，东曰安定；南曰景仙；西曰清远；北故无门而楼则与东西南并峙，城外包以砖石，高厚峻整，极为坚致屹然，燕代巨防也。虏知难犯，号为铁城，而边人称城固者亦必曰：蔚州

① 孙靖国：《蔚州城最初修筑年代考》，《中国史研究》2014年第3期，第201页。又据刘凡、肖守库著《古蔚州城建布局与礼制探研》一文考证，在蔚州城内，州治衙署设在城西，卫治则在城东，以街市将其分开。（载《河北北方学院学报（哲学社会科学版）》2019年第5期，第33页。）

② 〔明〕孙世芳修，来临纂辑：(崇祯)《蔚州志》，第317、360、361页。

③ 〔明〕孙世芳修，栾尚约辑：(嘉靖)《宣府镇志》卷11《城堡考·蔚州卫城》，《中国方志丛书·塞北地方·第19号》，成文出版社，1970年，第96页。

④ 〔明〕孙世芳修，来临纂辑：(崇祯)《蔚州志》卷1《舆图》，第314页。

⑤ 〔明〕孙世芳修，栾尚约辑：(嘉靖)《宣府镇志》卷11《城堡考·蔚州卫城》，第96页。

⑥ 〔明〕李贤等撰：《明一统志》卷21《大同府》，（景印）《文渊阁四库全书》第472册，台湾商务印书馆，1983年，第473页。

蔚州云。"① 引文中之"旧城"即先前廖永忠所修筑之蔚州土城，周房应当是在此基础上对蔚州城进行扩建的。（崇祯）《蔚州志》的编纂者认为周房的前述作为意义非凡，"创建城池，保障万世"②。明朝不仅加强了蔚州城自身的防御能力，还在卫城周边区域梯次部署了众多附属军事防御设施，包括州堡、卫军堡以及属寨等。"本城属堡曰：白乐、长宁、赤化、广德、太平……共一百有九。属寨曰：永宁、水峪、圣水泉，共三。"③ 综上所述，从蔚州城及其周边附属军事设施的规模设置来看，明代对蔚州的军事部署显然是颇为重视的。

景泰元年（1450），由于"土木堡之变"，明朝与蒙古的关系骤然紧张。为应对这一危局，朝廷进一步扩大了蔚州守将的职权范围，"复命武臣守备，锡之简书，事权较诸边城特重"④。随着明蒙关系的逐渐缓和，边境地区的紧张局势有所缓解，长期的和平环境使得蔚州城的军事防御设施因缺乏维护而日渐破败。到了嘉靖年间，蒙古土默特部在其杰出首领俺答汗的领导下日益强盛。该部与明朝政府在政治、经济上屡生摩擦，连年扰边，"世庙之时，俺答无岁不犯"⑤。在这样的背景下，蔚州地区的军事形势日益严峻。加固和修缮蔚州城的防御设施已刻不容缓。胡宗宪在巡视蔚州期间，看到城防破败不堪，不禁流露出深切的忧虑，"莫邪铅刃，其谁为割，松柏疏理，其谁为材，此城房所虑也。其暴如此，匈奴不益轻汉乎"⑥！这里有必要解释一下"莫邪铅刃"，莫邪

---

① 〔明〕孙世芳修，栾尚约辑：（嘉靖）《宣府镇志》卷 11《城堡考·蔚州卫城》，第 96 页。

② 〔明〕孙世芳修，来临纂辑：（崇祯）《蔚州志》卷 3《乡贤》，第 464 页。

③ 〔明〕孙世芳修，栾尚约辑：（嘉靖）《宣府镇志》卷 11《城堡考·蔚州卫城》，第 97 页。

④ 〔明〕孙世芳修，栾尚约辑：（嘉靖）《宣府镇志》卷 11《城堡考·蔚州卫城》，第 96 页。

⑤ 〔明〕孙世芳修，来临纂辑：（崇祯）《蔚州志》卷 1《卫军堡》，第 328 页。

⑥ 〔明〕孙世芳修，栾尚约辑：（嘉靖）《宣府镇志》卷 11《城堡考·蔚州卫城》，第 96 页。

也作"镆铘",《吴越春秋·阖闾内传》载：吴王阖庐派干将铸剑，铁汁不下，干将的妻子莫邪跳入炉中，铁汁乃出，铸为二剑。雄剑为干将，雌剑名莫邪。① 后来人们多用干将、莫邪代指锋利的宝剑。"铅刃"指的是用铅制成的刀具。由于铅质地柔软，难以制成锋利的刀具，古人常以此比喻无用之人或物。胡宗宪在此意指，即便如莫邪宝剑那般锋利，若不加以妥善保养，其刃也会逐渐变得钝锈。同样，如果松柏不修剪多余的枝蔓，也无法成为可用之材。蔚州城地处战略要冲，但如今城池设施破败不堪，难以肩负起军事防御的重任。于是，胡宗宪下令"出按院赎金，尽完诸楼，鸠匠募徒，庀材具糇，皆有定画"②。除了胡宗宪之外，明朝其他大臣如御史闫邻、李天龙，蔚州知府尹耕、知州来邻等，也先后为蔚州城防的设置与修缮做出了诸多贡献。③ 为避免行文过于冗长，在此不对他们的具体修缮工作逐一详述。

（二）物产与民风。明代蔚州的地域范围大致如下：东至保安州美峪关，南至广昌县黑石岭，西至广灵县暖泉，北至距离蔚州城一百里的神仙岭。东南方向延伸约三百里，抵达易州、广昌、浮图峪、紫荆关；西南方向至灵丘县一百三十里的石门峪；东北方向至宣府二百五十里的渡口、深井；西北方向则至大同府广灵县的五岔岭。④ 此地坐落于恒山、太行山与燕山三山交界之处，位于冀西北的山间盆地。恒山余脉自山西延伸至蔚州，分为南北两支，环抱四周；壶流河则自西向东横贯全境，由此形成了南部深山、中部河川以及北部丘陵三个各具特色的自然地理区域。

1. 虽无奇产，亦能自足。按时人观点，"蔚地山高早寒，无他奇

---

① 〔东汉〕赵晔撰，崔冶译注：《吴越春秋》卷 2《阖闾内传第四》，中华书局，2019 年，第 57、58 页。

② 〔明〕孙世芳修，栾尚约辑：（嘉靖）《宣府镇志》卷 11《城堡考·蔚州卫城》，第 96 页。

③ 〔清〕杨世昌修，吴廷华纂：《蔚州志补》卷 2《建置城池补》。

④ 〔明〕孙世芳修，来临纂辑：（崇祯）《蔚州志》卷 1《疆域》，第 320 页。

产"①。（崇祯）《蔚州志》言："平川宜种五谷，仍多山岗、砂涧。"②（乾隆）《蔚县志》则进一步指出："蔚多山岗、砂涧，其土燥以烈，六清六谷而外，无他珍奇。"③ 从各类方志开列的物产名目来看，此地物产主要有：大麦、小麦、燕麦、豌豆、稷、黍、荞麦、黑豆、绿豆、高粱、麻、松、柏、榆、杨、柳、檀、槐、椴、韭菜、葱、蒜、芹菜、芥菜、丝瓜、南瓜、木耳、黄花菜、菠菜、梅豆、蒲、茄子、葡萄、蔓菁（卜留克）、蕨菜、白菜、黄瓜、西瓜、李子、榛子、梨、石榴、沙果、藕、杏、葫芦、牡丹、芍药、菊、蜀葵（一丈红）、荷花、丁香、刺梅、葵、蔷薇、水红花、秋海棠、雁来红、牵牛花、艾、甘草、麻黄、茴香、草麻子、枸杞子、牛黄、熊胆、麝香、茯苓、鹿茸、虎骨、桔梗、黄精、鹿角、浮萍、野鸡、乌鸡、麻雀、鹅、鸭、鸠、鸽、马、骡、牛、羊、猪、虎、狼、狍子、兔子、狐狸、黄鼠狼、豹、鹿、猫、夜猴、鲤鱼、鲫鱼、螺、蚌、虾、鳖、石炭（煤）等。④ 在明人的观点中，蔚州地区的物产虽然没有特别稀奇的品种（除了煤炭），但这些物产已经足够丰富，足以支撑和滋养当地居民的生活。在某种程度上，这些物产的"无奇"反而成为本地人民的一种幸运。正是因为蔚州地区所产出的这些物产并不在朝廷规定的"岁办"项目之内，因此当地百姓得以免受向朝廷上供和长途运输这些物产的辛劳和负担。"若黍、稷之可为秬畅，榛、粟之以供边实。其余鸟兽、草木、药苗、蔬品以资养生送死者，亦自不乏。若麦、藕、鱼、蟹来至外郡，志空有其名耳。夫屏石举，而大理山枯，蒙茶兴，而鲁人力竭，蔚幸无奇产，耳然独

<hr>

① 〔明〕孙世芳修，来临纂辑：（崇祯）《蔚州志》卷1《物产》，第356页。

② 〔明〕孙世芳修，来临纂辑：（崇祯）《蔚州志》卷1《风俗》，第345、346页。

③ 〔清〕王育榱修，李舜臣纂：（乾隆）《蔚县志》卷15《方产》，第67页。

④ 〔明〕孙世芳修，来临纂辑：（崇祯）《蔚州志》卷1《物产》，第351—356页；〔清〕王育榱修，李舜臣纂：（乾隆）《蔚县志》卷15《方产》，第67、68页。

石炭。"①

2. 农业为本，民风淳朴。从蔚州地区的物产清单来看，该地以农业作为核心产业，其商业发展水平与内陆及沿海地区相比相对较低。（成化）《山西通志》对明代蔚州地区居民的从业情况与风俗习惯略有记载，其说曰："民淳俗俭，勤于稼穑，渐于文字。"② 综上所述，蔚州地区的主要经济活动和生计方式是依赖于农业，这里的自然环境条件并不是特别理想，可能面临一些挑战，如土地贫瘠、气候条件严酷等问题。尽管自然条件有限，当地居民却展现出了较为质朴的民风，这种民风可能源于长期的农业生活和对自然环境的适应。

（乾隆）《蔚县志》对历代文献中关于蔚州地区的民风特征的各种记述有较为集中之收录：

> 晋《诗传》土瘠民贫，勤俭质朴，有尧之遗风。汉《史记》代俗矜懻忮好气，不事商贾。晋《地理志》代临边郡，故其俗尚武功。唐《地理志》自古言勇狭者，皆出幽、并，然亦多文雅之士。韩愈曰：燕赵多慷慨悲歌之士；杜牧之曰：幽、并之地，其人沉鸷多材力，慎许可；宋夏疏曰：山后诸州人，性劲悍，闲于戎马，纯尚气节，可以义动；苏轼曰：劲勇而沉静。元《地理志》蔚民性直无諂，去华从俭，以垦田为生；明《一统志》人性鸷悍，喜立功业，勤俭务农，无浮末之习；《宣镇志》南路不事奢华，耐劳苦；《州志》俗质直，尚武，人多剽悍，勤于稼穑；杨百之《修城记》民淳俗俭，习稼穑而渐文教。士习，士拙于仕宦，不失无諂之风，然倡明性，学者乏人，故多习章句，轻践履。民风信巫鬼，遇有疾病，辄延坐觋，击鼓迎神祈福佑。遇旱，人戴柳枝，列幡幢、

---

① 〔明〕孙世芳修，来临纂辑：（崇祯）《蔚州志》卷1《物产》，第356页。
② 〔明〕李侃、胡谧撰：（成化）《山西通志》卷2《风俗》，第32页。

笙鼓，迎龙神，置大坛场中，祈雨泽。喜斗健讼，有小衅造款
结证，株连妇女、老幼，累讼不已，甚且视死如鸿毛，借以幅
利。女尚节烈，耻为人妾媵。①

　　根据上引史料的记载，在明代以及更早的时期，蔚州地区的居民展
现出了独特的民风特点。第一，居住在这个地区的人民勤劳朴实，他们
致力于农业耕作，不畏艰辛，对于商业活动的兴趣相对较少。第二，蔚
州的民风淳朴，当地居民的性格直接坦率，甚至在某些情况下显得刚
烈。第三，由于蔚州地处边疆，自古以来这里就盛行着一种崇尚武力的
风气。第四，蔚州的男子普遍重视气节，而女子则以节烈为荣。第五，
随着时间的推移，蔚州地区逐渐形成了浓厚的文教氛围。第六，当地居
民中有很多人信仰巫术，同时在诉讼方面也表现得非常积极。当然，以
上所述的民风特点只是基于历史资料的概括性描述，可能无法覆盖所有
细节。

　　根据清代学者的观点，蔚州地区的民间风俗习惯在清朝建立之后，
相较于前朝，经历了一定程度的变迁。具体来说，人们曾经引以为傲的
勤俭节约的风气似乎有所减弱，而奢侈浪费的现象逐渐蔓延和增长。尽
管如此，蔚州人民自古以来所崇尚的勇猛和武勇精神依然得以保持和传
承。其说曰："俗则由淳而之漓，夫俗之由淳而之漓也，宁独武功为然
哉？以观于蔚，其述于前人者，率皆喜其武勇，嘉其义烈，且以为勤俭
质朴，有陶唐氏之遗风。今日者，武勇义烈虽亦犹昔，而所谓勤俭质朴
者，渐非其旧矣。"② 总而言之，蔚州的民风并非一成不变，而是随着
朝代的更迭和社会的变迁而不断演变。傅维鳞在《明书》中对包括蔚
州在内的地区的民风变化亦有记载，其原文如下："俗质朴，刚武骄悍，
守业力穑，尚力习武。府城五方之人聚焉，俗稍华侈，竞声色斗妍，冶

---

① 〔清〕王育榞修，李舜臣纂：(乾隆)《蔚县志》卷26《风俗》，第139页。
② 〔清〕王育榞修，李舜臣纂：(乾隆)《蔚县志》卷26《风俗》，第139页。

天下恒遜色于此。"① 这些变化的出现，主要与清朝时期所实施的国家政策有着密切的关联。由于这些内容并不直接涉及本书的核心主题，因此在这里不进行详细的阐述。

正如那句古老的俗语所言，一方水土养一方人，马芳在蔚州定居之后，便在这片土地上扎根生长，其子孙后代的性情和性格也自然而然地受到了蔚州当地社会风气的深刻影响。随着时间的推移，马芳的后代在明清两代更迭的历史洪流中，有许多人为了信仰和忠诚而英勇牺牲，这在一定程度上也反映了蔚州地区崇尚气节、坚守信念的民风特征。

由于马芳及其家族成员在后来的岁月里不断在战场上立下赫赫战功，这个家族逐渐成为蔚州地区举足轻重的武官世家。除了马芳本人，家族中还有其他成员同样在蔚州卫担任过武官职务。为了更全面地了解这个家族的历史，下面将简要介绍几位家族成员在蔚州卫的承袭情况：

马栋，字慎斋，尝由指挥同知守备蔚州，累官宁武总兵，调蓟镇三屯营总兵。②

马椿承袭的信息，我们知之甚少，据（乾隆）《蔚县志》记载："椿字大千，袭都指挥使，早殁。妇王，以节著。"③

马桧，拟升蔚州卫小旗，故绝。④

马林，承袭蔚州卫正千户。⑤

马炳，于万历十七年八月告准优选蔚州卫指挥佥事。⑥

马炯，"万历二十一年倭贼侵犯朝鲜，自备鞍马跟总兵麻贵前往征

① 〔清〕傅维鳞撰：《明书》卷41《方域志》，《四库全书存目丛书》史部第83册，齐鲁书社，1996年，第342、343页。

② 〔清〕王育楩修，李舜臣纂：（乾隆）《蔚县志》卷20《武功》，第114页。

③ 〔清〕王育楩修，李舜臣纂：（乾隆）《蔚县志》卷22《故家》，第130页。

④ 中国第一历史档案馆、辽宁省档案馆编：《中国明朝档案总汇》，第70册，《蔚州卫》，第247页。

⑤ 中国第一历史档案馆、辽宁省档案馆编：《中国明朝档案总汇》，第70册，《蔚州卫》，第247页。

⑥ 中国第一历史档案馆、辽宁省档案馆编：《中国明朝档案总汇》，第70册，《蔚州卫》，第239页。

剿，于二十五年九等月在稷山等处斩首有功，升小旗。二十六年正等月在山东□□山岛等处地方节次斩首有功。奉后府勘合，升实授百户到任。天启四年病故"①。事实上马炯并非病故。

马煊，崇祯三年八月单承袭蔚州卫指挥使。②

马元庆，"指挥使，崇祯四年七月单本选过蔚州卫指挥使一员"③。

马天镇，"崇祯四年二月单本选过蔚州卫中所实授百户一员。马天镇，年二十一岁，灵州所人"④。

最后要补充的是，在《蔚州卫选簿》中"马煊"的承袭信息中有载："伯，马椿，芳嫡次男，于四十三年闰二月荫授总旗，加洪山口并入卫擒斩功三级，并授本卫副千户；伊亲叔马汉、亲侄马斌，四十年七月宣、大二镇乾兜庄等处，各斩首一颗，各升小旗一级，俱故绝。"⑤根据这些信息，我们可以得出结论，马芳确实有一个儿子名叫"马汉"，然而这个儿子并非师氏所生，他很可能是马芳的义子。关于这一点，我们可以通过参考之前关于"马桧"身世的详细分析来进一步了解。此外，马煊有一个侄子名叫马斌，他曾经担任过蔚州卫下属的一个小旗职位。但是，对于"马斌"这个名字，我们同样持有疑问，因为根据马芳家族的命名习惯，重孙辈的成员名字通常为三个字，而中间的那个字往往是"弘"或者"元"。因此笔者也没有将"马斌"开列在"马芳家族成员关系图谱"之中。

---

① 中国第一历史档案馆、辽宁省档案馆编：《中国明朝档案总汇》，第70册，《蔚州卫》，第332、333页。

② 中国第一历史档案馆、辽宁省档案馆编：《中国明朝档案总汇》，第70册，《蔚州卫》，第239页。

③ 中国第一历史档案馆、辽宁省档案馆编：《中国明朝档案总汇》，第70册，《蔚州卫》，第247页。

④ 中国第一历史档案馆、辽宁省档案馆编：《中国明朝档案总汇》，第70册，《蔚州卫》，第332页。

⑤ 中国第一历史档案馆、辽宁省档案馆编：《中国明朝档案总汇》，第70册，《蔚州卫》，第239、240页。

第三章　马芳的为将之道

　　清代学者吴廷华①在总结马芳的军事成就时讲道："马征西②智勇具备，从戎以来，大小战数百接，能以少击多，策定辄大捷。史称为一时名将，冠战功，盖不胜录矣。"③ 其生平战绩在明清各类史籍亦多有记

---

　　① 吴廷华是清朝康雍乾时期的经学家。字中林，号东壁；初名兰芳，乡贡后改名廷华。吴氏祖居休宁，明初迁钱塘湖墅里（今浙江杭州）。康熙五十三年以五经中乡试。雍正二年试授中书舍人。出为福建海防同知，后以原衔任兴化府通判。雍正十年以疾致仕。乾隆即位，诏修三礼，书成，加授朝议大夫。乾隆十五年致仕。其著有《仪礼章句》《三礼疑义》《曲台小录》《东壁书庄集》等。参见：〔清〕沈廷芳撰：《隐拙斋集》卷49《朝议大夫东壁吴先生行状》，《四库全书存目丛书补编》第10册，齐鲁书社，2001年，第569—571页。

　　② 其实在明代，宁夏镇及大同镇总兵都有配征西将军印的事例，"洪熙元年二月，颁制谕及将军印于边将……宁夏佩征西将军印"。参见〔明〕徐学聚撰：《国朝典汇》卷140《总兵参游》，《四库全书存目丛书》史部第266册，齐鲁书社，1996年，第198页。到了弘治、正德年间，始有大同总兵官被授予此印的现象。如，后军都督府都督同知郭锳，"都督郭公讳锳……累升同知中军都督府事，佩征西将军印充总兵官镇大同"。参见：〔明〕焦竑辑：《国朝献征录》卷107《后军都督府都督同知郭公锳墓志铭》，《续修四库全书》，第531册，上海古籍出版社，2002年，第229页。此外，正德三年，大同人江彬因受到明武宗宠幸，明廷额外为他增设了一颗征西将军印："正德三年九月添设征西将军印一颗。"参见：〔明〕徐学聚撰：《国朝典汇》卷140《总兵参游》，第198页。总之，马芳任大同总兵之时，应配此印。另外，马芳挂征西将军印是在大同总兵任上，他还担任过宣府总兵，因而也挂过镇朔将军印，"初挂镇朔将军印，镇守宣府；寻调大同挂征西前将军印；后复挂镇朔将军印，镇守宣府如故"。参见：王育槔修，李舜臣纂：（乾隆）《蔚县志》卷20《人物》，第99页。

　　③ 〔清〕杨世昌修，吴廷华纂：《蔚州志补》卷11《外志补·跋文》。

载，但其中一些说辞或有夸大之处。如（顺治）《蔚县志》称："（马芳）总镇宣云，身经九十余战，被十余创，手斩八千余级。智勇杰出，诚一代良将也，临终自恨，不遂裹革之志，忠哉！"[1] 按此，马芳一生参与了九十多场战斗，斩首敌军八千余人。然而，对于明代军事史稍有了解的人，对这一数据往往会持保留态度。我们不禁要问，马芳的用兵究竟有何独特之处，其真实战绩又是如何？这正是本章撰写的初衷所在。

第一节　军事素养

《家传》《战功私录》等史籍主要围绕马芳展开，按时间顺序记述其军旅生涯。然而，这些文献在某些具体细节上往往语焉不详，这无疑影响了我们全面而深入地了解这位历史人物。本节将在前述两部著作的基础上，参考《督府疏议》《罪惟录》《南州草堂集》《明史》等相关史料，进一步考察马芳的军旅行迹。

一、**身先士卒，作风硬朗**。从战斗作风来看，马芳无疑是明军将领中的典范。每当战事来临，他总是身先士卒，展现出无比的勇猛与强悍。"嘉靖二十四年，总兵姜石偶驻大同单于王城，贼数万卒至，官军惧众寡不敌。芳独鼓众力战，所乘骑忽毙于矢，乃亟取驮马，乘之，引弓射中二贼并杀其马，贼气阻，不敢近。"[2] 需要指出的是，引文中的"姜石"实为误写，应更正为"姜奭"。首先，查阅相关史料，当时的总兵官名单中并无"姜石"其人。其次，此战之后，明廷对包括"姜奭"在内的二十五人进行了功过评定，其中"大同总兵官周尚文、姜奭，都御史詹荣等二十五人功罪"，最终的处置结果是，"周尚文、姜奭、詹荣等，各准赎"。[3] 由于"石"和"奭"发音相近，导致《战功私录》中的人名出现误记。关于这场战役，《明世宗实录》中亦有记

---

① 〔清〕李英纂修：（顺治）《蔚州志》下卷申集《将帅》。
② 〔清〕杨世昌修，吴廷华纂：（乾隆）《蔚州志补》卷11《外志补》。
③ 《明世宗实录》卷298，嘉靖二十四年四月戊申条，第5680页。

载："兵部复工科给事中何云雁勘上二十三年十月宣府失事功罪：以虏由膳房堡溃垣而入，奔突广昌，窥紫荆关，使畿甸绎骚，为宣府诸臣之罪；以虏退经大同，官军不能邀击，为大同诸臣之罪；以拒虏于紫荆关，使不得南下，为真定诸臣之功。"① 根据《战功私录》和《明世宗实录》的记载，明朝军队在此次冲突中再度陷入被动。与其他官军怯懦畏战的表现相比，马芳的英勇行为显得尤为突出。

嘉靖三十一年（1552）春，当时马芳已任阳和卫总旗。某日，"芳率先锋三骑，从新平堡出边哨至石嘴头，望见贼帐外立马数匹，乃勒马调兵，伏银洞沟南梁，谋夜半潜入，众虑贼觉来追，芳竟遣三百余骑薄之，黎明直捣贼幕。一贼撄前甚猛，官军咸披靡"②。此战异常凶险，马芳率领部众拼死奋战，最终才得以成功脱险，"芳心自语曰：日高则贼集，况深入虏地，势若骑虎，何惧为？乃奋死赴之。贼矢中芳右手，不及更发矢，亟以刀砍贼甲领，贼仍发矢，芳直奋前，夺其弓，仍以刀砍贼，贼几毙。继又报，有贼帐三所在后，贼矢乱发，不可近。时芳右手被矢，左手持刀踊跃冲之，贼矢下如雨，芳奋力碎其前锋。贼惶惧，少却。始竞进，裂其幕，斩贼将，殿军而返。贼众追至新平堡，芳骑中矢，危不可支。芳益奋死转突其阵，斩首三级，贼乃退"③。显而易见，马芳在危急关头总是能够身先士卒，与敌人展开殊死搏斗，其勇猛无畏的战斗作风展露无遗。

前引《战功私录》只提及"斩贼将"，并未就此予以展开详说。事后，苏祐给朝廷的上疏中对此事又有所提及，其说曰："三十一年正月内，大虏连犯大同边境，蒙令芳带领家丁通事五百名，前去威远城按伏。二月初七日，贼果侵犯本处地方。芳即督同家丁人等奋勇直前，与贼对敌。将贼杀败，共斩获贼首九颗，内芳亲斩贼级二颗，一颗系俺答妻弟酋首沈答汗；一颗为因不知事例，恐重报不升，遂乃报于芳男马镗

<hr />

① 《明世宗实录》卷298，嘉靖二十四年四月戊申条，第5679、5680页。
② 〔清〕杨世昌修，吴廷华纂：(乾隆)《蔚州志补》卷11《外志补》。
③ 〔清〕杨世昌修，吴廷华纂：(乾隆)《蔚州志补》卷11《外志补》。

名下。三月初四日，又领前项家丁人等，在于新平堡边外野马川与大贼对敌，各营共斩贼首四十二颗，内芳与部下斩首二十六颗。"① 综上所述，马芳在嘉靖三十一年（1552）春季的一系列行动中取得了显著战果，他本人斩获四颗首级，其中包括"俺答妻弟沈答汗"。《战功私录》中记载的斩级数量与苏祐的奏报相比略有差异，这或许与马芳在报功过程中"不谙事体"有关。

马芳的勇悍作风，即便是作为敌人的俺答汗也不得不表示钦佩和承认。在一次与部下的谈话中，俺答汗曾经这样评价马芳，"是夫好勇"② 。关于这一点，苏祐给朝廷上疏中的文字似乎更有说服力，其说曰："缘马芳出身行伍，志存忠勇，一蒙委管家丁通事，誓众同心，以身许国。每遇贼众，必挺身突阵，使人人效芳。如此，则军威可振，敌忾可增，而胡虏有不足灭者。"③ 文中对马芳的作战风格充满了赞誉之情。即便后来马芳已位列大将，他依然保持着先前的战斗作风。嘉靖三十六年（1557）九月，蒙古军队围困天城，当时宣大地区的督抚官员均被困于城内，形势万分危急。而马芳所部刚刚经历乾庄之战，尚未来得及休整，得知天城告急后，他立即率领军队星夜兼程，火速驰援："明月虏围天城，督府在围中。公甫罢乾庄之役，捉发走出，倍日并行天城。"④ 在城中，人们看到马芳前来解救，心中充满了难以言表的喜悦和希望，仿佛看到了一线生机，"见马都督来，喜以逆之：吾属生矣。夜缒纳师"⑤ 。破围之前，马芳对属下作了战前动员，其说曰："婴城而守，非夫也。命为军师而卒以非夫，唯余子能，我弗为也。"⑥ 这段话

① 〔明〕苏祐撰：《督抚疏议》卷 4《题为遵奉明旨奋忠杀贼乞怜早赐升赏以图补报以励后效疏》，第 264 页。

② 〔明〕李维桢撰：《大泌山房集》卷 68《马将军家传》，第 172 页。

③ 〔明〕苏祐撰：《督抚疏议》卷 4《题为遵奉明旨奋忠杀贼乞怜早赐升赏以图补报以励后效疏》，第 265 页。

④ 〔明〕李维桢撰：《大泌山房集》卷 68《马将军家传》，第 173 页。

⑤ 〔明〕李维桢撰：《大泌山房集》卷 68《马将军家传》，第 173 页。

⑥ 〔明〕李维桢撰：《大泌山房集》卷 68《马将军家传》，第 173 页。

语典出《左传》，宣公十二年（前597），晋师救郑，渡河前闻郑与楚和好，中军主帅荀林父等欲还师，中军佐彘子极为不满，"且成师以出，闻强敌而退，非夫也。命为军帅，而卒以非夫，唯群子能，我弗为也"①。这句话的意思是，作为将领，不应因敌人的强大而心生畏惧或退缩，而应勇往直前，与对手奋战到底。当然，这段话显然经过李维桢的润色加工，否则以马芳的文化水平，很难在那种场合下引经据典。在一番激昂的陈词之后，马芳振臂高呼，率领部下冲入敌阵，与对手展开激烈战斗。战斗中，马芳不幸被流矢射中大腿，但他毫不退缩，拔出箭矢，并以这支箭回击射伤他的敌军，"振臂而呼冲围，马如风哗，扣声如雷，城上人鼓噪而应之。流矢中公股，拔矢反射中射者"②。前述举动淋漓尽致地展现了马芳的英勇气概，其勇敢和无畏精神在战场上得到了充分的体现。在他的感召和激励之下，手下士兵的斗志变得昂扬，士气大振，他们团结一心，勇往直前。这种精神力量转化为了强大的战斗力，使得他们在随后的战斗中表现得异常出色，最终取得了决定性的大捷，"首队于前，众席胜如墙而进。斩首百二十七，手刃者三"③。经此一役，蒙古军队不得不放弃围困天城的计划，怏怏不乐地撤出边境。此战之后，对手也不禁发出感慨："故知马太师勍，何白送死为？"④ 引文中出现的"太师"这里有必要解释一二，《元史》有载："三公，太师、太傅、太保各一员，正一品，银印。以道燮阴阳，经邦国。有元袭其名号，特示尊崇。太祖十二年，以国王置太师一员。太宗即位，建三公，其拜罢岁月，皆不可考。世祖之世，其职常缺，而仅置太保一员。至成宗、武宗而后，三公并建，而无虚位矣。又有所谓大司徒、司徒、太尉之属，或置，或不置。其置者，或开府，或不开府。而东宫尝置三师、

---

① （战国）左丘明著，〔晋〕杜预注：《左传》，《春秋经传集解·宣公十二年》，第360、361页。

② 〔明〕李维桢撰：《大泌山房集》卷68《马将军家传》，第173页。

③ 〔明〕李维桢撰：《大泌山房集》卷68《马将军家传》，第173页。

④ 〔明〕李维桢撰：《大泌山房集》卷68《马将军家传》，第173页。

三少，盖亦不恒有也。"① 看来，《元史·百官志》中的太师与历代中原王朝设置此职官的本义一致，是国君或者太子的辅导官。而土默特部称呼马芳为"太师"与先前元朝所设太师肯定不是一回事。据《大茂山房合稿》中收录的《书马大将军传后》记载称马芳"经九十余战，身被十余创，斩级数千，西边称太师而莫敢名"②。蒙古人对明朝稍晚时候的边将杜松的称谓也与此类似，"松，榆林人，守陕西与胡骑大小百余战，无不克捷，敌人畏之，呼为杜太师而不名"③。综上所述，土默特部称呼马芳为"太师"主要是出于敬意，至少在明朝人的语境中是这样理解的。然而，从土默特部与明朝使者的交往来看，他们对明朝的文臣也常常采用类似的尊称。"俺答说：你拿此番书一纸去见你太师说，我们今年不抢，我与你们立马市，明年不抢，进贡，只做买卖。俺答又说：我与你太师说，要买马求贡，却怎么又预备人马征我们？"④ 在此处，俺答在与明朝的通事人员交涉时，也使用"太师"这一称谓来指代当时的宣大总督苏祐。

马芳身先士卒、勇猛无畏的战斗作风，不仅对敌军造成了实质性的杀伤，更在心理层面上对他们形成了强大的威慑。嘉靖三十七年（1558）九月，土默特部首领插罕儿率领部众进犯界岭口，该地隶属明朝建昌营（今唐山迁安市境内）。而早在一年前，马芳已被调任为建昌营副总兵，"总督宣大标下参将左都督马芳，充副总兵分守建昌营等处"⑤。然而，对方事先并不知晓这一信息。当插罕儿在战场上遇见马芳时，竟然在没有发生任何接触的情况下直接选择撤军，"虏乡不闻公

① 〔明〕宋濂撰：《元史》卷85《百官志一》，中华书局，1976年，第2120页。
② 〔清〕宋起凤撰：《大茂山房合稿》卷5《书马大将军传后》，第807页。
③ 〔清〕谷应泰撰：《明史纪事本末》，《补遗》卷1《辽左兵端》，中华书局，2015年，第1413页。
④ 〔明〕苏祐著，王义印点校：《苏祐集》，《谷原奏议》卷3《接报夷情疏》，第518页。
⑤ 《明世宗实录》卷452，嘉靖三十六年十月癸巳，第7669页。

徙建昌。公免胄而趋风，虏见之曰：信，马太师从天而下耶？遂去之"①。马芳对敌人的威慑力显而易见。不久之后，他被调任为宣府总兵。正是由于他对土默特部落的强大威慑，明朝在宣府地区的局势得以暂时稳定，一些诸如修筑边墙、屯田等具体工作也得以顺利推进。万历二年（1574），王遴出任宣府巡抚，"丁丑，命听勘巡抚延绥等处都察院右佥都御史王遴，以原职巡抚宣府赞理军务"②。王遴抵达宣府后，立即着手大力开展屯田事务，"又明年御史杨鎭勘上其功，遂以故官巡抚宣府。时总兵官马芳骁勇，贼不敢深入。遴乃大兴屯田，募民垦治，轻其租。奏行屯政便宜，边储赖之。三年秩满，进右副都御史巡抚如故"③。由此可见，王遴能够顺利实施屯田计划的前提条件是宣府地区拥有相对和平稳定的外部环境，而马芳在这一过程中所起的作用不容小觑。后来，明廷越发重视利用马芳的威名来震慑土默特部，以期达到不战而屈人之兵的效果。同年，在与土默特部就互市具体条款进行磋商的过程中，双方产生了分歧，俺答之子黄台吉趁机抬高要价，明廷拒绝妥协。黄台吉随即发出威胁，试图以此逼迫明朝让步，实现其索赏的目的。由于土默特部屡次以威胁手段讹诈明朝，后者决定动用马芳这张王牌予以回击。当时马芳正任职于前军都督府，朝廷在考虑其个人意愿以及他此前与黄台吉在战场上多次交锋的经历后，再次让他出镇宣府。"二年召金书前府事。黄台吉要赏，声言渝盟，复用芳于宣府。"④

黄台吉曾是马芳的劲敌，早在嘉靖三十五年（1556），明廷因黄台吉在宣府地区肆虐，遂将马芳调遣至该地。"丁巳，酋首黄台吉率部落肆掠宣府，猖獗殊甚。乃转予宣府副帅。"⑤ 后来，黄台吉与马芳相约

---

① 〔明〕李维桢撰：《大泌山房集》卷68《马将军家传》，第173页。
② 《明穆宗实录》卷18，隆庆二年三月丁丑，第519页。
③ 〔清〕旧题万斯同撰：《明史》卷307《王遴》，第360页。
④ 〔清〕徐釚撰：《南州草堂集》卷27《拟史传五首》，第413页。
⑤ 〔清〕杨世昌修，吴廷华纂：(乾隆)《蔚州志补》卷12《艺文·〈战功私录〉自序》。

进行了一场擂台比武。嘉靖四十五年（1566）八月，黄台吉派遣使者向马芳传达了如下信息："吾两人手相搏耳。"① 马芳用蒙古语对来使回复道："吾发未燥，与虏战未得一当，若固所愿也。"② 比武当日，马芳仅带领百人赴约，并主动卸去随身携带的武器。他神态从容，傲然立于擂台之上，毫无惧色，"乃为坛塞上，方广五百步，携虎士百人，去弓箭、兵器撒手，单帢立坛侧。芳结束登墙，威容若神，交手壁立，意气闲暇"③。马芳的前述行为令素来以勇猛著称的黄台吉也心生怯意，"台吉望见，震慑不敢上，抽匏矢，三发而去"④。黄台吉的溃逃，极大地鼓舞了马芳及其部下的士气，"自是一月之中，凡五出塞，斩首千余，漠北大震"⑤。吴廷华对马芳的这种震慑作用也有所申说，其言曰："其于征西也……皆足以惊敌，而寒其胆者。"⑥

最后需要指出的是，马芳的这种作战风格对其身体造成了严重的摧残。根据《战功私录》和《家传》两书的记载统计，马芳在嘉靖二十八年至三十六年这八年间，多次在战场上负伤。具体记录如下：嘉靖二十八年秋八月，他头部受伤，身中一箭；嘉靖三十一年春，右手中箭；同年四月，左腿中箭；嘉靖三十六年二月，手臂被箭射穿；同年九月，腿部再次中箭。根据马芳晚年所述，战场上的反复伤病使他痛苦不堪，他曾这样说道："久历锋镝，身无完肤，头骨百补，气血耗伤，节理疏漏，风湿易侵，渐成痼疾。每天将阴雨，金疮旋发，目眩耳鸣，筋卷肉颤，诸痛交作，殆不能生。"⑦ 由此可见，身先士卒的战斗作风为马芳赢得了军事上的荣耀，但同时也无可避免地让他饱受战场伤病的无尽折

---

① 〔明〕李维桢撰：《大泌山房集》卷68《马将军家传》，第175页。
② 〔明〕李维桢撰：《大泌山房集》卷68《马将军家传》，第175页。
③ 〔清〕徐釚撰：《南州草堂集》卷27《拟史传五首》，第413页。
④ 〔清〕徐釚撰：《南州草堂集》卷27《拟史传五首》，第413页。
⑤ 〔清〕徐釚撰：《南州草堂集》卷27《拟史传五首》，第413页。
⑥ 〔清〕杨世昌修，吴廷华纂：（乾隆）《蔚州志补》卷11《外志补·跋》。
⑦ 〔清〕杨世昌修，吴廷华纂：（乾隆）《蔚州志补》卷12《艺文·〈战功私录〉自序》。

磨。无论如何，我们仍需对这位身处高位的明军将领致以敬意，他始终如一地坚持自己的战斗风格，这种精神值得称赞。李维桢对马氏深感钦佩，他这样说道："（马芳）身经九十余战，被十余创，卒未尝挫，以功名终，真男子哉！"[①]

二、积极防御，力推"捣巢"。除了身先士卒、作战勇猛之外，马芳还是"捣巢"战略的积极倡导者和践行者。众所周知，在嘉靖年间，明朝对蒙古各部总体上仍采取防御策略。面对土默特部连年进犯，明军前线守将大多选择坚守不出，甚至有人贿赂敌方将领，使其转而侵扰他处。嘉靖二十九年（1550），御史胡宗宪在条陈边防事务时，就曾向朝廷建议，应严禁这种通过贿赂土默特部以求平安的行为："宣大两镇相为唇齿，务彼此勠力互相应援，毋私赂虏嫁祸邻境。"[②] 马芳统领的部队，奉行主动寻敌、先发制人的作战原则。这一理念早在其服役于勇士队期间与郭宗皋的交谈中便初见端倪。然而，当时马芳人微言轻，尚无机会施展其战术构想。直到嘉靖三十三年（1554），马芳晋升为宣府副总兵，终于迎来了践行其战术构想的契机。宣府地区常年遭受土默特部的侵扰，马芳曾针对这一严峻形势发出感慨："于时，地方城垣、壕堑、军马、器械、边防内守，废弛不可言。贼或数十骑，一二十骑，甚或数骑犯镇属城堡，长驱深入，岁不知几。抢掠人畜略无顾忌，商旅途行，离墩半里，即枭视狼顾，凝望尘清，方敢拍马，道路几为不通。居民耕种子粒垂黄，早者幸获十一，虏骑一来，则任蹂掉，室庐岁成悬罄。星散小屯，焚毁殆尽。邻边墩堡，杀掳一空。不满所欲，团结数日不去。亦无敢发一卒一骑追逐者，真蹈无人之境矣。"[③] 由此可见，由于宣府地区军备废弛，当地军民的生命和财产安全均无法得到保障。与此同

① 〔清〕王育榑修，李舜臣纂：（乾隆）《蔚县志》卷30《艺文·马将军传赞》，第172页。

② 《明世宗实录》卷359，嘉靖二十九年四月己亥，第6427页。

③ 〔清〕杨世昌修，吴廷华纂：（乾隆）《蔚州志补》卷12《艺文·〈战功私录〉自序》。

时，明朝官军普遍存在怯战心理，面对土默特的肆意劫掠束手无策。

马芳所描述的宣府周边军事状况，实则反映了明朝整体奉行消极防御政策所导致的必然结果。对于上述情形，他显然感到极为不满，"予心切忿恨，而主维在人，事多掣肘，惟日不遑食，夜不安寝，竭力截剿，求尽乃心。贼缘易视我军，频年入犯，虽累经折挫，然犹沿边窥伺"①。鉴于敌军入侵主要是以掠夺为目的，马芳便巧妙地利用这一点，引诱对手主动前来劫掠，随后对其发动突然袭击，"予因计诱，冀其犯我，大杀以纾夙忿。或藏军丁于车内，令人挽之北行，假货运以赚贼"②。此外，他还"尝使健儿佯为妇人装，出示贼，贼乐骛之，短刃出，尽捣获之"③。关于此事《家传》也有记载："云中上谷间，有御人者充斥于道，行李积患之。使健儿马虎等，衷甲而佯为妇人，装载以牛车，贼犯而遂执之，尽获之。"④ 总而言之，马芳希望通过诱敌深入、主动出击的策略，对敌军实施突袭，从而造成有效杀伤，以遏制其肆意妄为的势头。事实证明，这一策略成效显著，边境局势逐渐趋于稳定与安宁，"百计诱之，竟不敢逾界限。边防渐觉宁谧"⑤。

在实施上述应对策略的同时，马芳还于升任总兵官后，针对宣府地区军备废弛的现状，着手加紧整顿和修缮，"岁庚申，拜命秉节钺，乃得锐意整刷焉。城垣低薄者，高厚之。壕堑堙垫者，浚凿之。军马器械增置更作，凡诸废坠一时改观"⑥。按照马芳自述，他在宣府前后掌兵

① 〔清〕杨世昌修，吴廷华纂：(乾隆)《蔚州志补》卷12《艺文·〈战功私录〉自序》。

② 〔清〕杨世昌修，吴廷华纂：(乾隆)《蔚州志补》卷12《艺文·〈战功私录〉自序》。

③ 〔清〕查继佐撰：《罪惟录》，《列传十九·武略诸臣列传总论》，第329页。

④ 〔明〕李维桢撰：《大泌山房集》卷68《马将军家传》，第174页。

⑤ 〔清〕杨世昌修，吴廷华纂：(乾隆)《蔚州志补》卷12《艺文·〈战功私录〉自序》。

⑥ 〔清〕杨世昌修，吴廷华纂：(乾隆)《蔚州志补》卷12《艺文·〈战功私录〉自序》。

八年，可谓成绩显著，"握符八年，俘获无算，贼乃远遁"①。

正如马芳本人所言，仅仅采用诱敌深入的战略是远远不够的，因为零敲碎打的战术无法对敌人造成致命打击。"公复召诸将议，虏易入塞，我不一犁其庭，终以我为怯。"② 为此，他又屡次亲率或派遣所部人马主动出边寻敌。清人所编《通鉴辑览》也称："芳有胆智，谙敌情，所至身先士卒。一岁数出师捣巢，或躬督战，或遣裨将，家畜健儿，得其死力。"③ 此举亦取得了显著的成效。如，嘉靖四十二年冬，他与总兵刘汉出边外"捣巢"，共斩获一百三十余级④。嘉靖四十三年九月，"遣家丁三十人出塞四百里，斩虏四级，获二人，夺马七匹以还"⑤。隆庆二年十一月，率所属参将刘潭等千余人出独石边外二百里，袭敌于长水海子。返回途中，敌追及，复战于鞍子山。前后擒斩八十余级，夺马四十余匹⑥。此战结束后不久，马芳进一步增加了出边的频率，甚至创下了一个月内五次出击土默特的纪录，给对手带来了极大的困扰，"一月之中凡五出塞，斩首千余，漠北大震"⑦。他此次频繁发起"捣巢"的原因，将在后文中进行详细的阐述。在当时的情况下，"捣巢"已经不再是一个简单的军事问题。马芳——这位积极倡导"捣巢"的将领，因为其策略与朝廷当时的大方略相悖，最终导致了他的仕途结束。马芳如此频繁地出边作战，显然是希望借此机会向朝廷展示"捣巢"战法的强大威力，以此来阻止朝廷实施"封贡"政策。

三、临战镇定，经验丰富。通过马芳与明军其他将士的对话可以进

---

① 〔清〕杨世昌修，吴廷华纂：(乾隆)《蔚州志补》卷12《艺文·〈战功私录〉自序》。

② 〔明〕李维桢撰：《大泌山房集》卷68《马将军家传》，第174页。

③ 〔清〕傅恒撰：《通鉴辑览》卷110《明穆宗皇帝》，(景印)《文渊阁四库全书》第339册，台湾商务印书馆，1983年，第516页。

④ 《明世宗实录》卷530，嘉靖四十三年二月庚申，第8643页。

⑤ 《明世宗实录》卷538，嘉靖四十三年九月癸丑，第8720页。

⑥ 《明穆宗实录》卷26，隆庆二年十一月壬子，第699、700页。

⑦ 〔清〕徐釚撰：《南州草堂集》卷27《拟史传五首》，第413页。

一步发现，他在战场经验方面堪称当时将领中的佼佼者。嘉靖三十二年（1553）春三月，土默特部六万余骑兵大举进犯青边口。青边口位于宣化以南二十公里，大境门以西十五公里，是通往塞北的重要关隘，素为兵家必争之地。明军探子在五更时分（凌晨 3 点至 5 点）回报称："贼至答话台，毁我垣。"① 当时，前昌平总兵刘汉与前陕西总兵王孟夏皆因曾受朝廷惩处而在军中戴罪效力。或许是急于立功赎罪，他们二人都积极主张出兵抵御敌军。然而，马芳却提出了反对意见，并阐述道："贼五更毁垣，势必猖獗，勿轻动。"② 马芳认为，根据当时战场形势，对方正处于士气高涨之时，在局势尚不明朗的情况下，明军不宜贸然出兵。刘汉等人对马芳的劝阻感到困惑，并流露出不满和责备之意，"刘汉等以阻遏责芳"，而马芳则坚持自己的判断，令包括刘汉在内的明军，"坚守如初"。③ 最终，蒙古军攻击不顺，转掠他处，"遂长驱掠深井、并新、旧保安等处。杀副总兵、参将各一"④。由此可见，马芳对战场形势的判断极为精准，没有贸然出击，而是选择坚守防御。俺答汗也未与马芳过多纠缠，而是在深井、新保安、旧保安等地接连发动攻击，给明军的高阶武官造成了重大杀伤。倘若当时马芳听从刘汉等人的建议，率部轻率出击，其部队的结局不难预见。

同年七月，俺答汗率领二十万骑兵攻入大同地区，兵锋直逼紫荆关。关于此战的时间跨度、战斗规模、明军的损失情况以及指挥人员的责任等问题，时任宣大御史的毛鹏在其奏疏中均有详细披露："虏自七月十六日入境，至八月初七日始出。以二十余万之众，经二十余日之久，地方遭其杀戮、抢掳，殆无余类。"⑤ 明军的整体战力低下，面对对手的攻击，各部人马瞻前顾后，反应迟钝，致使"应州、浑源、广

① 〔清〕杨世昌修，吴廷华纂：(乾隆)《蔚州志补》卷 11《外志补》。
② 〔清〕杨世昌修，吴廷华纂：(乾隆)《蔚州志补》卷 11《外志补》。
③ 〔清〕杨世昌修，吴廷华纂：(乾隆)《蔚州志补》卷 11《外志补》。
④ 〔清〕杨世昌修，吴廷华纂：(乾隆)《蔚州志补》卷 11《外志补》。
⑤ 《明世宗实录》卷 402，嘉靖三十二年九月己酉，第 7039、7040 页。

昌、蔚州等处，被其荼毒，惨不忍言"①。毛鹏因此请求明世宗对宣大总督苏祐等一干人予以惩处。随后，兵部对这份奏疏进行复议，但并不认同毛鹏所提出的处置意见，并上奏表示："寇入虽不无掳掠，而诸臣力战杀虏过当，俾之失利引去。实是上天垂佑，陛下威灵所致。请择吉告谢，论功行赏。"② 将俺答退兵简单归因于明世宗的修道之举，实际上是为了使兵部的建议更易获得皇帝的支持。最终，明世宗确实采纳了兵部的意见。"上曰：今岁丑虏拥众犯关，诸官兵拒遏出境，奋勇冲击，擒斩数多，仰荷玄佑，恭举谢典，诚弗容已。诸臣效有劳绩，兵部分别奏请升赏。其失事者，令各按臣核实以闻。"③

马芳在此战期间曾建议苏祐在白草沟设伏以抵御敌军，"公请据白草沟徼遮虏，苏公壮而许之"④。然而，马芳在先行前往白草沟勘察战场的途中，意外遭遇了土默特军队。"未至里许，尘起。公大叫：虏近矣。勇士刘汉曰：此游尘耳。公指视之：尘溯风前触，虏必非远。语卒，虏至。"⑤ 最终的结果再次彰显了马芳对战场形势变化的精准把控。尽管中途遭遇敌军，白草沟的防御计划被迫搁置，但马芳迅速判断战场形势的变化，意识到总督苏祐必将重新选择营地。在此情况下，马芳一方面派遣人员四处探寻大部队的扎营地点，另一方面独自一人与敌军周旋，从而成功为大部队争取了宝贵的扎营时间。"芳虑军门遇贼于途，势将辟易，多遣人诇之。时芳止一人从行，贼易我，作邀击状。芳恐迫近军门，不敢疾驰，故按辔徐行。贼骑渐近，连发数矢，一贼拾矢摇首，遂不前迫。"⑥ 根据《家传》记载，在此次与敌军周旋的过程中，马芳成功射杀敌方一名骑兵，"前有骁骑，射之中股，又射之中目而

---

① 《明世宗实录》卷402，嘉靖三十二年九月己酉，第7040页。
② 《明世宗实录》卷402，嘉靖三十二年九月己酉，第7041页。
③ 《明世宗实录》卷402，嘉靖三十二年九月己酉，第7041页。
④ 〔明〕李维桢撰：《大泌山房集》卷68《马将军家传》，第172页。
⑤ 〔明〕李维桢撰：《大泌山房集》卷68《马将军家传》，第172页。
⑥ 〔清〕杨世昌修，吴廷华纂：(乾隆)《蔚州志补》卷11《外志补》。

死"①。在与敌军周旋了一段时间后，早先派出的探子前来禀报，称苏祐等人已在刘家营安营扎寨，马芳这才下令撤出战场，率部返回大营，"诇者至，报军门已进刘家营堡，芳始舍贼奔营"②。然而，刘家营当时的粮草储备不足以支撑大部队的日常开销，"闻诸军壁刘家营，忧之。是中无见粮，攻之以饥，剪马倾覆矣。先驰趣诸将，为五陈以相离，馈饷辐凑。既如是，虏怪问孰为汉儿画此策者，以公对"③。引文中的"为五陈以相离"典出《左传》，其原文为："为五陈以相离，两于前，伍于后，专为右角，参为左角，偏为前拒，以诱之。"④ 此处提到的军阵应是将领在危急时刻采用的一种战术布局，然而其具体布置方式尚不明确。可以确定的是，马芳察觉到刘家营的军需储备不足后，立即下令部队调整阵型，同时派遣人员四处搜集粮草，从而缓解了大军的燃眉之急。在此期间，蒙古军队也察觉到了战机，企图迅速集结兵力，将苏祐率领的明军主力一举歼灭。然而，不巧的是，这一计划被马芳及时识破。"刘家营堡粮草不继，夜半进哨贼下风，闻贼偶语，欲速围刘家营，芳疾驰报军门。当即分兵伏天成、阳和等处。"⑤ 有鉴于此，土默特部也只得放弃了原来的作战方案，"黎明，贼知分兵伏堡，谋乃寝"⑥。总之，马芳在识破敌人的计谋后，迅速向苏祐报告，从而使得大部队避免了被全歼的厄运。"识者谓，阳和至刘家营，路仅一线，使是夜不闻贼语，其计得行，我辈无遗类矣。"⑦ 同月，马芳又率部在鸽子堂取得大捷，"斩首八十六，获马六百有奇"⑧。战后，明朝政府对有功之臣进行

① 〔明〕李维桢撰：《大泌山房集》卷68《马将军家传》，第175页。

② 〔清〕杨世昌修，吴廷华纂：(乾隆)《蔚州志补》卷11《外志补》。

③ 〔明〕李维桢撰：《大泌山房集》卷68《马将军家传》，第172页。

④ (战国)左丘明著，〔晋〕杜预注：《左传》，《春秋经传集解第二十·昭公元年》，第701页。

⑤ 〔清〕杨世昌修，吴廷华纂：(乾隆)《蔚州志补》卷11《外志补》。

⑥ 〔清〕杨世昌修，吴廷华纂：(乾隆)《蔚州志补》卷11《外志补》。

⑦ 〔清〕杨世昌修，吴廷华纂：(乾隆)《蔚州志补》卷11《外志补》。

⑧ 〔明〕李维桢撰：《大泌山房集》卷68《马将军家传》，第172页。

了封赏，其中关于马芳的功绩写道："指挥马芳等斩获独多。"① 根据《家传》等史料记载，马芳所部累计歼敌八十七人，这一战绩在明军中已属佼佼者。因此，巡按宣大御史毛鹏先前的观点不无道理，而兵部的做法似乎确有粉饰之嫌。

隆庆二年（1568）秋八月，马芳率部出边寻敌至罕留兔（今名不详），其部下因在本部大营西北侧"卒遇游虏"②，认为已经打草惊蛇，不能起到奇袭的效果，因而对马氏建议道："彼见我众，设防必严，宜舍之去。"③ 马芳听后则是断然拒绝了部下的这个建议，他给出的理由是："虏帐散处沟岔，非如中国人联络团住。西北知备，东北岂有知觉耶？命趋东北，敢言回者，以军法治之。众如令，去东北二百余里，遇贼，督军入巢杀贼。"④ 最终结果证明，马芳的判断是正确的。也正是因为他的坚持，这次出边一直打到了旧兴和城，取得了重大战果。"（兴和）是城于永乐初已属虏有，二百年来无中国人迹矣。芳提兵信宿此地，耀其威武，虏皆窃伏不敢动。"⑤ 引文中提到的"兴和"即现今内蒙古自治区乌兰察布市下辖的兴和县。对此战役，清代学者吴廷华亦给予了高度评价。其说曰："至如隆庆二年秋，以捣巢出边，追奔二百余里，群帐尽徙漠北。我兵遂驻兴和，盖二百年来官军不到之地，亦二百年来边将未有之功。九陛策勋，即与开平、中山并隆爵赏似亦非过。"⑥ 根据吴氏的观点，马芳所做出的卓越贡献和建立的功勋，是完全可以与明朝历史上的开国名将常遇春和徐达相提并论的。

值得注意的是，马芳所展现出来的丰富对敌经验，很可能与其早年的生活经历有着密不可分的联系。在蒙古生活期间，"所过山川、夷险、

---

① 《明世宗实录》卷402，嘉靖三十二年九月辛酉，第7045页。
② 〔清〕杨世昌修，吴廷华纂：（乾隆）《蔚州志补》卷11《外志补》。
③ 〔清〕杨世昌修，吴廷华纂：（乾隆）《蔚州志补》卷11《外志补》。
④ 〔清〕杨世昌修，吴廷华纂：（乾隆）《蔚州志补》卷11《外志补》。
⑤ 〔清〕杨世昌修，吴廷华纂：（乾隆）《蔚州志补》卷11《外志补》。
⑥ 〔清〕杨世昌修，吴廷华纂：（乾隆）《蔚州志补》卷11《外志补·跋》。

道里远近，及水草饶乏，必登望识其处。熟察部落众寡，权力高下，惯习其衣服、言语、饮食"①。显而易见，正是马芳在早年所经历的那些事情，让他深刻地理解了对手的习性和策略，这使得他在战场上能够有效地运用这些知识，并取得了显著的优势和成功。

四、重视情报，敢于弄险。提起武将，人们通常会联想到勇猛、豪放且不拘小节的形象，而马芳确实具备这些特质。然而，他在战场上还有鲜为人知的另一面——狡黠且精于冒险。马芳常常能够在瞬息万变的战场局势中敏锐地捕捉到战机，从而赢得胜利。这主要归功于以下两个方面。

一是特别重视战场情报收集工作。在勇士队服役期间马芳即奉行"先计后战，战不必胜，不苟接刃"②的原则，就是说不打无准备之仗。《战功私录》里亦多次提及他带领家丁出边"哨探"之事，甚者因此而遭遇险境。例如，"（嘉靖）二十八年秋八月，芳率通丁六人，从山西偏关出边哨探，马憩树下，有贼三千余骑卒至。芳首被刃伤，身中一矢，奋死步斗乃免"③。同书又载："三十一年春，芳率先锋三骑，从新平堡出边哨至石嘴头……贼矢中芳右手……芳骑中矢，危不可支。"④如前所述，大体可以了解马芳早期在明军中的主要职责——情报侦察。苏祐在奏报中也多次将马芳称为"标下家丁通事"，这进一步证实了马芳早年在明军中所承担的这一军事任务。从宏观角度来看，无论是之前的大同副总兵周尚文，还是两任宣大总督郭宗皋、苏祐等人，他们对马芳的任用都与明代对边外"走回人"的功能定位密切相关。"遇有警急令其探听夷语，乡导虚实。"⑤后来，马芳已官至高级将领之列，按理说无须再亲自执行深入边塞侦察情报的险重任务，然而，据其自述，他

---

① 〔清〕徐釚撰：《南州草堂集》卷27《拟史传五首》，第412页。

② 〔明〕李维桢撰：《大泌山房集》卷68《马将军家传》，第170页。

③ 〔清〕杨世昌修，吴廷华纂：(乾隆)《蔚州志补》卷11《外志补》。

④ 〔清〕杨世昌修，吴廷华纂：(乾隆)《蔚州志补》卷11《外志补》。

⑤ 〔明〕叶盛撰：《上谷奏草》卷5《题为边务事》，载《叶文庄公奏议》，《续修四库全书》第475册，上海古籍出版社，2002年，第542页。

仍时常单枪匹马深入敌境数十里，亲自探察蒙古人的动向："每单骑独出数十里外，时虏咸惧。"① 这也充分彰显了他对情报工作的重视以及非凡的胆识与魄力。

二是善于弄险。嘉靖四十五年（1566）秋七月，俺答汗之子黄台吉亲自率领十万骑兵突袭万全右卫。由于事出突然，马芳只能迅速率领部队就近退守万全右卫北部的马莲堡。然而，当时的马莲堡已经破败不堪，并非理想的防御据点。面对这一困境，部下纷纷建议马芳立即修缮城墙或登城防御，但他果断拒绝了这些建议。"堡墙圮，众请塞之。不可。请登台亦不可。"② 令所有人都意想不到的是，马芳竟然命令士兵大开城门，同时让部下偃旗息鼓，埋伏起来。或许是忌惮马芳平日的威名，黄台吉面对如此反常的部署，一时之间感到困惑不解，心生疑虑，最终未敢贸然率部发起攻击。"开堡四门，偃旗卧鼓，堡中寂若无人。虏欲入。黄台吉曰：马太师善绐人，将可乎哉！殆于不可，日入虏野烧灼，天嚣达旦。"③ 此时，身陷重围的士兵们早已惶恐不安，度日如年，而马芳却表现得镇定自若，"围中人人泣下，公饮股卧，鼾声达户外，众稍安。日三商不起，左右撼之，将若何？公不答。趣堡人椎牛，切牛肩炙而啖之。虏骑窥者相伏莫适入，我兵益安"④。次日，趁敌军调兵遣将之时，马芳果断率部突围而出。"明日，公蹶然起，坐曰：虏退矣。众曰：未也。公乘城指虏北军多反顾，当有他谋，鸣笳吹角，按辔徐行，示之以整。诸将兵来会，请缘间宵突之。"⑤ 就在成功突围后不久，马芳敏锐地意识到土默特部撤离马莲堡的真正意图可能是集中兵力攻打万全右卫。于是，他当机立断，率领部队抄近路前往支援，最终取得了胜利。"行三十里，公忽旋马顿足，'竖子，几败'。乃公事任副帅在右

---

① 〔清〕杨世昌修，吴廷华纂：《蔚州志补》卷11《外志补》。
② 〔明〕李维桢撰：《大泌山房集》卷68《马将军家传》，第175页。
③ 〔明〕李维桢撰：《大泌山房集》卷68《马将军家传》，第170页。
④ 〔明〕李维桢撰：《大泌山房集》卷68《马将军家传》，第175页。
⑤ 〔明〕李维桢撰：《大泌山房集》卷68《马将军家传》，第175页。

卫，其为人也，伐知而多力，寡谋而好名，遇虏必战，产害大矣。从近关往为之援，则右卫已窘之，击之，斩首百六十八，获马三百有奇，夺所掠四十人。"[1] 事后，属下询问马莲堡遇险时马芳作出前述决断的缘由，后者叹曰："堡墙颓，马可腾而上，虽闭门何为？吾即出亦不能达大军，军摇心矣。穷鸟困兽犹知救死，吾欲以死决战，战而不胜，徒贻国辱。故知酋多忌，因以愚之，属有天幸而免。"[2] 事实上，若非黄台吉全力进攻万全右卫，马莲堡中的众人能否幸存仍是未知数。然而，在绝境之中，马芳敢于冒险并最终取得成功，实属难能可贵。试想，如果敌方将领读过罗贯中的《三国演义》，或许就能识破马芳所施展的"空城计"。我们无从得知马芳当时是否了解小说中的这一情节，但无论如何，从这些记载可以看出，马芳虽读书不多，但其兵法造诣已然深厚，远超一般武将。

五、廉洁自持，备受拥戴。 据马芳夫人师氏墓志铭有载："将军益励志贾勇，与所领士同甘苦。每得赏赉，夫人辄勉将军，具牛酒飨士，虽甔尘不惜，以故得诸士欢心。"[3] 据此，我们了解到马芳在他夫人的鼓励和劝勉之下，将自己平时所获得的大部分赏赐都慷慨地用来犒劳和奖赏他的手下军士们。这种慷慨的行为使得他深受下属的爱戴和尊敬。关于马芳如何赢得士兵们的心，我们可以通过一系列的人事调动来观察到一些明显的迹象。正如苏祐所描述的那样：

> 据标下游兵管官军王继等，家丁、通事王孟夏等各拥门告称：游击朱云汉、把总马芳，与士卒同甘苦，又无剥削，兵将相和，上下一心，且各官能奋忠出力，身先战阵。近日大虏侵寇，各官督领兵马在于广昌刘家嘴等处，节日与贼鏖战，矢石

① 〔明〕李维桢撰：《大泌山房集》卷68《马将军家传》，第175页。
② 〔明〕李维桢撰：《大泌山房集》卷68《马将军家传》，第175页。
③ 《明诰封夫人师氏合葬墓志铭》，载韩立基：《明马芳及夫人师氏墓志铭考》，第74页。

交加，生死不避；贼冲愈急，督战益甚。故斩获比诸将独多。内朱云汉每战前驱，复能出奇解围。兹闻推升参将、守备，诚恐新官未临，兵将不识，人心解体，告乞保留，共图杀贼。得此，近睹邸报，该兵部推标下游击将军朱云汉分守大同中路地方，管家丁通事把总指挥马芳，守备镇川堡。切以因才授任，乃择将之道，因时用人，实俯顺之方。访得游击将军先云汉，莅任甫及数月，教练法出百端；掊克无闻，抚摩立见。把总指挥马芳，驭下能同甘苦，众乐为用；捐资厚养人士，战多获功。兹者一闻推转，众即拥门恳告。夫求将固难，而得人心，尤难者也。况二臣在臣标下，东西有警，首先督发，捍御截杀，素倚成功。今皆推升转任，固荐有向进之阶，足慰将士之心。但以一时所见，似未有谋勇大过者可继其任。况虏正猖狂，兵将卒未相识，又非所以俯顺人情而图后效。且马芳夷虏知名；所领家丁通事，皆召集四方勇士及投降夷人，久相信向，情同手足。此臣时加犒赏，日所亲见，故能乐其抚驭，共倚成功。若使领者未易得人，将恐涣散，不无误事。可惜！如蒙伏望皇上轸念边方多警，各该将领才堪提掇而行能服众者鲜少，乞敕兵部再加详议，容令各官照旧供职；倘悯念马芳节有劳效，量加将领职衔，以后与朱云汉再有获功，惟升职级，厚其赏赉，使人心服从，而臣亦得以驱策倚用；其大同中路参将、镇川堡守备员缺，另推相应官员代补。如此，庶任用各得其人而缓急有济，人心和悦而上下思奋图报矣。①

苏祐这封奏疏的具体上奏时间已不可考。据笔者推断，应在嘉靖三十二年七月二十五日至十月十五日。理由是，苏祐在前一封题为《捷音

---

① 〔明〕苏祐著，王义印点校：《苏祐集》，《谷原奏议》卷4《乞恩俯顺人情保留将领照旧供职共图杀贼补报疏》，第566、567页。

疏》的奏报中，已向朝廷汇报了马芳所部于七月二十五日的战绩，而在他之后的一封奏疏中，则明确记载了嘉靖帝因兵部转呈报捷疏而下发圣旨的时间——"嘉靖三十二年十月十五日"①。换言之，马芳在七月于广昌刘家嘴等地立下战功，随后被兵部提拔为镇川堡守备。然而，这一任命引发了其部下的家丁们的不满。马芳此前在宣大总督麾下管理家丁，且能与部下同甘共苦，深得众人拥戴。他调任镇川堡守备后，这些家丁无法随其一同前往。得知这一任命后，一些家丁前往苏祐处哭诉，请求朝廷让马芳留任原职。苏祐顺势提出，朝廷应重视家丁们的诉求，满足他们的愿望，否则，这支队伍可能会分崩离析。这支家丁队伍由"四方勇士及投降的夷人"组成，正是因为马芳有着特殊的"走回人"经历，才使得家丁们与他产生了深厚的情感共鸣，用苏祐的话说就是"情同手足"。总之，马芳在家丁们心中威望极高，其他人未必能够驾驭这支队伍。苏祐委婉地发出警告，如果朝廷执意坚持前述任命，将对未来的战事产生不利影响。

随后，苏氏以边疆战事频繁、马芳骁勇善战为由，奏请朝廷在晋升其官职的同时，仍命其继续在总督标下效力。简而言之，就是马芳在宣大总督麾下统领标兵，苏氏用起来得心应手。然而，根据苏氏的另一份奏疏可知，他的这一请求并未获得朝廷批准。以下是奏疏内容：

> 后蒙推升镇川堡守备去，讫。役等为因缺官统率，告行大同镇巡衙门，会委都指挥林丛兰，暂行代守，取令马芳回还，管领役等。近该巡抚大同侯都御史奏荐本官：勇而能谋，家丁用命；威以济惠，夷落归心；为今虏人所畏，有古骁将之风，宜任军门游击。诚恐据此推升他处，一时恳留：不能别委官员管领，兵将不识，心不相协，必致误事；告乞常留本官管领，

① 〔明〕苏祐著，王义印点校：《苏祐集》，《谷原奏议》卷4《乞恩辞免升荫疏》，第567页。

共图杀贼补报。得此案查先准兵部咨推本官镇川堡守备，题奉钦依，备咨前来，已经通行钦遵讫。后因大同、山西报有警急，标下游兵与家丁通事俱缺官统领，又值各丁恳告，是以暂调马芳仍前管领家丁通事，并署游击事务。臣又思前项家丁通事数止五百余名，常令独当强锋，非惟势孤力弱，不能展布，抑恐卒遇大敌，难以成功。臣愚欲将见有家丁通事五百余名，再为召选勇士五百，共凑一千为前锋，与标下游兵三千余名并合一营，量加马芳游击职衔，总令统领。既省一官，复成营阵。方拟上请，该兵部推升杀胡堡守备指挥胡吉代补标下游击，奉有成命。且胡吉久任边方，素著勇略，节年防御，颇见其能。故臣中止，不敢壁尘渎。今复据各该家丁通事恳告，咸欲愿得本官管领杀贼。切以量才授任，乃择将之道，因时用人，实俯顺之方。访得守备指挥马芳，驭下能同甘苦，众乐为用；捐资厚养勇士，战多获功。兹见巡抚荐扬，恐别转他处，故再恳告。夫择将固难，而得人心尤难者也。况马芳在臣标下，东西有警，首先督发；捍御连年，侦探虏情，颇得真实；截杀出哨，多获伟功，且夷虏知名。所领家丁通事，久相信向，情同手足，恳告乞恋，臣所亲见。后委暂代游击事务时亦不久，本营军士亦欲得其统属。推原其故，盖本官廉以律己，无科扰之私；正以率下，无苛刻之政。兼而法令严明，赏罚信必，故人心无怨，佥乐其用。矧今之将领，勇者或失于贪，谋者或短于守。至如马芳，谋勇勤慎，实寡其俦，抚按交相奖荐，似应超擢，以励其余。如蒙伏望皇上轸念边方多警，乞敕兵部再加详议，合无俯顺下情，将马芳量加游击职衔，令代胡吉管事；将标下见有家丁通事五百，再召五百共凑一千为前锋，与标下游兵官军三千余员名为家当，合并为一营，总令本官统率，听候各镇有警督发，往来防御剿杀；有功，止照例加升职级，勿令转官。其胡吉，查有相应地方员缺，另行推用。马芳遗下镇川

87

堡守备员缺，亦乞别推相应官员代补。如此，庶任用得人而缓急有济，人心悦服而上下思奋图报，臣亦得以倚用矣。[1]

综上所述，马芳因在战场上的卓越表现，被朝廷任命为镇川堡守备。镇川堡紧邻大同，位于大同城的东北方向。该堡与大同城西北的弘赐堡和大同城正北的孤店堡形成了一个倒三角的战略布局。[2] 这三座堡垒堪称大同城外围的最后一道防御屏障。

马芳被任命为镇川堡守备，这意味着他将离开宣大总督标下。赴任镇川堡后，由都指挥林丛兰代为处理马芳之前的职责——统理总督标下的家丁。然而，林丛兰与马芳的旧部之间未能迅速建立起紧密的关系，正如苏祐所言"兵不识将、将不识兵"，即林氏无法将这群士兵凝聚成一个整体。因此，一旦战事爆发，林丛兰所率领的家丁将难以发挥马芳在任时展现出的那种战斗力。当时，大同、山西二镇接连遭到土默特部的攻击，

明代茅元仪撰《武备志》中的《大同边图》

① 〔明〕苏祐著，王义印点校：《苏祐集》，《谷原奏议》卷4《恳乞天恩俯顺人情容令谋勇官员以充将领统兵杀贼共图补报疏》，第584、585页。
② 〔明〕茅元仪撰：《武备志》卷206《大同边图》，《续修四库全书》，第965册，上海古籍出版社，2002年，第716页。

加之马芳部下的反复恳请，以及宣大总督标下游兵与家丁通事均缺乏合适的官员统领，朝廷暂时采取了变通措施，令马芳以署游击将军衔暂管总督标下的家丁。苏祐趁机建议朝廷正式授予马芳游击将军衔，同时，将家丁部队扩充至一千人，连同总督军门标兵三千人，一并划归其统领。然而，兵部很快发布了新的人事任命，"推升杀胡堡守备指挥胡吉代补标下游击"，鉴于此，苏氏不得不中止该计划。尽管苏氏这份奏疏的确切题请时间尚不明确，但根据奏疏中提到的与马芳职衔相关的"镇川堡守备""署游击事务"等信息，再结合《家传》等史料中的职官迁转记述，大致可以推断出该奏疏的上奏时间应在嘉靖三十二年末至三十三年初。

此外，需要补充的是，苏祐第二次上疏请求将马芳留在标下的建议仍未获得朝廷批准。嘉靖三十四年（1555）九月，巡按直隶御史李凤毛也向朝廷进言："分守大同东路参将马芳，骁健绝伦，谙晓虏情，宜于军门标下领兵。近迁分守一路，失其故伍，用违其才，请令仍领通事家丁，隶军门征调。兵部议覆，从之。"① 此次兵部采纳了李凤毛的建议。假设苏祐之前的建议得以批准，那么一年之后李凤毛便无须再次提出请求。然而，当李氏的请求获批时，苏祐已于前一年四月下旬被罢免。按理说，苏祐作为当时的宣大总督，其建议本应受到重视，而其建议被搁置的原因，可能与其即将被罢免有关。不过，朝廷最终还是因御史李凤毛的再次提议而实质上批准了苏祐早前的建议。需要指出的是，李凤毛的奏请实际上是徐阶授意的结果（详见下文）。综上所述，马芳所统领的军队人数在嘉靖三十四年（1555）九月之后显著增加，由原先的五百家丁增至一千家丁，再加上三千宣大总督标下游兵，总规模达到四千人，并独立成营。

综合上述分析，我们可以看到苏祐不断地提出请求，试图说服朝廷将马芳留在宣大总督的标下。从他所提出的种种理由中，我们可以清晰

---

① 《明世宗实录》卷426，嘉靖三十四年九月庚子，第7367页。

地看出马芳不仅具有清廉自持的高尚品质，而且军事才能突出，谋略与勇气兼备，对士兵爱护有加，赏罚分明。这些为将的优秀品质，使得马芳在军队中赢得了极高的威望和尊敬。除此之外，马芳早年"走回人"的特殊经历，让他与那些有着相似背景的属下家丁之间产生了深厚的情感纽带，这种情感纽带进一步增强了军队的凝聚力和战斗力，使得这支军队在面对敌人时能够展现出超乎寻常的战斗能力。然而，我们也不能忽视，马芳手下的人通过一系列的"恳请"行动，实际上对朝廷施加了压力，最终导致朝廷不得不做出让步。这种将帅与士兵之间过于紧密的关系，足以引起朝中当事者的警觉和戒惧。对于马芳个人而言，这种关系的强化，无论是在明处还是在暗处，都可能对他的仕途产生一定的负面影响。

第二节　具体斩获

郝杰在马芳的墓志铭中曾写道："公自拔起行伍为大将，御房两镇，大小百余战，身自擒俘及所将卒，捕斩首房无虑数千百，□□获人畜、夷器，殆以巨万计，可谓才武异能之雄矣。"[1] 不仅阐述了马芳身先士卒的战斗风格，还指出了他及其部队在军事行动中屡获战功的事实。尽管《战功私录》《家传》《南州草堂集》等文献对这些问题有所记载，但其中一些关键内容存在矛盾之处或有叙述含糊的情况，这不利于我们准确评估马芳的总体军事表现。因此，本文将参考《明实录》及明代官员的奏疏、文集等各类史料，对这些问题进行深入考察。为避免行文过于烦琐，同时为了让读者对马芳及其部队在历次军事行动中的战绩有更具体的了解，本文将以表格形式呈现相关内容。对于不适合以表格呈现的部分，将辅以文字叙述。

---

① 河北省文物局长城资源调查队编：《明故特进荣禄大夫前军都督府左都督兰溪马公墓志铭》，第 677 页。

马芳及其所部战绩一览表①

序号	时 间	地 点	战 绩	影响及受赏情况
1	（嘉靖）二十四年	广昌	马芳射中2人并杀其马	不详
2	二十五年十一月	凤凰山、夷家店、石门峪	马芳射中2人堕马，射杀2人，得箭若干	敌惧北奔
3	二十八年八月	山西偏关外	不详	不详
4	二十九年八月	南口、新店儿	斩首数颗，马芳亲斩1颗，夺马5匹	授阳和卫小旗
5	二十九年（月份不详）	不详	斩十数骑	升阳和卫总旗
6	三十年一月	石嘴头、银洞沟、新平堡	斩敌将1人，斩首3颗	敌退
7	三十一年一月	红市儿、得胜堡	不详	敌退
8	三十一年二月	威远卫、盐场儿、黑龙滩、安口子、吞□儿、木汉等处	部下斩首90颗，亲斩1颗	敌退
9	三十一年二月	石家庄、牢子湾、草沟堡等处	马芳亲斩俺答妻弟沈答汗，部下斩首8颗	敌退
10	三十一年三月	新平堡外野马川	马芳率部斩首26级，亲斩4颗（自报1颗，其余报于家人名下）	不详
11	三十一年四月	泥河	斩首242颗，获马2800匹	不详
12	三十一年四月	白草沟、鸽子堂、黑石沟	前后斩首无算	升阳和卫指挥佥事

① 表中数据来源于《战功私录》《马将军家传》《督抚疏议》《南州草堂集》《明世宗实录》《明穆宗实录》。

序号	时　间	地　点	战　绩	影响及受赏情况
13	三十一年十二月	西阳河堡	矢毙敌马，以敌众不及斩首	敌遁
14	三十二年一月	膳房	斩首70颗，获马300匹	不详
15	三十二年二月	朔州	斩首182颗，夺回人口170人	不详
16	三十二年三月	张家口堡	射中2人，获牛羊辎重无算	不详
17	三十二年七月	永安堡、刘家营	马芳、刘汉部下斩首13颗；亲自射杀1人	迫使敌放弃攻击刘家营
18	三十二年八月	蔚州安定堡北沙洼	获马16匹，器械、盔甲63件	出境
19	三十三年十一月	张家口	斩首72颗，夺回人口543人，再战又斩首95颗	敌退
20	三十三年十一月	铁果门、鸽子堂	斩首86颗，获马600匹	不详
21	三十三年十一月	新、旧保安	斩首53颗	不详
22	三十三年十二月	洗马林、黑石沟	斩首58颗	升守备万全右卫参将
23	三十四年五月	采梁山、晋家梁	斩首93颗，获马500匹	不详
24	三十四年七月	朔州南关	劈死3人，杀死5人	敌败走
25	三十四年九月	井坪、马到山	斩首94颗，获马200匹	不详
26	三十四年九月	朔州	斩首159颗	敌退
27	三十四年九月	东岭	夺获人畜衣粮甚众	敌从张家口出境

序号	时 间	地 点	战 绩	影响及受赏情况
28	三十四年十月	马头山	斩首124颗	不详
29	三十四年十月	朔州	斩首73颗，获马280匹	不详
30	三十四年十二月	白阳	斩首2颗	敌退
31	三十五年一月	孤山	斩首31颗	拜左都督，赐莽衣一袭
32	三十五年一月	应州	斩首86颗，获马200匹	晋宣府副总兵
33	三十五年四月	界岭口	俘2人	敌退
34	三十五年九月	大宁口	斩首30颗，夺回被掳人口、牛羊驴骡无算	敌退
35	三十六年二月	保峰山	斩首43颗	不详
36	三十六年二月	金城	亲斩3人，部下斩首282颗，夺回人口520人	不详
37	三十六年八月	旧杨家堡	斩首176颗，夺马500余匹	不详
38	三十六年八月	万全左卫	斩首61颗	不详
39	三十六年九月	天城	马芳射中1人，亲斩3人，斩首127颗	不详
40	三十七年七月	代州	斩首30颗，夺牛羊150余头（只）、马203匹、人口百数	敌惧遂大奔
41	三十七年九月	界岭口	斩首78颗，俘猛克兔等6人	敌退
42	三十七年九月	鲇鱼石	斩首218颗，获马1200匹有奇，夺回人口320人	不详

序号	时 间	地 点	战 绩	影响及受赏情况
43	三十八年三月	潘家口、大同桥、金山寺	斩首 52 颗，夺所掠人口 245 人	世宗奖赏马芳于军中并赐百金，莽衣一袭
44	三十九年七月	洗马林	斩首 98 颗，夺回人口 26 人，获马 500 匹	不详
45	三十九年七月	偏关、雁门	斩首 146 颗，夺回所掠人口 340 人	不详
46	三十九年九月	东城	斩首 26 颗	晋实职二等
47	四十年初	平房	斩首 83 颗，获马、橐驼 1500 匹	不详
48	四十年七月	宣府	擒敌将五合等 14 人，斩首 18 颗，获马 240 匹	敌通出边；升秩二级
49	四十年八月	柴沟堡、下营、怀安、深井、渡口等地方	射死人、马不可数记	敌通；受赏银币
50	四十年九月	李家岩	斩首 52 颗	不详
51	四十年九月	土木、干庄	亲斩 3 人，部下斩首 56 颗	不详
52	四十年十月	西阳河	亲自射杀 2 人	敌走
53	四十一年二月	柴沟堡	斩首 54 颗	不详
54	四十二年三月	柴沟堡	斩首 11 颗，射死 4 人，夺马 81 匹	敌众奔溃
55	四十三年二月	青边口	斩首 56 颗	敌退；受赏银二十两，纻丝一表裹
56	四十三年七月	洗马林堡	不详	敌通

序号	时 间	地 点	战 绩	影响及受赏情况
57	四十三年八月	大哈气	斩首 79 颗，俘 2 将，获马 600 匹	不详
58	四十三年八月	云州	俘 2 人	不详
59	四十三年九月	蔚州	斩首 252 颗	敌走
60	四十三年九月以后	马肺山	斩首 327 颗，获马 2800 匹	不详
61	四十三年（月份不详）	西阳河	射杀敌将 1 人，斩首 67 颗	不详
62	四十五年一月	草垛山	斩首 31 颗	不详
63	四十五年二月	赤城	斩首 40 颗	不详
64	四十五年三月	东山庙	斩首 173 颗，俘 21 人，获马 700 匹	不详；受赏银币
65	四十五年七月	万全右卫	斩首 160 颗，获马 300 匹，夺回所掠人口 40 人	不详
66	（隆庆）元年一月	新开口	斩首 75 颗	
67	元年二月	榆林县	斩首 86 颗，获马 4000 匹	不详
68	元年二月	北沙城	斩首 94 颗，获马 2500 匹	不详
69	元年七月	得胜堡	擒 8 人，斩首 13 颗，夺战马 73 匹	赏银三十两，纻丝两表裹
70	元年八月	虞台岭	斩首 171 颗，夺马 230 余匹，堕崖落堑被刀带矢者无数	不详

序号	时 间	地 点	战 绩	影响及受赏情况
71	元年八月	水沟台	斩首 65 颗	任子官锦衣卫正千户
72	元年八月	膳房堡	斩首 79 颗	不详
73	二年（月份不详）	长水海子	斩首 367 颗，获马 2000 匹	复任子锦衣卫正千户
74	二年四月	石窑山	斩首 65 颗	不详
75	二年四月	盐海子	斩首 147 颗，获马 3800 匹	不详
76	二年四月	马肺山	斩首 251 颗，获马 1800 匹	不详
77	二年四月	三间房	斩首 205 颗，获马 3800 匹	不详
78	二年四月	白草沟	斩首 243 颗，获马 1300 匹	不详
79	二年八月	旧兴和城	斩首 79 颗，获马 127 匹	敌窃不敢动
80	三年三月	大沙沟	不详	敌退；赏银二十两
81	三年九月	广昌、张官儿堡、火烧岭	不详	敌谋不遂
82	三年十月	西阳河	解救守堡官军 300 余人	不详
83	四年四月	威远城北	射伤人马甚众，阵中不能斩割	敌遁
84	四年（月份不详）	威宁海子、黑山	斩首 800 颗，获马 300 匹	不详

根据上表数据，马芳所部参与的 84 次战斗中，共斩首 7257 颗（包括马芳本人亲斩的 15 颗），生擒 55 人，成功营救被困明军 300 余名，

并夺回被掳人口713人。由此可见，前引（顺治）《蔚县志》中所述马芳"手斩八千余级"的说法明显夸大，与历史事实不符，而该数字与马芳所部的总体斩首数量更为接近。需要指出的是，由于引用文献在文本表述中存在一定的模糊性，导致上表在数据统计上无法做到完全精确。例如，我们只能根据现有文献大致推断，马芳所部在历次战斗中，共缴获马、牛、羊等33689匹（头、只），而对于缴获的器械、盔甲等物品，则无法给出具体估值。即便是最重要的斩首数量，也有几处记载不够明确。例如，嘉靖二十八年八月、嘉靖三十一年十二月、嘉靖四十年八月、隆庆四年四月间的四次军事行动，《战功私录》等文献中并未提供具体数字。尽管如此，笔者仍持乐观态度，认为上表所引用的史料相对充分，能够在最大程度上展现马芳及其所部的基本战绩情况及其相关影响。

从表中"影响及受赏情况"一栏可以看出，某些军事成果的价值并不能单纯依靠具体的缴获数量来衡量。以嘉靖三十二年七月刘家营堡的一次军事行动为例，马芳所部虽然在战斗中仅杀伤敌军一人，却意外探知了蒙古军队企图包围刘家营的计划。"刘家营堡粮草不继，夜半进哨贼下风，闻贼偶语，欲速围刘家营，芳疾驰报军门。当即分兵伏天成、阳和等处。黎明，贼知分兵伏堡，谋乃寝。识者谓：阳和至刘家营路仅一线，使是夜不闻贼语，其计得行，我辈无遗类矣。"① 这里读者也许会有这样的疑问，对方讲蒙古语，明军是何以通过他们的谈话得知详情呢？首先，当时在明军中担任侦察任务的通事大多懂蒙古语。其次，马芳本人的蒙古语也讲得非常好，"更从同类作土语，不少异，得周知西部虚实"②。总而言之，正是马芳将战场上偶然发现的情报及时报告给了宣大总督苏祐，才使得苏氏得以先发制人，在天成、阳和两地设下伏兵，静候蒙古军队的到来。由于战场形势的骤变，蒙古军队不得

---

① 〔清〕杨世昌修，吴廷华纂：（乾隆）《蔚州志补》卷11《外志补》。
② 〔清〕宋起凤：《大茂山房合稿》卷5《书马大将军传后》，第807页。

不放弃原有的进攻计划，这对马芳所部而言，无疑是重大的"战果"。苏祐伏击的成功，也引起时人关注。苏氏的门生李汝宽后来曾高度赞扬其老师："至于临敌决胜奋勇出奇则老将不如。如刘家嘴之捷，以不满万之兵，敌虏二十余万。躬擐甲胄，斩首四百有余，虏痛哭而去。盖其恩信素著，士卒乐为之用，故能以寡覆众。"① 又如，在隆庆三年九月，广昌、张官儿堡、火烧岭一带的战役中，马芳首先派遣夜不收军侦察并掌握了敌方的动向，随后先于敌军进行部署，成功挫败了对手的攻击计划。尽管此战并未对土默特军队造成重大人员伤亡，但客观上达到了不战而屈人之兵的效果。"谋不遂，大同诸处之害免矣。"② 此外，正如本栏所展示的那样，马芳所率领的部队屡次取得显著战果，这些胜利不仅使得马芳本人的军事职位不断得到提升和晋升，而且也使得他的后代能够直接继承蔚州卫武官的职位。这一点对于马芳家族在明代军事领域中能够长期保持其发展势头和影响力来说，是至关重要的。

隆庆元年，朝廷有意对宣府城池进行一次大规模的整修。然而，在实际操作过程中，遭遇到了一系列的难题和挑战，使得整修工作难以顺利进行。"因烧砖无柴，议一年修一面，四年完工。"③ 为缩短工期，马芳提出派遣士兵出边砍柴，以解决"烧砖无柴"的困境。然而，此提议引发了周边众人的担忧。他们认为，宣府与土默特诸部落的营地相距甚近，若明军出边砍柴时过于靠近对方，极易招致对手的主动攻击，因此众人对此提议心存顾虑，畏难情绪明显。"众以宣镇逼邻虏巢，贼苟觇知，恐乘隙为害，颇难之。"④ 众人的这种担忧并非毫无根据。为了消除众人的疑虑，马芳首先率领部队主动将驻扎在附近的蒙古军队驱逐，"惧其来，不若逐之，使去"⑤。这样一来，蒙古军队临边驻扎的局

---

① 〔明〕李汝宽撰：《谷原先生奏议跋》，载苏祐撰：《督府疏议》卷末，第375页。
② 〔清〕杨世昌修，吴廷华纂：(乾隆)《蔚州志补》卷11《外志补》。
③ 〔清〕杨世昌修，吴廷华纂：(乾隆)《蔚州志补》卷11《外志补》。
④ 〔清〕杨世昌修，吴廷华纂：(乾隆)《蔚州志补》卷11《外志补》。
⑤ 〔清〕杨世昌修，吴廷华纂：(乾隆)《蔚州志补》卷11《外志补》。

面得到一定程度上的改变，双方军队之间的距离实际上被拉长了，此时明军再在宣府周边进行樵采，对方由于攻击距离的限制，已难以在行动时保持突袭的效果。"遂于隆庆元年十二月七日，督军数千，不避寒冽，由常峪、青边等边出口，深入虏巢樵采，至次年正月初十日回镇，在边凡三十五日。晨起宵寐，无时刻休息，虏骑远遁，不敢附边。军士散漫讴歌，家丁、信宿，牧马相忘于夷穴，用粮料三千七百余石，而采取柴木，计值八千余金。是年三月，筑窑烧砖，越七月，某日而城工告竣，原议四年之工，不满四月。"① 正是由于此次出边樵采行动的圆满完成，才有效解决了烧砖所需的燃料问题，使得明朝方面能够在短时间内生产大量所需的建筑材料，从而大幅缩短了宣府镇城的修缮工期。由于此次行动解决了重大难题，朝廷对马芳等有功人员给予了嘉奖。据《明穆宗实录》记载："录宣府修边功。赏总兵官马芳银四十两，飞鱼衣一袭。先后总督侍郎王之诰、陈其学，巡抚都御史冀炼、王遴，郎中贾淇等，副使范大儒等，各银币有差。"② 此外，修补城池所剩余的城砖和木材，不仅能够满足宣府镇城未来数年的修缮需求，还能作为各军卫衙署整修的材料。"余砖可给数年修葺之用。其窑柴中可作梁柱椽枋者，俱拣集收贮，以充公用。凡宣府左、右、前三卫，兴和一所，各衙署皆焕然一新。"③ 因为此事马芳又一次受到朝廷的嘉奖，"以宣府西路及万全右卫等处修边工完。赏督抚等官陈其学、王遴，总兵马芳，郎中邵元哲，副使郑洛、方逢时，参议何棨及副总兵等官刘国等八人，银两有差"④。

隆庆二年，宣府地区春季干旱少雨，而到了秋季则阴雨连绵。春季的干旱天气严重影响了明军沿边草场的生长，导致草料储备大幅减少，而秋季的连绵秋雨又使得储备的草料大面积受潮腐烂。这种接连不断的天灾，给宣府地区的军马饲养造成了极大的困难。"隆庆二年，上谷春

---

① 〔清〕杨世昌修，吴廷华纂：(乾隆)《蔚州志补》卷11《外志补》。
② 《明穆宗实录》卷26，隆庆二年十一月戊午，第706、707页。
③ 〔清〕杨世昌修，吴廷华纂：(乾隆)《蔚州志补》卷11《外志补》。
④ 《明穆宗实录》卷39，隆庆三年十一月丙戌，第977页。

不雨，入秋潦。粟烂草腐，草束腾贵，军贫无力饲马。"① 众所周知，自战国中后期赵武灵王推行"胡服骑射"以来，骑兵在中国古代战场上的重要性日益凸显。面对北方少数民族政权的侵扰，中原王朝最有效的军事应对策略便是以骑兵对抗骑兵。明朝虽在九边地区部署了大量守军，但真正能够对蒙古军队构成有效打击的，依然是骑兵部队。而骑兵战斗力的强弱，与马匹的耐力、体质等直接相关。因此，鉴于军马对于作战的重要性，马芳不得不设法寻找新的草料来源。

于是，他将目光投向了张家口堡外的广袤草原地区，"芳以追逐丑虏全赖马力，马草不给必致瘦损，万有紧急，徒步搏贼，其势不能。于是，谋取资于虏地。哨知张家口边外，地广草茂，督各营军士，亲为架梁防护。刈草十日，军之力勤者，得数月马草。于是，马肥藉用，军威壮观，咸感实惠焉"②。综上所述，无论是率领部队出边樵采还是进行打草活动，实际上都是一种从敌人那里获取资源的策略。马芳所采取的这些措施，不仅有效地节省了国家的财政开支，而且极大地增强了其所辖区域的军事防御能力。这种做法可以称是一举多得，既经济又高效。同时，这也充分展现了马芳卓越的军事才能和领导能力，是其军事智慧的重要体现。

---

① 〔清〕杨世昌修，吴廷华纂：(乾隆)《蔚州志补》卷11《外志补》。
② 〔清〕杨世昌修，吴廷华纂：(乾隆)《蔚州志补》卷11《外志补》。

第四章　马芳家族的社会关系

如前所述，就军事成就而言，马芳在同时代的明军将领中堪称出类拔萃。然而，一个人若想在某一领域取得卓越成就，仅凭自身才能与努力是远远不够的。英雄造时势与时势造英雄这两种观点看似对立，但细细推敲，却各有其合理之处，二者不可截然分开。马芳一生功绩的取得，除了自身卓越的能力，还与国家政策（这一点在前几章中已有阐述）、社会关系等因素密切相关。从马芳后代的婚姻关系来看，其家族与宣府、大同地区的许多武将家族，甚至朝中士大夫之家都存在着姻亲联系。此外，马芳还曾受到内阁重臣徐阶、张居正等人的关注，内阁诸臣的赏识与提携，无疑是成就马芳功业的重要因素。

第一节　马氏族人的婚姻

师氏的墓志不仅详细记载了她与马芳的婚姻生活，还涉及了儿孙辈的婚姻关系（截至万历二十六年二月初五）。因此，本节有必要对马氏家族的婚姻关系进行介绍，这有助于我们更深入地了解马芳家族的社会关系网络。

据《明诰封夫人师氏合葬墓志铭》记载：

长栋，中军都督府佥事，娶祁氏参将祁谦女；次椿，早

101

卒，娶王氏总兵王国勋女；次林，大同左卫副总兵，娶孙氏，都司孙献策女。孙男九：曰煐，娶温氏，通判温登魁女；曰炳，娶郝氏，即余女孙；曰焕，娶倪氏，总兵倪尚忠女；曰爌，尚幼，俱栋出。曰烨，娶王氏，秩元王俊民女；曰熠，聘焦氏，副总兵焦承勋女；曰炯，聘万氏，参将万化孚女；曰炫，聘祁氏，副总兵祁光祖女；曰煌，尚幼，俱林出。孙女九。长适总兵麻贵子承宗；次许锦衣卫指挥周希□长子；余尚幼，俱栋出。次适总兵麻贵子承宣；次适副总兵解生子继盛；次许总兵黄明臣次子；余尚幼，俱林出。①

根据上述记载提供的线索，我们可以大致梳理出马家前述姻亲的具体历史信息，这将有助于我们深入了解该家族的社会关系。

一、马芳诸子的婚姻。如前所述可知，马芳与师氏育有三子，他们长大之后皆娶了武将家庭出身的女子。

（一）马栋之妻祁氏，为参将祁谦之女。《战功私录》曾记载过马芳与祁谦在嘉靖三十二年春，于张家口合击俺答汗的情形。② 祁氏乃是蔚州的世将家族，并且该家族比马家来到当地的时间要早得多。在《蔚州卫选簿》中对于祁氏家族的世系有较为详细的交代，谨录于下：

> 外黄查有：祁岳，山后云州人。高祖祁小（公），洪武五年充军，七年调蔚州卫后所，永乐二年老，曾祖祁有才代，四年，以年深并升小旗，景泰元年，宣府门外与贼对敌，擒获达贼有功，升实授总旗，天顺五年残疾。父祁昇，代并总旗，成化七年，遇例纳草，冠带实授总旗，本年过绥铁炉庄等处，与达贼对敌斩首一颗，八年升实授百户，十年袁家墩斩首一颗，

---

① 《明诰封夫人师氏合葬墓志铭》，载韩立基：《明马芳及夫人师氏墓志铭考》，第75页。
② 〔清〕杨世昌修，吴廷华纂：(乾隆)《蔚州志补》卷11《外志补》。

升本所实授副千户，二十二年故。岳系嫡长男，革袭本所实授百户，弘治五年马站□斩首一颗，六年升蔚州卫后所实授副千户。①

这里有必要对"山后云州"这一历史地名做一下解释。据《宋史·地理志》，"燕山府路"条："宣和四年，诏山前收复州县，合置监司，以燕山府路为名，山后别名云中府路。"② 又同书"云中府路"条："云中府，唐云州，大同军节度。石晋以赂契丹，契丹号为西京。宣和三年，始得云中府、武、应、朔、蔚、奉圣、归化、儒、妫等州，所谓山后九州也。"③ 由上可知，云州当为大同府，治所在今山西大同市。祁家高祖祁小公于洪武五年（1372）在大同充军，由此该家族成为戎籍（军籍），两年之后，也就是洪武七年（1374），祁家被填注于蔚州卫后所，标志着该家族正式定居于此地。永乐四年（1406），家族后人祁有才以资历升任后所小旗，此后的一段相当长的时间未见到祁家后人有任职后所武官的记载，直到成化十年（1474），祁昇方才因斩级之功，升任蔚州卫后所实授副千户。如果排除史料记载疏漏的可能，这个家族子弟从小旗到任职副千户，一共用了68年时间，这与马芳的升迁速度相比，实在不能同日而语。紧接前述引文内容，《蔚州卫选簿》又记述了祁谦这一支的世系情况："一辈祁友才，二辈祁昇，三辈祁岳，四辈祁勋，五辈祁谦，六辈祁继祖，七辈祁遂。"④ 从高祖"祁小公"至祁谦，祁家已经在蔚州繁衍生息了六代人。总而言之，在马芳定居蔚州之前，祁氏家族在当地已颇具声望，族人众多，且后来多在蔚州卫后所任职。

---

① 中国第一历史档案馆、辽宁省档案馆编：《中国明朝档案总汇》，第70册，《蔚州卫》第286页。

② 〔元〕脱脱等撰：《宋史》，卷90《地理志》，中华书局，1977年，第2249页。

③ 〔元〕脱脱等撰：《宋史》，卷90《地理志》，第2251页。

④ 中国第一历史档案馆、辽宁省档案馆编：《中国明朝档案总汇》，第70册，《蔚州卫》，第286页。

（二）马椿之妻王氏，乃是总兵王国勋之女。按（乾隆）《宣化府志》记载："王国勋，开平卫指挥同知，万历中累迁左军都督佥事。善抚将士，有余廪尽散给之。父殁，特疏请效文臣终制，不获允。事继母孝，居恒浣衣淡食，以清苦风励其子弟。"[①] 在善待士兵和恪守孝道方面，王国勋与马芳有着显著的共同点，这或许是他们相互欣赏并最终结为儿女亲家的重要原因。需要特别指出的是，引文中提到的"开平卫"并非洪武初年明朝在元上都旧址设立的开平卫。原因是，原开平卫在永乐初年经历了内迁与复置的过程，其最终治所设在独石堡（今河北省赤城县北的独石口），该地区隶属万全都司管辖。王国勋去世后也安葬于赤城县，"都督王国勋墓，在马营"[②]。隆庆四年（1570），王国勋还曾与马芳一同受到过朝廷的赏赐。[③] 不幸的是，由于马椿早卒，王氏年未二十就成了寡妇。此后她守节五十多年，还受到了朝廷旌表，"王氏，蔚州卫人，指挥马椿妻。椿亡氏年未二十，守夫遗业，矢志靡他，历七十余岁，旌表"[④]。

（三）马林之妻孙氏，乃是孙献策之女。孙献策，今山西广灵县人，嘉靖年间曾任广昌守御所守备[⑤]，隆庆年间，孙献策升任万全都指挥使司指挥使[⑥]。孙献策的军旅事迹因相关史籍着墨不多而无从知晓，他于嘉靖三十八年（1559）在广灵县东一里建造一楼阁，"涞源桥在广昌县城东一里左右，水碾、水磨周转，树木丛茂，盛暑乘凉，最为胜

① 〔清〕王文焘修，张志奇续修：（乾隆）《宣化府志》卷28《人物志中》，第507页。

② 〔清〕孟思谊撰：（乾隆）《赤城县志》卷1《地理志》，《中国方志丛书·塞北地方·第22号》，成文出版社，1970年，第37页。

③ 《明穆宗实录》卷52，隆庆四年十二月丁巳，第1306、1307页。

④ 〔清〕王文焘修，张志奇续修：（乾隆）《宣化府志》卷31《烈女》，第544页。

⑤ 〔清〕吴都梁修，潘问奇纂：（康熙）《昌平州志》卷14《武备》，《中国地方志集成·北京府县志辑④》，上海书店出版社，2002年，第107页。

⑥ 〔清〕王文焘修，张志奇续修：（乾隆）《宣化府志》卷20《万全都指挥使司指挥使》，第356页。

景。嘉靖五年建有碑记。三十八年指挥孙献策，水碾磨上修砖楼一座，以备虏患"①，据此可知，孙献策修此楼的初衷是用于军事目的。后因该楼高入云霄，故名"缥缈楼"。② 后来马林在"缥缈楼"附近，"增建东楼，曰栖云，西楼曰待月。楼前创水云居。崖上周围雉堞可固，围以无虞。楼后建方月轩，左、右罗列皆书斋。后有果园，广二十亩，名知乐园。楼东创一洞，石级而下，即建青莲阁三间，浮在水面，石柱擎空，前有莲池。后建环玉堂。前后书斋婉曲，四面小屋围绕。过水碾百步，建万花谷，园中结环翠亭，北依山南，临流东西，短垣编蒻为篱，海内名花无不尽列。亭前作曲水，外有园地数顷，林木葱蒨，楼阁掩映，花香鸟语，四时皆有春色往来。骚人墨客游此无不心旷神怡，咸谓塞北之江南也，实系邑中胜地"③。由此可见，经马林的精心营建，"缥缈楼"及其附属亭台楼阁建筑群在当时是何其壮观，同时也反映出马林本人的文人意趣。后来，由于孙氏、马氏家族子孙凋零，不得已将此"美业"低价出售，"创之孙氏，归于马公，两姓经营，构此美业。今者子孙零落，贬价求售。县所绅衿莫敢过而问焉，不得已而售之周氏，因周有祖茔在灵邱，子孙春秋展墓至此，信宿视为庄舍，不复以园亭目之矣"④。康熙时期的学者，广昌知县杜登春⑤到了这里也颇为感伤，据其述："当年故观，无复可问，能免今昔之感耶！登春偶一至牡丹台畔，坐环翠亭中看花对弈，风起则亭柱轧轧然却倾，遂捐资代修，以避风雨，仍颜其额曰：环翠，题其柱曰：举日。湖山惟白日快人，楼阁自清

------

① 〔明〕李维桢修：（万历）《山西通志》卷5《山川丁》，明万历刻后印本。

② 〔清〕刘荣纂修：（光绪）《广昌县志》卷13《古迹录》，成文出版社，1969年，第621页。

③ 〔清〕刘荣纂修：（光绪）《广昌县志》卷13《古迹录》，第621、622页。

④ 〔清〕刘荣纂修：（光绪）《广昌县志》卷13《古迹录》，第622、623页。

⑤ "杜登春，字九高，麟征子，顺治八年拔贡生，由翰林院孔目授山西广昌知县。县旧例，五年一审丁，官视为利薮，登春洁己从事，民大悦。升浙江处州同知，卒于官。"参见：〔清〕谢庭薰修，陆锡熊纂：（乾隆）《娄县志》卷25《人物传六》，《中国地方志集成·上海府县志辑⑤》，上海书店出版社，2010年，第268页。

风然，所谓万花谷者，止存一亭矣，能不伤哉!"① 由此可见，富贵不常在，人事有代谢，古今相同。

综上所述，马芳的三位儿媳均来自宣大地区的武将家庭，且这三个家庭与蔚州的地理位置相距不远。其中，王国勋家族所在的赤城县距蔚县约二百二十公里，孙献策家族所在的广灵县距蔚县约三十五公里，而祁谦家族则与马家同住在蔚州城中。

众所周知，自洪武、永乐年间以来，明代武人的地位随着国家军事政策的调整而逐渐下降。文人阶层对武人的轻视，在当时的各类文人著作中多有体现。通常情况下，武人的社会地位难以与士大夫家族相提并论。因此，马芳的子女们的婚配对象集中在武将家庭，这或许主要是出于门当户对的考虑。

二、马芳诸孙子的婚姻。随着马芳在军事领域不断取得显著成就和功绩，他的家族声望也随之日益提升。到了他的孙子和孙女选择配偶的时候，他们已经不再局限于与武将家族联姻，而是开始出现了与当时朝廷中的士大夫家族结成亲家的情况。

（一）马煐娶温登魁之女。马煐是马栋的长子，他因自身"废疾不堪承袭"② 而未能入明军中服役。史籍中关于温登魁的笔墨不多，（乾隆）《重修肃州新志》记载："温登魁，山西广灵人，监生。"③ 广灵距离蔚州约五十公里，马、温两家相隔并不遥远。根据史料的零星记载，温登魁曾先后做过"黑水监监正"④"临洮府通判"⑤，黑水监在今天的

---

① 〔清〕刘荣纂修：（光绪）《广昌县志》卷13《古迹录》，第623页。

② 中国第一历史档案馆、辽宁省档案馆编：《中国明朝档案总汇》，第70册，《蔚州卫》，第260页。

③ 〔清〕黄文炜、沈青崖纂修：（乾隆）《重修肃州新志》，《职官》，《中国方志集成·甘肃府县志辑》，凤凰出版社，2008年，第204页。

④ 〔明〕吴道行辑：《不愧堂刻奏疏》卷5《敬陈马政便宜七条以少裨苑牧疏》，《四库禁毁书丛刊补编》，北京出版社，2005年，第267页。

⑤ 〔清〕郭磊纂修：（乾隆）《广灵县志》卷8《选举志》，《中国方志丛书·华北地方·第411号》，成文出版社，1976年，第229页。

宁夏固原市原州区，是明朝在该地所设置的牧马机构。临洮府即今天的兰州，临洮府通判主要掌辖区内的粮运及农田水利等事务。万历二十一年（1593）十一月，在平定宁夏哮拜之乱的赏功奏疏中我们还见到了温登魁的大名。①

（二）马炳之妻郝氏。马炳是马焕的弟弟，根据其父时任山西总兵官马栋的奏疏可知，马炳主动放弃了继承蔚州卫指挥佥事职位的机会。奏疏中提到，他希望专心研习儒学，不愿涉足军旅生涯。"万历三十三年四月，马炳以进儒学，随父任读书，不愿出□袭职，□给执照。"②然而，根据《蔚州卫选簿》的记载，他最终承袭了蔚州卫的武职。马炳的妻子是当时名臣郝杰的孙女。郝杰（1530—1600），字彦辅，号少泉，是元朝御史中丞郝天挺的后裔，入明以后，郝家迁往蔚州。郝杰在嘉靖三十五年考中进士，先后历行人、御史、陕西按察司副使、江西参政、山东参政、辽东苑马寺卿、山东按察使、右佥都御史巡抚辽东、兵部右侍总督蓟辽、南京户部尚书等官。③虽然郝杰属于文官，但他长于军旅之事，在军事上也颇有建树。顾养谦在奏报中向朝廷称赞郝杰，"忠诚厚植，材品罕伦，举久废之城垣，全辽之腹心可保，练新设之营伍，南卫之战守有方，经济弘猷，公辅巨望"④。郝杰的能力不仅为同侪所赞许，代表明朝官方立场的《明神宗实录》也对其不吝惜美誉之辞，称其"沉毅有略，在辽，务远斥堠，部署诸将，严核功罪，故多以捷闻"⑤。总之，郝杰的军事才能得到了同僚及官方的双重认可，是明

---

① 〔明〕王鸣鹤：《登坛必究》卷40《兵部议覆宁夏功赏疏》，《续修四库全书》第961册，上海古籍出版社，2002年，第731页。

② 中国第一历史档案馆、辽宁省档案馆编：《中国明朝档案总汇》，第70册，《蔚州卫》，第260页。

③ 〔明〕焦竑辑：《国朝献征录》卷43《资善大夫南京兵部尚书赠太子少保郝公杰神道碑》，《续修四库全书》第527册，上海古籍出版社，2002年，第277、278页。

④ 〔明〕顾养谦撰：《冲庵顾先生抚辽奏议》卷15《甄别练兵官员》，《续修四库全书》第478册，上海古籍出版社，2002年，第411页。

⑤ 《明神宗实录》卷356，万历二十九年二月辛未，第6648页。

朝军政两界的重要人物。从年龄上看，郝杰比马芳年轻十三岁，但就姻亲关系而言，他们属于同一辈分。马芳的孙子能与郝杰的孙女结为姻亲，这从侧面反映了马芳家族在当时的社会地位与影响力。

（三）马焕的妻子是倪尚忠之女。根据现今的行政区划，倪尚忠出生于河北省张家口市赤城县龙关镇。龙关镇在明代曾是龙门县的县治所在地，而龙门县于1958年被并入赤城县。关于倪尚忠的生平事迹，在（康熙年间编纂的）《龙门县志》中有着较为详尽的记载："倪尚忠，字肖泉，汛五世孙也。世袭指挥佥事。万历六年，充左参将分守宣府东路堡；十三年又分守宣府西路；十九年充副总兵，驻守大同，旋升总兵官镇守保定，并兼管大宁都司、定州卫所及紫荆、倒马等关。"[①] 引文中官职名称的混乱，主要是由于未对明朝的都司卫所体制与营兵体制的职官体系加以区分所致，此处不再赘述。万历二十年（1592）五月，因总督蓟辽的蹇达奏报日本侵犯朝鲜，作为朝鲜宗主国的明朝需对可能爆发的战事提前部署，辽东地区的局势骤然紧张。应蹇达之请，明廷"将保定总兵倪尚忠移驻天津，总管二镇兵马"[②]。随后，根据保定巡抚刘东星的题奏可知，倪尚忠前往天津的主要任务是核查营伍状况，裁汰老弱士兵，积极整军备战，"倭据朝鲜海口堤备当严。诸凡造器、募船、调兵、遣官，无遗策矣。惟是天津，弹丸疲累，嗟怨倭未至而民先病。兵未强而费不赀。且谭兵人持异说，将安从乎？窃计倭虽强不及中国什一，患我器多而不精，官多而不适用耳。今与总兵倪尚忠将十营，汰老弱、选精锐，可得万五千余人。时操练、严纪律，不足擒也。新兵三千或令尚忠兼统，或令游击一员领之，少一官则省一官之费。闻天津三卫开局制器，行铺率多避匿。况议修筑、议安置，纷纷并起，奈何不深长思哉！上令该部知之"[③]。倪尚忠在天津任职约五个月后，即在同年的

① 〔清〕章焞纂修：（康熙）《龙门县志》卷12《人物志》，《中国方志丛书·塞北地方·第23号》，成文出版社，1969年，第389、390页。
② 《明神宗实录》卷248，万历二十年五月庚辰，第4620、4621页。
③ 《明神宗实录》卷252，万历二十年九月乙亥，第4697页。

十一月，被任命为"中军都督府佥书"①，同月底改任"右府佥书"②，职衔是"署都督佥事"③。事实上到了万历时期，五军都督府已经没有多少军政大权，"五军都督府的主要职责，从实质上说，是在各所属京卫及都司卫所与兵部之间起上传下达的作用，另外，负责京师治安的督促检查。原来意义上的作为中央最高军事决策机关的大都督府及五军都督府已不复发生作用"④。因而回府"佥书"并不意味着倪尚忠担负更为重要的差事，甚至可能是挂衔优养。"都督府和都司成了将领挂衔和领取俸禄、袭替子弟、取得优养优给的衙门，京营及边、省诸镇才是任职地所在。"⑤ 万历二十四年（1596），又以原官"署都督佥事"，"充镇守保定等处地方总兵官"⑥。万历三十三年（1605）十一月，明廷以"蓟、辽、昌、保四镇大阅八事，叙录文武各官"。倪尚忠作为保定总兵官，因为恪尽职守而被擢升为署都督同知。⑦

从（康熙）《龙门县志》后续的记载来看，倪尚忠在军事上颇有造诣，"先是，防守金宋等堡，适兵备巡边，询一切险阻、要害、墩台事务，主将不能对。公对如指掌，兵备奇之。后遇寇警，公子身探虚实，适寇率众掠民间，公至叱之，射死一人，余皆散，生擒一人而归。主将壮之。及为参将，寇入口甚众，麾下偏裨，屡请御之，公坚壁不动。将佐咸曰：不御失机，咎将谁归？请身率众先御之。公亦弗许。会日暮，下令秣马饱食，遂奋击寇，寇惊怖，遂大破之。夺其辎重无算，后寇畏惧，不敢复入口。公性孝友，念祖父旧勋，不可湮没，故矢忠报国，独任边疆，数十余年，始终不息。又素爱贤礼士，乐与名士交，即如侯官翁正，南充黄辉，皆公至好。公所修家谱，皆三人手笔，派系详明，咏

① 《明神宗实录》卷254，万历二十年十一月丁巳，第4717页。
② 《明神宗实录》卷254，万历二十年十一月庚辰，第4728页。
③ 《明神宗实录》卷292，万历二十三年十二月癸卯，第5402页。
④ 方志远：《明代国家权力结构及运行机制》，第319页。
⑤ 方志远：《明代国家权力结构及运行机制》，第319页。
⑥ 《明神宗实录》卷301，万历二十四年闰八月庚辰，第5649页。
⑦ 《明神宗实录》卷455，万历三十三年十一月癸酉，第7783页。

题璀璨，迄今士大夫以为楷模。至于素闲韬略，军政严明，特其余事耳"①。由此可见，倪尚忠不仅是一位智勇双全的武将，其品德与行为也备受时人赞誉，这一点与马栋、马林兄弟二人的日常作风颇有相似之处。万历三十七年（1609）六月，倪尚忠由保定总兵官改任左军都督府都督②，其在保定总兵任上前后达十四年之久。（民国）《龙关县志》又记载，倪尚忠善使大刀，"都督倪尚忠大刀，凡二，均铁质。一重八十余斤，一重百二十斤，镌有总戎倪尚忠及都督倪尚忠等字样"③。明代的一斤与今天的一斤大致相当，另一种说法是相当于今天的 596.8 克。无论哪种说法正确，似乎都可以证明倪尚忠的武艺同样值得称道。

（四）马烨娶王俊民之女。由于师氏墓志未透露出更多历史信息，现在还不清楚王俊民的具体身份。然而，根据马氏家族子弟婚姻的地域性特征揣度，（乾隆）《蔚县志》所载："王俊民，惠民弟，授长治县训导。"④ 或即马烨之岳父，是与不是，待考。

（五）马熠娶焦承勋之女。根据《明神宗实录》的记载，焦承勋在万历三十年九月开始担任大同总兵官⑤，万历三十九年二月革任⑥，前后在大同总兵任上约九年。又按（雍正）《朔平府志》记载："焦承勋，大同右卫人。"⑦ 大同右卫，即今天的山西省右玉县。焦承勋与当时的名将麻贵不仅是同乡，而且由于麻家与马家存在姻亲关系，焦家与麻家也沾亲带故。焦氏家族在明代连续三代都有人担任将领，而焦承勋之子焦埏在与清军作战时，不幸战死于山海关。"焦埏，大同后卫人，祖泽、

---

① 〔清〕章焞纂修：（康熙）《龙门县志》卷 12《人物志》，第 390、391 页。

② 《明神宗实录》卷 459，万历三十七年六月丁丑，第 8672 页。

③ 包安保修，何耀慧纂：《龙关县志》卷 3《古迹志》，《中国方志集成·河北府县志辑》，上海书店出版社，2006 年，第 272 页。

④ 〔清〕王育橚修，李舜臣纂：（乾隆）《蔚县志》卷 18《贡举》，第 86 页。

⑤ 《明神宗实录》卷 376，万历三十年九月庚辰，第 7075 页。

⑥ 《明神宗实录》卷 480，万历三十九年二月乙亥，第 9043 页。

⑦ 〔清〕刘士铭修，王翯纂：（雍正）《朔平府志》卷 5《职官志·已裁武职姓氏》，《中国地方志集成·山西府县志辑》，凤凰出版社，2005 年，第 175 页。

父承勋，俱总兵官。勋劳著嘉隆间。埏以世将子，喜兵法，精骑射，以功累官大同副总兵。崇祯末，大兵及山海关，声势甚急，埏奉命率所部赴援，力战不屈死。事闻，赠恤有加。"①

（六）马炯聘万化孚之女。在介绍万化孚之前，我们首先需要了解他的父亲万世德。"按状公讳世德，字伯修，号丘泽，后更号震泽，山西大同之偏头所人，系本江右，始祖傑，从军徐中山王麾下，遂为大同戎籍。"② 万世德名重一时，曾任天津第一任巡抚，并在万历援朝战争期间屡立战功而多次受到朝廷表彰。③ 万历二十八年（1600）万世德率领部队自朝鲜班师回国后，明廷随即令其担任蓟辽总督。在辽东任上，万世德施行德政，息边宁兵，扶助农事，宽大简静，边境肃然。后因积劳成疾，于万历三十一年（1603）殁于任上，官赠太子太保、兵部尚书。

从万氏家族子弟所获封赏的情况来看，该家族在明朝军界的影响力可谓非同寻常。"万化孚，赠兵部尚书，世德长子，承袭祖职指挥佥事，由宁武守备历升河保营、偏关、陕西神木参将，加副总兵衔，以上世袭；万邦孚，世德次子，以平倭功荫官生，以善后及蓟镇红草沟杀贼功，历荫锦衣卫正千户，世袭；万有孚，世德叔子，以覃恩荫三品官生，授户部照磨；万国孚，世德季子，以劳瘁王事，荫二品恩生。"④ 万化孚是万世德的长子，"字同我，大司马世德长子，以世职授宁武道中军。历任大同河保、神木本关参将，升任阳和副总兵，加都督佥事。

① 〔清〕曾国荃、张煦修，王轩、杨笃纂：（光绪）《山西通志》卷 136《忠烈录上》，《续修四库全书》第 645 册，上海古籍出版社，2002 年，第 97 页。

② 〔明〕陈懿典撰：《陈学士先生初集》卷 13《总督蓟辽保定军务兼理粮饷备倭经略都察院右都御史兼兵部右侍郎震泽万公墓志铭》，《四库禁毁书丛刊》集部第 79 册，北京出版社，1997 年，第 197 页。

③ 孙沫青：《丁酉战争中的万世德及其历史书写初探》，山东大学硕士学位论文，2020 年，第 45 页。

④ 〔清〕王克昌修，殷梦高纂：（康熙）《保德州志》卷 5《袭荫》，《中国方志丛书·华北地方·第 414 号》，成文出版社，1976 年，第 296 页。

才兼文武，颇有父风，其翰墨挥洒优于文士"①。总体而言，山西偏头关的万氏家族与蔚州的马芳家族一样，都是明代军界中颇具影响力的将门世家。略有不同的是，万氏家族后来涌现出万世德这样一位文武兼备的杰出人物。他虽出身军籍，却凭借文官身份步入仕途，并最终官居高位，位极人臣。因此，若论家族的综合实力，山西偏头关的万氏家族甚至比马家更为显赫。万世德去世后明朝官方给他的评价是："恢弘大略，慷慨雄才，有定国之勋。"② 这两大家族的联姻无疑对双方家族的发展具有潜在的促进作用。

（七）马炫娶祁光祖之女。③ 据前述可知，马炫的伯父马栋娶了祁谦的女儿，而马炫的岳父祁光祖则是祁谦之子。"祁谦，光祖、继祖之父，葛峪堡守备。"④ 如此一来，祁光祖既是马炫的舅舅，也是他的岳父，祁家与马家可谓亲上加亲。

三、马芳诸孙女的婚姻。师氏离世之时，马家的孙女们中已经有多位达到了适婚年龄。根据其墓志铭中的记载，我们可以清晰地了解到，马家女子的配偶多数情况下都来自武将家庭。

（一）结亲大同右卫麻氏家族。蔚州马芳家族与大同右卫（今山西右玉县）的麻氏家族亦有联姻。马栋的长女嫁给了麻贵的第三子麻承宗，马林的长女则嫁给了麻贵的第四子麻承宣。⑤ 由此不难看出，这两个家族之间的关系极为密切。麻承宗、麻承宣后来在明朝军界也声名显赫，他们的父亲麻贵则更为有名。众所周知，大同右卫麻氏是晚明时期

---

① 〔明〕卢承业原编，〔清〕马振文等增修，王有宗校订：《偏关志》，卷下《世著》，《中国方志丛书·华北地方·第78号》，成文出版社，1969年，第156、157页。

② 《明神宗实录》卷443，万历三十六年二月己未，第8412页。

③ 中国第一历史档案馆、辽宁省档案馆编：《中国明朝档案总汇》，第70册，《蔚州卫》，第381页。

④ 〔清〕李英纂修：(顺治)《蔚州志》下卷申集《武职》。

⑤ 右玉县政协文史资料委员会编：《右玉文史资料》（第十四辑），《明诰封特进光禄大夫麻公暨配夫人沈氏合葬墓志铭》，2003年12月，第32页。

重要的边将家族，尤其是麻贵，其任职区域几乎遍及明朝九边，堪称一时之重。① 他与东北的李成梁并称"西麻东李"。

（二）马林的二女儿嫁给解生之子解继盛。解生原本是马芳的亲兵。据《家传》记载，隆庆元年二月，马芳曾命解生率兵出边，并取得斩获战果。"以亲兵解生等迹虏新平界外，战榆林县，大破之，斩首八十六，获马四千有奇。"② 后来，解生曾随同麻贵一同前往朝鲜，参与对日作战。万历二十八年九月，解生在辽东与蒙古泰宁部的战斗中不幸阵亡。"九月甲寅，停刑。是秋，炒花犯辽东，副总兵解生等败没。"③ 同年十一月，朝廷对解生予以旌表，"甲辰，故辽东副总兵解生，赠右都督。解生原降胡，入宣府籍，历战殁墙子岭"④。这里其实也透露出解生的少数民族身份。按郑晓所言："十一曰议招降。卷查先为申明擒斩赏格，及招降旧例，以鼓人心事。该臣议得被虏汉人，虽相安异域，岂无乘时图利，奋勇自效之人？即真夷中亦有慕义投降，如解生、补于汉之流者。（此是降夷姓名）"⑤ 显而易见，解生、补于汉等人加入明军，是国家政策积极招抚的结果。这一情况与马芳回归明朝的大背景基本一致。

（三）马林的三女儿嫁给了总兵黄明臣的次子。据（乾隆）《宣化府志》记载："黄明臣字国瑞，先世彭泽人，明初调戍，占籍宣府。"⑥ 宣化黄氏家族在晚明的历次战争中有不少子弟殉国难。黄明臣去世前夕曾对儿子们讲："殁诀绝之日目子鑑、铉曰：吾历官都督，衔王命，提

① 纪海龙：《麻贵军旅行实考》，《回族研究》2020 年第 4 期。

② 〔明〕李维桢撰：《大泌山房集》卷 68《马将军家传》，第 175 页。

③ 〔清〕张廷玉等撰：《明史》卷 21《神宗纪二》，第 281 页。

④ 〔清〕谈迁著：《国榷》卷 78，万历二十八年十一月甲辰，中华书局，1958 年，第 4865 页。

⑤ 〔明〕陈子龙等选辑：《明经世文编》卷 405《敬陈备御海虏事宜以弭后患疏》，第 4593 页。

⑥ 〔清〕王文焘修，张志奇续修：（乾隆）《宣化府志》卷 28《人物志中》，第 506 页。

大军数犯矢石，乃得身事五朝，贵为一品，锡玉赐蟒，荣分四代，人臣未易遭也。独我方才隐隐有不释者，为尔长兄铁，战殁凤集；仲兄铖，战殁开原。吾以老身，牢落东西二市口，父子殉国，乃不能生见烟尘之息，为可恨尔。"① 由此可见，在黄明臣心中，国家的安定与否始终是首要考量。不仅如此，他在处理军务之外的其他事务时，做法也广受时人赞誉。"会邑令赵，欲兴学造士，而阻于无费。明臣乃引为己责，延学官，率子弟讲业，经费不烦。有司是科，永宁遂获隽一人，盛备燕饮，共帐并厚给之，以劝来者。擢昌平总兵，去任，邑人思之，为立祠。明臣幼孤，事媪母孝，尝拾金百两，迹其人还之。"②

综上所述，马芳后人的婚姻关系呈现出以下几个特征：首先，具有明显的地域性特点，其联姻对象主要集中于宣大地区的名门望族。③ 其次，马家联姻的对象，尤其是孙辈，虽然以高阶武将家族为主，但其中也包含不少士大夫之家。最后，与马芳后人联姻的武将家族，通常具有崇尚文学的倾向，或者说，他们更倾向于以儒将的形象示人。总体而言，马芳家族的姻亲关系遍布当时的军界和政界，这种联姻对于马芳本人及其后人在仕途上的助力是不言而喻的。

第二节　马芳与内阁关系考（一）
——徐阶对马芳的关注与提携

回顾前文，马芳在重返明朝后，先后获得了周尚文、郭宗皋、苏祐、许论等文武官员的赏识与提携。此外，曾担任宣大巡抚都御史的朱笈或许也是马芳的伯乐之一。"公开府三镇，军政严明，赏罚不爽毫发，

---

① ［清］陈坦纂修：(乾隆)《宣化县志》卷23《乡贤志》，乾隆元年增刻本。

② ［清］王文焘修，张志奇续修：(乾隆)《宣化府志》卷28《人物志中》，第506页。

③ 陈亮、王娜：《明代蔚州将门马氏补阙》，《回族研究》2016年第1期，第30页。

114

善御将循卒，以故乐为之用。识马芳于降敌，拔胡镇于行阵，其他赵君岢、刘若国辈，边境攸赖，为时名将云。"① 遗憾的是，前引史料并未明确记载朱笈具体为马芳提供了何种帮助。总体而言，马芳在加入明军之初，得益于上述伯乐的扶持，这使他能够以一个边外"走回人"的身份在明朝军队中逐步站稳脚跟，并最终成长为一位备受国家倚重的边防名将。这一点，马芳本人也曾有所提及："庙堂数举边才凡若干本，当道保荐素履共若干章，猥懦武夫，诚为逾分。"② 作为当时武将中的杰出人物，马芳不仅受到宣大督抚的重视，甚至连内阁大臣也对他青睐有加。根据现有史料记载，嘉靖、隆庆、万历年间的徐阶、高拱、张居正等内阁重臣，都曾或多或少地给予马芳帮助和支持，其中徐阶对马芳的支持提携尤为明显。

一、**徐阶对马芳的保护**。徐阶（1503—1583），字子升，号少湖，一号存斋，松江府华亭县（今上海市松江区）人。徐阶曾密疏揭发咸宁侯仇鸾的罪行，且擅写青词，为嘉靖帝所信任。嘉靖四十一年，得悉明世宗对严嵩父子的不法行为已有所不满，于是他授意御史邹应龙参劾严氏父子，最终严嵩罢官，严世蕃下狱后被处死。徐阶则取代了严嵩的首辅位置。万历十一年（1583），徐阶卒，赠太师，谥号文贞。著有《世经堂集》《少湖文集》等。徐阶的墓志称："公自以身受上知，益发纾任事。数言用兵方略，疏荐文武材堪督抚大帅者十余人，上辄用公策，其后以郜房歼寇，树功名者，皆出公荐。"③ 马芳就是徐阶所着意提携的武将之一。

嘉靖三十三年（1554）六月，也就是宣大总督苏祐被罢免后的两

① 李佩恩修，张相文纂：《泗阳县志》卷23《乡贤》，《龙冈先生行状》，《中国地方志集成·江苏府县志辑》，江苏古籍出版社，1991年，第488页。

② 〔清〕杨世昌修，吴廷华纂：(乾隆)《蔚州志补》卷12《艺文·〈战功私录〉自序》。

③ 〔明〕申时行撰：《赐闲堂集》卷23《特进光禄大夫柱国少师兼太子太师吏部尚书建极殿大学士赠太师谥文贞徐公墓志铭》，《四库全书存目丛书》集部第134册，齐鲁书社，1997年，第473页。

个月，发生了大同总兵岳懋巡边，被土默特部诱杀之事。巡按御史毛鹏以其事闻于朝廷，因劾奏"巡抚侯钺及副总兵冯登，参将朱云汉、郭震，守备任寿、刘宾等，各失事罪状"①。该奏疏呈上后，兵部为岳懋上请恤典同时请求惩办相关当事将校，又言："宣大为畿辅重镇，近者兵疲调遣，民苦转输，加之饥馑频仍，刍粮不给，一旦驱饿卒、疲马，以抗黠虏，取败固宜。夫本折相兼，间月关支，祖宗成法也。此法不复，恐宣大终无安枕之期。乞并下督臣议处。得旨：懋赠少师，左都督，赐谥壮愍，荫一子，世袭指挥使，仍为立祠致祭。钺等姑各令戴罪视事。其二镇军需缺乏，多系管粮官侵益已费者，令巡按御史清查。不足者，令总督许论议处。"② 是年六月底，世宗即以大同边务堕坏为由，任命王忬为大同巡抚，负责当地军务的整顿。"壬辰，上谕吏部曰：朕闻大同边务坏甚，巡抚官必须得人方济缓急。可升王忬右副都御史巡抚山西兼赞理军务。"③ 按照苏祐行状的说法，派王忬赴宣大整顿军务背后的意图并不单纯，而是要借机整治苏氏本人。"会总兵岳懋陷虏，幕府者惧，则奏公不请兵粮，樵苏后期，故及于败。本兵亦素有郄言如幕府。逮下诏狱。然公实尝乞饷，奏牍具在，诸公无以难也。而少师嵩，故尚书时，尝为公所论，恨公，从中主之，削籍为庶人。"④ 苏祐此刻虽然罢归田里，却也能够上疏申辩，其说曰："臣本一介书生，误蒙皇上付托总督重任，除历任边方巡抚外，总督宣大又近五年。功微罪重，每荷皇上天高地厚之恩。常欲粉骨碎身，仰报万一。犬马孤忠，言之流涕！近蒙特恩，悯臣衰老，放归田里。臣身虽退休，念当恭叩玄恩，祝延圣寿，庶足以少伸臣子感激之情。五月二十七日，与总督侍郎许论交代，具本奏谢恩回籍外。后因六月初五日，大同总兵官岳懋阵亡，本兵

---

① 《明世宗实录》卷411，嘉靖三十三年六月癸酉，第7158页。

② 《明世宗实录》卷411，嘉靖三十三年六月癸酉，第7158、7159页。

③ 《明世宗实录》卷411，嘉靖三十三年六月壬辰，第7167页。

④ 〔明〕于慎行撰：《谷城山馆文集》卷28《明故资政大夫兵部尚书兼都察院右都御史谷原苏公行状》，第87页。

虑防秋艰危，遂归罪于臣，以图将来借口。是故论及士马饥疲，钱粮缺乏，谓臣等在镇坐视不言。伏蒙皇上圣恩，缓臣诛罚，奉旨拿问。臣流离道路，仰辱恩命，罪死何辞？但兵部以一时愤激之言，而不察臣在镇屡疏之恳。臣虽不敢爱死，亦不敢隐忍以负圣明之世也。"[①] 随后，苏氏将自己担任宣大总督期间呈报的一系列请求粮饷的奏疏逐一呈交给世宗。苏祐的申辩条理清晰且证据充分，因此，前文引用其行状中的说法是可信的，苏祐确实不应为大同事变中总兵岳懋的死承担罪责。然而，他的申辩最终未能获得明世宗的谅解，最终被削去官职，贬为庶人。

马芳作为苏祐的部下，平日深受其关照与提携，二人关系之密切，前文已有详述。然而，王忬上任后对马芳心生不满，甚至有意将其树立为典型，以杀鸡儆猴。从王忬写给徐阶的信中可以看出，他确有惩办马芳的意图，但由于信件原文已佚，具体惩处方式无从得知。不过，从徐阶的回信中仍能感受到王忬对马芳的不满情绪。徐阶在信中用"麓悍"一词形容马芳的性格，意指其粗鲁蛮悍。事实上，在探讨马芳的战场表现时，我们已对其勇猛果敢的作战风格有了较为详尽的描述。试想，若非这种所谓的"麓悍"性格，马芳或许难以成为令敌军胆寒的将领。

徐氏在回复王忬的信中明确建议他放弃之前的想法，并这样说道：

> 承惠书知旌节将至，甚慰。今岁，虏以相攻，不暇犯我，而云中收获大异往时。公乘此及朝廷差官经理之会，一整顿戎务，当即改观也。马芳骁将，所领家丁多健儿降虏，聚则为兵，散则能作贼，至于麓悍则武人之常，不足较者，惟善抙驭之为望。[②]

---

① 〔明〕苏祐著，王义印点校：《苏祐集》，《谷原奏议附录》《为辩明节讨兵粮部臣措咨不发乞赐查明以保全孤忠生命事》，第 586 页。

② 〔明〕徐阶撰：《世经堂集》卷 23《复王思质》，《四库全书存目丛书》集部第 80 册，齐鲁书社，1997 年，第 93 页。

在这封回信中，徐阶着重指出，马芳是一位骁勇善战的将领，他所率领的家丁更是朝廷对抗土默特部的精锐力量。若对马芳及其部队处理不当，可能会对朝廷日后防御蒙古各部的军事部署造成严重阻碍。此处，徐阶实际上是在向王忬发出含蓄的警示。至于马芳的"粗鲁强悍"性格，在徐阶看来，这是典型的武人特质，作为文官的王忬应当予以理解和包容，而非针锋相对，抓住对方的缺点不放。总体而言，徐阶希望王忬在大同整顿军务的过程中，能够妥善处理与马芳的关系，避免因小失大、节外生枝。至于徐阶对王氏的上述嘱托，对方具体作何回应，目前尚不得而知。可以确定的是，王氏不久后便被调离宣大地区。嘉靖三十四年（1555）三月，"升巡抚大同兵部右侍郎王忬为本部左侍郎，总督蓟、辽、保定，令速赴镇不必候代。其大同巡抚事，行总督许论暂理"[1]。王忬在大同整顿军务大约九个月，从各类官修和私人史籍的记载来看，这段时间内并未发现他参劾马芳的举动，这表明徐阶的从中斡旋发挥了作用。需要补充的是，王忬家族与徐阶家族的关系极为密切，据王世贞所述，"先人偶辱见厕姻娅之末"[2]。显然，这两个家族之间早已存在姻亲关系。

当然，如果仅依据苏祐行状中的记载来推断，那么王忬的到来或许确实带有兵部或政敌严嵩的某种政治"嘱托"，甚至可能牵连到马芳。从私人关系的角度来看，上述推论似乎有一定道理。毕竟，王忬曾是严嵩的门生，两家人早年交往甚密。[3] 不过，王忬的墓志铭记载显示，他任山西巡抚出自明世宗的钦命，"七月，虏入大同，杀大将，覆其师，下抚臣狱，议置代未决。先帝谕分宜，中外臣谁为真忠者，分宜不知所对。上曰：朕向所自拔王忬耳。遂降手敕，擢右副都御史，移抚大同，

① 《明世宗实录》卷 420，嘉靖三十四年三月辛丑，第 7282 页。
② 〔明〕王世贞撰：《弇州四部稿》卷 123《上太宰杨公》，（景印）《文渊阁四库全书》第 1281 册，台湾商务印书馆，1983 年，第 83 页。
③ 林乾著：《柄国宰相张居正》，中信出版社，2023 年，第 30 页。

盖异数也"①。据此，派王忬前往宣大整顿军务是明世宗的旨意，严嵩或兵部并未从中干预。王忬到任后也确实尽心尽力，"至则上疏具言，岁禄与军所以乏状。请发金钱十余万，赈之。则自大帅，下至偏裨，约毋次第侵给者，所籍以全活甚众"②。综上所述，对王忬批评马芳的行为，不宜过度解读其背后的"政治动机"。

对于读者来说，王忬或许有些陌生，但大家可能更熟悉他的儿子——明朝著名学者王世贞。以下简要介绍一下王忬。王忬（1507—1560），字民应，号思质，南直隶苏州府太仓州（今江苏省苏州市太仓市）人。其父王倬在正德时曾官至南京兵部右侍郎。王忬在嘉靖二十年（1541）考中进士，初授行人，稍后迁监察御史；嘉靖二十九年（1550），擢右佥都御史；嘉靖三十一年（1552），负责巡视浙、闽，在任期间他重用俞大猷、汤克宽等加强防御；嘉靖三十三年（1554），进右副都御史，巡抚大同；嘉靖三十四年（1555），加兵部左侍郎衔，总督蓟辽、保定等处；嘉靖三十八年（1559），土默特部大举深入，京师大震。此时，严嵩父子与王忬父子之间已经积怨颇深，于是前者借兵败之机，进行政治操弄，最终明世宗将王忬下狱，论死，当时天下称冤。明穆宗即位后，王世贞、王世懋兄弟伏阙为父讼冤，王忬之案在内阁诸臣的干预下得以最终平反。③

二、徐阶对马芳才能的认可。嘉靖三十四年（1555）四月，马芳的职务发生变动，"改分守宣府西路参将马芳充大同东路参将"④。然而，让人意外的是，这次调动竟然没有让他携家丁前往任上。此前，苏

---

① 〔明〕李春芳撰：《李文定公贻安堂集》卷 7《资善大夫都察院右都御史兼兵部左侍郎思质王公墓志铭》，《四库全书存目丛书》集部第 113 册，齐鲁书社，1997 年，第 188 页。

② 〔明〕李春芳撰：《李文定公贻安堂集》卷 7《资善大夫都察院右都御史兼兵部左侍郎思质王公墓志铭》，第 189 页。

③ 〔明〕李春芳撰：《李文定公贻安堂集》卷 7《资善大夫都察院右都御史兼兵部左侍郎思质王公墓志铭》，第 190 页。

④ 《明世宗实录》卷 421，嘉靖三十四年四月壬午，第 7299 页。

祐曾多次奏请朝廷，不要让马芳与所统领之家丁分开，且留他在宣大总督标下专领一营，但是并未引起朝廷的重视。同年九月，巡按直隶御史李凤毛上言："分守大同东路参将马芳，骁健绝伦，谙晓虏情，宜于军门标下领兵。近迁分守一路，失其故伍，用违其才，请令仍领通事家丁隶军门征调。兵部议复，从之。"① 据前述，由于此次职位调动之关系，致马芳不能统领原家丁作战。御史李凤毛认为，朝廷应充分利用马芳的优势，继续让他统率家丁作战。这一观点与苏祐此前向朝廷上疏所提建议不谋而合。最终，李凤毛的建议被朝廷采纳。然而，《明世宗实录》对此事的记载较为简略，许多历史细节并未提及。事实上，这一决策的变化与徐阶的积极斡旋密不可分。通过徐阶与李凤毛之间的通信，我们可以对事件的来龙去脉略知一二。

> 三复来谕，具见远猷。所谓燃灯佛者今安在，可计擒之，使为我用否乎？大同家丁，须马芳领之乃善。闻默斋②公不以付芳，盖为其见任参将也。但兵非素统，临事而后委之，恐难责效。公既知芳为骁将，试为题请，就以参将职衔专领家丁截杀，而别为阳和补一参将。倘家丁数少，即令芳募添，通查各处逃亡军粮，养之何如？记得罗铠尝云：有一相识与周原为至亲，可任使不？知即是张蕙否？大抵遣间不妨多也。此中颇闻齐、韩二君不得军士之心，诚然乎？抑故为此以求脱去乎？七月廿四日之事，其始末何如？统希密示至幸。③

如前所述，马芳调动后未能继续统率之前所带领的家丁，是因为接

① 《明世宗实录》卷426，嘉靖三十四年九月庚子，第7367页。
② 即时任宣大总督许论，"默斋许公，讳论，字廷议，河南灵宝人"。参见：〔明〕焦竑辑：《国朝献征录》卷39《光禄大夫太子太保兵部尚书兼都察院右副都御史默斋许公论墓志铭》，第122页。
③ 〔明〕徐阶撰：《世经堂集》卷23《与李有池侍御》，第100页。

替苏祐担任宣大总督的许论认为，马芳已改任大同东路参将，自然不应再继续统领宣府西路的家丁。然而，徐阶则认为，马芳新官上任，所统之兵并非原部，一旦发生紧急情况，恐怕难以发挥应有的效力。因此，徐阶授意御史李凤毛，建议其上奏朝廷，允许马芳以参将职衔继续统领之前的家丁，并指示李凤毛做好马芳所统家丁的编制、粮草等后勤保障工作。此外，徐阶在给李凤毛的另一封信中透露，马芳调动时兵部没有明确指令其原统领的家丁随调，实属一场误会。他再三叮嘱李凤毛对马芳予以适当保护，以便利用马芳的威名对蒙古诸部形成长久的威慑。"马芳事缘部中误认刘环所领即是家丁，故遂以相易，今只在总督令家丁并属芳统领便停当矣。芳既为虏所畏，此须保护，使常有虎豹在山之势，若减其兵，或轻遣出边。万一挫衄，彼虏益肆不可制也。首功与杀掠自是两事，不妨并言，惟公更斟酌为望。"① 由此可见，兵部对前线将领的实际作战指挥情况缺乏了解，导致其决策出现失误。徐阶对马芳的提拔、保护和任用，与苏祐的做法本质上并无二致。然而，徐阶身为内阁重臣，官阶更高，这对马芳的未来发展无疑更为有利。如果说早前马芳遇到的伯乐多为宣大地区的文武官员，那么在苏祐去职后，马芳所遇的重要伯乐则变成了内阁重臣徐阶，而徐阶也确实在多个场合对马芳给予了支持。

三、徐阶于君前奏对之际对马芳的着意美言。嘉靖三十五年（1556）正月江东被任命为宣大总督，"命原任总督三边兵部右侍郎兼都察院右金都御史江东，总督宣大山西等处地方军务兼理粮饷"②。至嘉靖三十七年（1558）四月江东被征召回朝，"尚书杨博以右卫解围闻，上喜。征侍郎江东还，赐二品大红纱衣一袭"③。江东前后在宣大总督任上约两年，此公在任期间最大的手笔是解决"大同右卫"被围事件而名震一时。此外，在任期间他还曾以军法处置过马芳，差点儿造成后者北返

---

① 〔明〕徐阶撰：《世经堂集》卷23《与李有池侍御》，第 101 页。
② 《明世宗实录》卷431，嘉靖三十五年正月戊寅，第 7441 页。
③ 《明世宗实录》卷458，嘉靖三十七年四月丁酉，第 7752 页。

草原。按照王樵的说法是，马芳"为裨将时，尝为总督江东以军法箭贯耳，徇于营，芳耻之，又欲北奔"①。我们知道，马芳从土默特部逃归明朝的一个重要原因就是对方曾因"盗女"事件将其处以割耳之刑。江东此次对马芳施以"贯耳"之刑，让已经身处将官之列的马氏极为难堪。事后，马芳出于激愤而扬言北奔草原。由于江东、马芳等人都对这次"贯耳"事件没有相关申说，使得该事件的来龙去脉难以知晓。据唐顺之记述，明朝军人在被施以"贯耳"之刑时，往往是触犯军法，"其不用命者，纵不能尽如临阵之刑，而军令所谓鞭挞、贯耳等类，许将官督操亦时一行之以示威，或联为伍法，罚及同伍"②。以此观之，马芳此次之遭遇应该是和他有违江东之军令有关。此时又是徐阶出面收拾局势，方才使事态得以解决，"内阁徐存斋急遣人慰解，馈以千金，芳乃止"③。想象一下，如果没有徐阶的巧妙斡旋，情况将会变得多么的不同。假设马芳这位英勇的将领，决定带领他的手下家丁转而投向土默特部，那么这样的决定无疑将会给明朝的边疆安全带来巨大的隐患和潜在的威胁。

马芳虽然遭遇了前述"挫折"，但很快就因嘉靖三十七年（1558）五月十三日给事中徐浦所上的条陈而受到了兵部的推荐。"初上从给事中徐浦议，令九卿科道及督抚诸臣各举将才。"④ 关于此事的来龙去脉，我们在当时刑部尚书郑晓的文集中还能窥见。据其记述："相应依拟合行在京九卿官，限半月以里，各要虚心采访。但有忠勇过人，智略出众，及明习天文，谙练边务，可备军旅之用将帅之选者，不拘文臣武职，见任革任，缘事听勘，及山林隐逸、微贱各疏名具荐。兵部议拟上请定夺，仍不得滥举匪人，致滋请托。违者，听本部及科道官参究治罪等。因题奉圣旨：是，钦此。钦遵备咨到部，臣等虚心采访，得见任、

---

① 〔明〕王樵撰：《方麓集》卷6《使代记》，第224、225页。

② 〔明〕唐顺之撰：《北奉使集》卷1《条陈练兵事宜》，第907、908页。

③ 〔明〕王樵撰：《方麓集》卷6《使代记》，第225页。

④ 《明世宗实录》卷461，嘉靖三十七年七月戊午，第7790页。

革任文臣武职可备军旅之用将帅之选者，凡一十员。"① 根据明世宗的指示，兵部当时给马芳下的推荐语是："蓟州副总兵马芳，臂力方强，骑射出众，发身行伍，能识士卒之情，历树战功，备尝险阻之味，边境服其恩信，虏众畏其骁雄。"② 明世宗于嘉靖三十七年五月十三日进十五日奉圣旨："该部知道，钦此。"③ 需要说明的是，此时马芳是建昌营副总兵。建昌营位于河北省唐山市迁安市北十八公里处，北以长城为界，与青龙县接壤，但该地就当时的军事重要程度而言，远无法与宣府相提并论。或许正是由于兵部的荐语，让明廷意识到马芳这样的将领应该放在更紧要的位置，遂于第二年九月，让马芳继续担任宣府副总兵。

嘉靖四十二年（1563）十月，"锡林阿巴图尔（旧作把都儿，今改，后仿此）入寇。京师戒严"④。引文中"锡林阿巴图尔"及"把都儿"在明代的文献中往往作"黄台吉"或者"辛爱黄台吉"，即俺答汗长子。按《通鉴辑览》所载，黄台吉此次入犯与蓟辽总督杨选处理边情不善有一定关系，"虏数犯辽塞，总督杨选囚系三卫长托干（旧作通罕，今改），令其子更迭为质。托干锡林阿妻父也，冀以牵制锡林阿，三卫皆怨。至是锡林阿巴图尔等溃墙子岭（关名，在密云县北）入，大掠顺义、三河。诸将赵溱、孙膑战死。京师戒严，诏诸路兵入援。虏驻内地八日，大同总兵官姜应熊败之于密云乃退"⑤。以上即是此战大致经过，明廷可谓损失惨重。一个多月后，朝廷以蓟辽总督侍郎杨选处置失当将之处以极刑，家属流放，"论蓟镇失事诸臣罪，斩总督杨选于市，枭首示边，妻子流徙"⑥。杨选之死，再次印证明世宗对当时督抚大臣的深刻寡恩。

---

① 〔明〕郑晓撰：《郑端简公奏议》卷12《荐文武官疏》，《续修四库全书》第477册，上海古籍出版社，2002年，第44页。

② 〔明〕郑晓撰：《郑端简公奏议》卷12《荐文武官疏》，第44页。

③ 〔明〕郑晓撰：《郑端简公奏议》卷12《荐文武官疏》，第45页。

④ 〔清〕傅恒撰：《通鉴辑览》卷110《明世宗皇帝》，第509页。

⑤ 〔清〕傅恒撰：《通鉴辑览》卷110《明世宗皇帝》，第509页。

⑥ 《明世宗实录》卷527，嘉靖四十二年十一月甲辰，第8604、8605页。

其实，在黄台吉入边之初，明世宗正在闭关玄修，当事诸臣则不敢入奏打扰。鉴于此，兵部尚书杨博、内阁徐阶等人只得先行处置。此时任宣府总兵官的马芳奉杨、徐发出的檄文星夜驰援北京，"初寇之入也。帝方祠厘，兵部尚书杨博不敢奏，谋之徐阶，檄宣府总兵官马芳等入援"①。不久，明世宗自己也发觉蒙古军队已经兵临城下的事实，"会帝见城东火光，知寇已逼，大惊，谕阶议逐寇"②。大约与此同时，总督蓟辽侍郎杨选的奏报也到达御前，世宗随即宣布京师戒严并急诏宣大诸将入卫京师，"总督蓟辽侍郎杨选以闻，京师戒严。诏宣大总兵官马芳、姜应熊、刘汉等速调兵入援，以总督尚书江东统之"③。然而，根据徐阶的奏报可知，入援京师的诸路兵马只有马芳所部比较及时，"此贼内犯，其来甚疾。今诸将入援者只马芳带领补于汉兵马五千余已到，其姜应熊尚未入关"④。在危急时刻，马芳的及时出现仿佛是在寒冷的雪地中送来了温暖的炭火，给困境中的明世宗带来了莫大的安慰和帮助。可以想象，在这种情况下，明世宗心中的欣喜和感激之情是难以言表的。

借此良机，徐阶当即向皇帝建议嘉奖马芳，并委任他专门负责京城的防卫工作，"而芳兵已先至，阶请亟赏之，令专护京师"⑤。此事在徐阶奏报中亦有更为详细之记载，"臣昨奏请赏芳，乃因芳首先入援。又时不知有科疏，今以其营士同行，示朝廷公溥之政，而只赐东、芳昭皇上知遇殊特之恩，仰惟圣裁允当"⑥。由此可见，徐阶奏请奖赏马芳的一个重要原因是马芳"首先入援"，这体现了徐阶对明世宗心理状态的精准把握。世宗果然允其所请，"芳量赏"⑦。我们了解到，马芳之所以能够率先驰援，是因为徐阶等人提前将情况告知了他。然而，为了避免

① 〔清〕傅恒撰：《通鉴辑览》卷110《明世宗皇帝》，第509页。
② 〔清〕傅恒撰：《通鉴辑览》卷110《明世宗皇帝》，第509页。
③ 《明世宗实录》卷526，嘉靖四十二年十月丁卯，第8528页。
④ 〔明〕徐阶撰：《世经堂集》卷2《答兵事谕二》，第385页。
⑤ 〔清〕傅恒撰：《通鉴辑览》卷110《明世宗皇帝》，第509页。
⑥ 〔明〕徐阶撰：《世经堂集》卷2《答追贼及赏军谕》，第387页。
⑦ 〔明〕徐阶撰：《世经堂集》卷2《又答兵事谕二》，第386页。

读者产生误解，需要特别说明：徐阶、杨博等人并非仅向马芳一路兵马发出救援京师的檄文，而是同时向包括宣大总督及其麾下高级将领在内的多方势力发出了檄文。

马芳具体的防卫地点，徐阶也有所考量，"及令马芳扎营广渠门，以当通州入京之路，盖皆为重城计也"①。世宗采纳了徐阶的建议。

在这场战役中，明军虽然人员伤亡惨重、财物损失巨大，但最终成功保住了北京城。根据徐阶的记述，明世宗在战后发出了如下感慨：

> 伏蒙圣言，兹看博等会东所计有甚奇。方选等正是送去，敢言追杀，其谁欺乎！夫今外兵四集，内士又出，只游戏一场。又故事矣，本兵定策，付诸将行，如何以伸华威？如何以报人害？大剿一场不过庚戌之辙。且闻彼邪夜战不能，或谓何不夜攻，而我军亦不禁，岂可取胜哉？皇高祖考，岁一巡边，皇兄亦圣威震彼，然内逆欺，外贼侮，可慨。②

综上所述，明世宗对蒙古人接连不断的侵扰感到无计可施，言辞间流露出深深的屈辱之情。随后，徐阶在奏报中针对明世宗提出的这些问题逐一做出了详细解释，此处不再赘述。此外，世宗对于此战中战死的将领如赵溱、孙膑等人，也表达了不同的看法："伏蒙圣说臣，昨谓膑常材，今亡于阵，这等的初何推为帅，误国了。"③ 显然，世宗皇帝对这两人的处境并未表现出丝毫的同情，反而指出，以他们的才能来看，本就不适合被选任为大将军。实际上，皇帝的本意是在质疑当事的诸位大臣：为何像赵溱、孙膑这样的将领会被重用？这显然是对他们平日用人眼光的批评。徐阶则抓住这个机会向世宗皇帝进言，指出朝廷此前在选将过程中确实存在一些弊端，同时他高度赞扬了马芳等将领的卓越才

---

① 〔明〕徐阶撰：《世经堂集》卷2《请敕江东总督入援官兵》，第386页。
② 〔明〕徐阶撰：《世经堂集》卷2《答兵事》，第387页。
③ 〔明〕徐阶撰：《世经堂集》卷2《又答兵事谕一》，第389页。

能，认为他们堪当大任。他的陈述如下：

> 臣惟用人当论其材，不当专论资格，至于将官尤要取其谋勇惯战而略其麁率。如马芳、胡镇皆起自行伍，不识一字却能杀贼。近年部中推用，只循常资，而抚按等官之举劾又多以媚奉奔竞为贤，以骁雄质直为劣，部中一概依之，此膺之所以得推为帅，既不能御贼之入边，又不能击贼于将退，徒殒身而无益于国也。蒙谕闻贼满载去了，杀未及半，难以后不能者怠之。仰惟圣虑深远，臣谨录示博等各勿怠，以图永弭边患也。①

正是在这样的背景之下，徐阶不遗余力地多次向明世宗表达他对马芳个人才能和贡献的极高赞赏，这种持续的推崇和肯定无疑对皇帝的决策和态度产生了深远的影响。据一些史籍记载，明世宗曾在公开评级武臣时讲过"勇不过马芳"②之类的话。综上，徐阶对于马芳着意提携是历史事实。

四、具体事务上徐阶与马芳事先沟通。徐阶不仅在朝廷的公开场合对马芳给予多次的提拔和帮助，而且在处理一些具体事务时，也会选择与马芳进行私下的沟通和讨论。隆庆二年（1568）七月，总督宣大都御史陈其学进言边务，其中一款曰：

> 臣以为国家御夷狄与盗贼异。盗贼生发，恐其蔓延，其图之也当急。若北虏乃吾之敌也，非吾之敌，自古以来中国之敌也。当知大势大机，所在长虑却顾，务期万世治安，不可轻举。所谓大势者，京师是也，所谓大机者，宣大是也。往时边

---

① 〔明〕徐阶撰：《世经堂集》卷 2《又答兵事论一》，第 389 页。
② 〔明〕过庭训纂集：《明朝分省人物考》卷 2《福时》，广陵书社，2015 年，第 64、65 页。

臣有议复河套者，不知汉唐都关中，以河套为急，我朝都燕，以宣大为重。宣大者，即汉唐之朔方也。山西与大同，东西连亘，本为一省。大同苟有重兵，虏必不敢越山西而东，故宣大安则京师安矣。今诸将中如马芳、赵岢、谢朝恩三臣，皆材勇可当一面。而宣、大、山西每镇正奇兵不下万人，诚令三臣得分练之，宽其文法，厚其犒赏，则三镇皆精兵矣。①

陈其学的上疏得到了兵部的回应："兵部复言，其学策可用，宜行三边总督王崇古，及总兵马芳，会查宣、大、山西、榆林四镇兵马之数。并议抽选之法，委任责成，务臻实效，应用军饷，缓则奏请，急则预借本镇官银具数抵补。得旨，如议行。"② 据此，马芳作为军方首脑与三边总督王崇古、宣大总督陈其学共同负责宣府、大同、山西、榆林四镇的军士拣选工作。在这个问题上，作为当时内阁首辅的徐阶还特地写信征询马芳的意见。

执事以名将著称，仆意以为如执事者，不独当立功于一时，仍当有以立法于后世。仆偶思得选兵一策，试谋之执事，烦执事思其可否，并增益其所未备，实以见告，勿泛泛答应，以致误国误人也。今自副总兵以下，名虽各领兵三千，其实老壮、强弱互相参杂，能战之士不及一半。每遇调发一支，尽行徒费，供给无益实用，而本城本堡又有空虚之患。今欲令副、参、游击各自挑选其兵，分为上中下三等。上者，给与马匹，名曰战兵；中者，不给马匹，名曰守兵；下者，只以备杂差，名曰备兵。先令各官自行选定，然后总兵遍历各营复选，总兵选讫，然后总督重加校阅。不拘名数，只要分别精当，平时一

---

① 〔明〕徐日久撰：《五边典则》卷10，王雄编辑点校，《明代蒙古汉籍史料汇编》第五辑，内蒙古大学出版社，2009年，第325页。
② 〔明〕徐日久撰：《五边典则》卷10，第325页。

体操练，遇有警报，只调战兵。如贼势重大，欲张军威，乃量调守兵助之。每调战兵，除行粮料草照常外，量赏银两，以示优厚。战兵有缺，及或有不堪者，于守内选补，其守兵以强壮者选补战兵，弱者退作备兵。如此，庶调发则人人得用，城堡则处处有兵，战守两得，而钱粮亦不虚费，执事以为何如？①

由于历史资料的局限性，笔者在研究过程中未能发掘到马芳对于这一问题的直接回应信件。然而，通过徐阶所写的这封信件，我们可以清晰地感受到徐阶与马芳之间存在着一种超越常规的深厚关系。在信件的字里行间，徐阶对马芳表现出了极大的信任，并且对他的期望也显得相当之高。徐阶期望马芳不要只局限于追求个人的战功，而是能够站在更高的立场上，为国家的长远利益考虑，为明朝边疆的士兵制定一套更加系统化、制度化的选拔机制。从这一点来看，徐阶显然是希望借助马芳的见解和建议，为朝廷未来的政策制定提供有价值的参考依据。此外，从这封信件中我们还可以得知，马芳与徐阶之间的沟通是畅通无阻的，这种直接的交流方式有效地减少了可能的误解和误判。同样地，在朝廷中其他一些关键性的决策问题上，徐阶也能够通过私下通信的方式，将他的想法和指示传达给马芳，确保信息的准确传递和执行。后来马芳在"田、刘案"之中起到的微妙作用就可能与这种私下沟通密不可分。

第三节　马芳与内阁关系考（二）
——以"田世威、刘宝案"为中心

马芳作为前线将领，其职责看似较为单一，某些行为表面上看似政治敏感度不足，实则蕴含着深远的谋略。轰动一时的田世威、刘宝案得以妥善处置，很大程度上归功于马芳与内阁之间的默契配合。

① 〔明〕徐阶撰：《世经堂集》卷24《复马总兵芳》，第130页。

一、**石州事件始末**。隆庆元年（1567），俺答汗率领部众攻破山西石州，城破之日，屠戮之惨烈，令整个朝廷为之震惊。关于此事的来龙去脉，《五边典则》中有详细记载，以下为相关内容：

初，俺答欲犯汾、石也，谍者以告总督王之诰。之诰下令属岢岚兵备副使王学谟等增修城垣，急入收保，而有司恬不为意，学谟勘报又不以实。及虏骑分三道入，老营堡游击方振遇虏屈家湾，与战，身被十余创，却走，虏遂深入。之诰仓卒檄大同总兵孙吴提兵由间道应援，而山西总兵申维岳等逗留不进，虏遂薄石州城，分掠岚县、宁乡等处，声言欲蹂汾州还，出太原府州。众议分维岳及参将刘宝、尤月、黑云龙四营兵尾贼南下兵。吴及山西总兵田世威等，间出天门关邀击贼前，以遏东归，而巡抚王继洛驻代州不出。维岳且前且却，三日始抵大武镇，石州遂陷，屠戮甚惨。吴兵抵省城，始援汾州。虏使我叛人赵全潜遣人入城为内应，州人获之，得预修守备。虏至急攻，不能下，而维岳以石州陷日寻间道走文水，虏得大掠孝义、介休、平遥、文水、交城、大谷、隰州间，所杀虏男妇以数万计，刍粮头畜无算，所过萧然一空，死者相藉。

石州既破，之诰急督宣府总兵马芳提兵西援。行一日，或云俺答虽西，其子黄台吉尚在宣府塞外未动，恐乘间卒犯南山，之诰等不宜西行。本兵计无所出，又急使人追之诰等东迤，防护陵京。独遣二偏将，将数千人往。是时，虏入边已二十余日，在内地久，气亦疲乏，又雨潦淹旬，马倒死者过半，皆杖马棰徒步归所，所卤获多不能尽载，往往遗弃于道。浸寻蹒跚，至十余日始出边，而我军无一人御之者。第早从之诰之请，趣令西援，虽无救于汾、石之祸，犹得以击其惰归，或颇有夺获，以纾华人之愤。而当事者昧于几宜，反为虏偏师所缀，令其得志，益轻中国，殊可恨也。虏既去汾、石，维岳始

129

约吴兵进战，及虏出岢岚东北，吴竟以非已信地，引还大同，而维岳、世威终不敢战。之诰所遣二将，亦皆迁延，不见虏而还。又十有四日，虏悉遁去。诸将乃稍稍出获奸细明海，俘董嗑儿、黑里器等及他老弱疲残类，以掩袭得之，独振一与虏遇，月逐虏于岚县普明村，稍稍敢战而已。

事闻，上命夺镇巡总督等官俸，令回籍听勘，而逮系继洛、维岳及世威、宝、学谟至京，鞫之，下御史勘实。至是，御史王渐勘之，因劾之诰等罪，推振月功，下法司会议。法司以地方远近兵力众寡，分别议罚，请首治维岳、世威、宝及继洛、学谟偾事殃民之罪。守备杨时隆以下不守信地，罪次之。太原府同知李春芳，岢岚州知州王下贤，缮修不完，云龙等备御无策，隰州知州魏宗方等收敛不早，罪又次之。之诰专守南山，难于遥制，吴失于应援，而众寡不敌，宜薄其罪。议上，得旨，维岳、世威、宝各斩。继洛、学谟谪戍边。春芳、下贤降三级。之诰降二级听用。吴落职充为事官管事。云龙、宗方、时隆等及各分守管操等官，下巡按御史按问以闻。振、月各升二级，赏银二十两。先后捕获奸细明海等及叛人董嗑儿等、黑里器等俱斩以徇。时边臣选愞怠玩，掩罪冒功，积弊已久，故恣虏出入，动得利去。至是议罪，将士始知畏法焉。①

根据上述情况，土默特部在攻击石州之前，其动向已被明朝方面提前侦知。宣大总督王之诰随即命令岢岚兵备副使王学谟进行部署，然而王学谟的准备明显不足。当俺答汗率领三路大军深入明朝境内后，王之诰紧急命令山西总兵孙吴、山西副总兵申维岳等人率部迎敌。然而，各部队却畏缩不前，表现出极大的怯战情绪，最终导致石州城被敌军攻破，明朝因此蒙受了惨重的损失。在战事最为危急的时刻，王之诰曾计

---

① 〔明〕徐日久撰：《五边典则》卷10，第322—324页。

划调遣时任宣府总兵马芳率部驰援石州，但兵部考虑到宣府边外仍有辛爱黄台吉部活动的迹象，担心一旦马芳西进，黄台吉会趁机攻击宣府，进而威胁到天寿山一带的明朝皇陵。因此，兵部紧急命令王之诰取消这一救援计划。在万般无奈的情况下，王之诰派遣两名偏将带领数千人前往支援，但这二人同样观望不前，拖延日久，最终在没有与敌军交战的情况下无功而返。在徐日久看来，石州之役充分暴露了当时明军各部队及兵部的腐败与无能。首先，土默特部当时已在内地滞留过久，加之遭遇大雨天气，道路泥泞不堪，蒙古骑兵的行动受到阻碍，锐气大减，这本应是明军反击的良机。其次，王之诰计划调遣马芳西援，一旦实施，即便无法避免石州失守，也能对敌军造成相当程度的打击。然而，这一计划却因兵部的错误指挥而未能实施。

这里还需要指出的是，前引文献，虽然对一干涉事人等之功罪予以交代，但还不够周详。隆庆二年（1568）二月，明穆宗下旨，处罚相关责任人，其中申维岳、田世威、刘宝论斩，黑云龙令巡按御史继续勘问。① 同年十月六日，原山西总兵官申维岳被处决②，但不知何故，田世威、刘宝二人并未一道被执行死刑。田世威的墓志铭还记载了此事，"公姓田氏，讳世威，字维扬……丙寅，以大司马荐，起补山西副总兵。隆庆改元，虏陷石州。初公至任，愤武备不振，上御虏三十二事，语颇激切，当事者不悦。至是，坐观望不救，系诏狱。三年己巳秋，上物色才勇之士，左右以公言，特降旨赦出给事军门。是时上锐意边防，纪律严整"③。按照这个墓志铭的说法，田世威是因上疏言事，语气激切，引发当事者不快，故而因石州之败，被当事者坐罪，系锦衣卫狱。其说暧昧不清，逻辑不对，不足采信。

二、马芳上疏引发的风波。隆庆三年（1569）正月，宣府总兵官

---

① 《明穆宗实录》卷17，隆庆二年二月癸未，第465页。

② 《明穆宗实录》卷25，隆庆二年十月辛巳，第745页。

③ 〔明〕焦竑辑：《国朝献征录》卷108《左军都督府署都督佥事山西副总兵田公世威墓志铭》，第292、293页。

马芳突然上疏朝廷，请求放弃自己的荫子之典，以此为田世威、刘宝二人赎罪，免除他们的死罪。其说曰："世威、宝，以千余弱卒抗数万方张之虏而狼狈致败，遂置重典。臣窃见二将才尚可用，愿寝臣荫子之命为二臣赎罪。"① 值得注意的是，田、刘二人已被监禁一年有余，而马芳为何未能在前一年对他们进行申救？他的这一行为随即引发了御史王圻的参劾。该奏疏全文收录于《王侍御类稿》，题为《劾总兵官马芳疏》，现谨录如下：

> 为将臣蔑视典法，妄意干请，乞赐纠治以肃国纪，以振边功事。臣念自昔将帅，临冲应机，迎刃殒身弗惜者，非贪重赏，则畏显戮，二者之用，稍失其宜，虽圣君弗能俾其臣矣。故斩获必奖，失误必刑，凛然祖宗宪度，著为令甲，二百年来，未之有易。迩者，遵行既久，法例渐弛，或有沥血之勋，而抑遏不报；或有败□之迹，而百计求个；或假立功之虚名，以逃诛殛；或掩被掠之遗，黎以盖愆尤。朝覆军于北鄙，夕调任于西陲，前作后踵，沿习成风，遂致边事日非，虏患日炽。酿成石州之败，皆赏罚失格基之也。
>
> 恭惟皇上御极之初，洞知积弊，大奋乾纲。将石州失事副总兵田世威、参将刘宝、总兵申维岳等，各置大辟。边臣闻之，靡不惕然震恐，耻于退缩。近因总兵官马芳，御敌有功，赏以银币，荫以千户。边臣闻之，又靡不欣然作率，思赴敌场，一诛一赏，不滥不僭。中外大小臣工，咸谓皇上此举，足为圣子神孙世世法矣。今按马芳疏意，欲辞幼子荫官，求脱田世威、刘宝二犯重狱。举朝闻之，甚为惊骇。夫庄贾获罪，穰苴按法行诛。马谡失律，孔明垂涕立斩。此岂庄贾、马谡之才

① 〔明〕雷礼等撰：《皇明大政纪》卷25，隆庆三年乙巳朔，《续修四库全书》第354册，上海古籍出版社，2002年，第649页。

不及二犯，而穰苴、孔明之爱才不若马芳哉！良以所重在法，则所轻在人也。况马芳功犹渺小，赏获世延职者，尚谓逾涯，至欲以一己逾涯之赏，易他人不宥之诛。玩国典于股掌之上，恣肆不已太哉？据称，二犯忠勇可用。臣又详阅招案始末。一则曰：畏怯逗留；一则曰：不行救援。夫，李陵遇敌，徒手转斗，直至量尽矢穷，然后陷虏。汉法犹然，不必假借，马迁救之，竟受腐刑。今二犯见敌迟延，只矢不发，阖城受祸，名为忠勇，又谁欺乎？原其按兵不举之意，将必日进，而迎战恐罹危机，退而就械，终有生路。马芳之请，适中二犯之初计矣。天朝奚少二犯，而顾欲屈法以徇之耶？设二犯情□可悯，才诚可用，亦宜断自宸衷。特恩原宥，决不当使威福之权，为人所窥也。今矜释之条不出于皇上，而出于将官之干请。谳审之法，不由于庙堂，而由于远塞之要求。以武夫而轻议大政，以边臣而遥预朝权，此端一启，渐不可长。唐世跋扈之阶，恐自此始耳。

况田世威、刘宝、申维岳三人，同为分守之将，同为偾事之臣。在申维岳已奉旨处决，在田世威、刘宝独黍缘幸免。罪状同而行法异，何以服天下，示后世也。夫荫子之命既出而复反，谓之赏不信。失事之狱既成，而复改，谓之罚不必。赏不信，罚不必，是进战者，有万死之虞，退怯者，无必诛之祸。王法渐以不行，士心因而□怠，臣诚不知其可也。参照总兵官马芳，身为大将，骤荷殊恩，不思奋身以酬明主，辄敢恃功而党私人。徇昔年同事之微情，挠累世不刊之大典。事或由于冒昧，尚有可原情。若本于商通，岂容轻纵？伏愿皇上敕下该部，严加察访。如果本官不谙事体，直□请求，姑且量行警饬，以为轻举妄动之戒。设有嘱托私情，故相拯援，即当如律究治，永杜幸门。仍列榜示谕边臣，今后守边将帅，守备不设，为贼所掩袭，因尔失陷城寨者，即如田世威、刘宝、申维岳等，依律处斩决，不许假以戴罪立功名色，希图幸免。则赏罚大明，人心警服，知进之可生，知退之必死，而军政可期修复矣！①

王圻在这通奏疏中表达的核心观点大要有五：其一，石州之败是长期以来明朝军事系统法令不行、赏罚失当所酿成的后果；其二，朝廷此前对于石州战败相关人员的处罚是恰当的；其三，在申维岳已奉旨处决的情况下，若允马芳所请，赦免田世威、刘宝的死罪，于法不合，有失公允；其四，作为武臣的马芳，以放弃荫子之典来为田世威、刘宝开脱罪责，是不谙事体、嚣张跋扈，甚者有结党之嫌疑；其五，马芳上疏也可能私下受他人指使。王圻对马芳的参劾有理有据，很快得到了兵部的支持。马芳最终受到明穆宗的申斥："兵部言：石州之役，总兵申维岳已伏诛，而世威、宝尚系狱未决，今芳以一念怜才之私，冒昧上请。诚如御史言，宜戒谕芳，令策励供职，而系二臣毋赦。上然之。"② 行文至此，我们尚不明确马芳上疏申救田世威、刘宝的真正动机。尽管此次奏请被朝廷驳回，但值得注意的是，田、刘二人此后依然被羁押在狱，而未被立即执行死刑。这一情况显然不同寻常。

马芳呈递奏疏八个月后，明穆宗突然颁布诏令，赦免田、刘二人的死罪，并将他们发配至边疆卫所，令其戴罪立功。"目今虏报紧急，见监将官刘宝、田世威都饶死发边卫充军，着杀贼立功赎罪，如三年无功，还拿来杀了，法司知道。钦此。"③ 皇帝绕过法司直接释放了二人，此举在朝堂之上引发了轩然大波。兵科都给事中张卤随即进言："伏乞皇上将二犯仍明正前法，用以激诸将有死之心，以严军法无赦之律，固

---

① 〔明〕王圻撰：《王侍御类稿》卷1《劾总兵官马芳疏》，《四库全书存目丛书》第140册，齐鲁书社，1997年，第116、117页。

② 《明穆宗实录》卷28，隆庆三年正月癸亥，第745、746页。

③ 〔明〕陈子龙选辑：《明经世文编》卷365《慎法纪以振戎机疏》，第4116页。

为至当。其不然，如以成命已颁，不容更易，须乞敕旨昭示一时，谓二犯之所以得释者，以有某项情节可矜，何项功能可议，用何臣之荐，何言之入，遂乃有此，以畅群疑。"① 张卤虽明确反对赦免二犯，但鉴于皇帝中旨已发，进而请求解释赦免他们的缘由。明穆宗对此不加理睬，反而下旨对其处罚，"上以卤为渎扰，命夺俸二月"②。时人吴瑞登认为，田、刘二人的最终处理结果与朝中近臣从中斡旋有关，其说曰："臣按，石州之陷非细故也。田世威、刘宝之失律非轻罪也。昔以法司论死，今不经法司而减死，非定法也。此必二犯贿赂左右，而左右为之分解，故忽有诏传释耳。不知，此罪一纵，则边将皆可以逃重罪，而朝廷赏罚无章矣。张卤之疏，所以正外奸，销内蔽。见亦远哉！"③ 吴氏同样认为，对田、刘二人的处置不符合明朝的法律规定。然而，他提出的二犯贿赂天子近臣以图开脱罪责的说法，却缺乏具体证据。吴瑞登反对明穆宗直接下旨做出上述处理，主要是因为他担心一旦开启此例，边将今后若再犯类似重罪，便可援引此例而免于追究。在他看来，这样的后果将是极其严重的。

　　穆宗对张卤的处理并未能让言官就此息事宁人，反而进一步激发了他们对这一事件的关注和讨论。随后，南京户科给事中张应治亦进言道："迩者，将官刘宝、田世威，以失律愤事，得从宽释……科臣执奏，皆蒙谴罚，外议籍籍，咸谓群小作奸，欺罔天听。惟陛下留神万几，事必付之该部参酌议拟，即有他弊，令科臣驳正。得旨：下所司知之。"④ 由此可知，张应治同样认为，皇帝不应以中旨的形式赦免二人，此案应交由刑部处理，方才符合当时的司法程序。该奏疏呈上后，刑部陷入尴尬境地。该部尚书毛恺等人随即进行申辩，重申刑部最终会遵从皇帝的

　　① 〔明〕陈子龙选辑：《明经世文编》卷365《慎法纪以振戎机疏》，第4117页。

　　② 《明穆宗实录》卷37，隆庆三年九月丁丑，第938、939页。

　　③ 〔明〕吴瑞登撰：《两朝宪章录》卷19，《续修四库全书》第352册，上海古籍出版社，2002年，第728页。

　　④ 《明穆宗实录》卷39，隆庆三年十一月辛卯，第978、979页。

旨意。"已而，刑部言：始宝等释时，臣等不能据法执奏，欲成皇上使过之义，收桑榆之功，而科臣屡以为言，臣等不胜大愧。惟上申严前旨，如三年之后无尺寸可录，仍袭故套者，即逮治之，以正显戮，庶恩威并济，上是其言。"① 值得注意的是，刑部未能针对言官的指责做出有效回应，实则是因为无从辩解。由此可见，当皇帝以中旨形式直接干预正常的司法程序时，法司往往无能为力，凸显了君主个人意志凌驾于法律权威之上的现象。

在朝堂之上，究竟有谁真正想要保全田世威与刘宝二人？表面上看，马芳似乎是唯一一位公开上疏为这两位"罪臣"求情的军方官员。然而，从王圻对他的批评奏疏中不难看出，马芳的这一举动显得极为不合时宜。难道马芳事先未曾预料到这种不合时宜的后果吗？显然，答案是否定的。马芳身为当时的宣府总兵，尽管文化程度或许不高，但他已在宦海中沉浮多年，是一位历经世事变迁的老手。如此浅显的道理，他绝无不懂之理。更何况，像总兵这样的高级武官，身边通常都有幕僚为其出谋划策，这些智者们绝无可能忽视其中潜藏的危险。事实上，田世威本人对马芳的求情之举并不感念，这一细节或许暗示着他们之间的私交并不深厚。"后世威复为将，遇芳薄，芳不与校，识者多之。"② 关于此事，《马将军传赞》的记载稍详细些，"田世威已释，遇公寡恩，曾不一校。吾乡者为官家公计，非望德我也。其喻大义如此"③。职是之故，黄景昉在《国史唯疑》中还称赞马芳"有古将风"④。然而，笔者认为，马芳的行为表面上似乎展现出一种为国家考虑的宏大格局，但结合当时人留下的诸多证据来看，他上疏请求赦免田、刘二人，很可能是受到他人的暗中指使。

---

① 《明穆宗实录》卷39，隆庆三年十一月辛卯，第979页。

② 〔清〕张廷玉等撰：《明史》卷211《马芳》，第5586页。

③ 〔清〕王育榑修，李舜臣纂：(乾隆)《蔚县志》卷30《艺文·马将军传赞》，第172页。

④ 〔明〕黄景昉著：《国史唯疑》卷7《嘉靖下》，上海古籍出版社，2002年，第194页。

根据时任兵部尚书霍冀参劾内阁大学士赵贞吉的奏疏显示，该案的判决结果之所以被逆转，是出于内阁的授意。"贞吉议处失事边臣刘宝、田世威及赵岢等轻重任意，以臣等不能阿从，呼名大骂，其私憾于臣三也。"① 明人项德桢所编杨博的年谱中有这样一段记载："时有山西失机参将田世威、刘宝夤缘大学士赵文肃公贞吉嘱公置矜疑，列计脱死。公不可。明日，帝忽谕法司：目今房报紧急，见监将官田世威、刘宝都饶死，发边卫充军立功赎罪，三年无功，拿来杀了。盖文肃密揭请也。兵科都给事中张卤执奏，帝谓渎扰夺俸二月。人谓公当日何不宽？公笑曰：出自特旨可也，若博岂能从彼欲，干公议哉！"② 项氏认为，刘宝和田世威之所以能够获得赦免，是赵贞吉上密揭奏请的结果。而赵贞吉在呈递奏疏之前，原本打算请时任吏部尚书的杨博从中斡旋，但杨博并未同意。此外，根据杨博的说法，穆宗皇帝以特旨的形式强行赦免二人，并非臣子所能左右。然而，杨博出于对朝廷舆论的考虑，最终拒绝了赵贞吉的请求。

　　前文所引霍冀的评论中提到了"赵岢案"，在此有必要对其稍做介绍。"石州事件"发生八个月之后，土默特部再次对大同发起攻击，明军抵抗不力，"怀应、山阴之间任其蹂躏，陷堡塞大者二所，小者九十一所，杀掠男女及创残者数千人，掠马畜粮刍以万计。我军虽尝出边，稍有擒斩，然竟未接一战"③。由此观之，"石州事件"的教训并没有被宣大前线边臣所吸取。为了免责，时任大同总兵赵岢向宣大总督陈其学以及大同巡抚李秋报告说，由于事前准备充分、部署得当，土默特部在这次行动中一无所获，且赵岢所部"有俘斩功"。陈其学、李秋未加详查，便信以为真，事后向朝廷奏报捷报并为相关人员请功。然而，经巡按御史燕儒宦等人核查后发现，事实与陈其学等人的奏报截然相反，

　　① 〔明〕王世贞撰：《弇州史料后集》卷33《兵部内阁相讦》，《四库禁毁书丛刊》史部第49册，北京出版社，1997年，第657页。
　　② 〔明〕项德桢编：《杨襄毅公年谱》卷9，明刻本。
　　③ 《明穆宗实录》卷38，隆庆三年十月甲辰，第956页。

"原任总兵胡镇及游击文良臣，稍能驱逐，不致败事，而功不胜过。其能自保而有劳勋者惟有副总兵麻锦、参将麻贵、葛奈三人而已。岂又不自引咎，乃逞故智，以欺督抚，督抚不察，而过听以欺陛下……得旨：赵岢避事殃民，本有常刑，姑降实职三级"①。因此，赵岢等人因隐瞒失败、夸饰功劳，本应受到严厉惩处，最终却仅被降职处理。在兵部看来，这样的处置无可非议，完全参照了之前朝廷对田某、刘某二人的处理方式。

此时，赵贞吉挺身而出，对"赵岢案"的处理结果提出了异议。"三，谓臣诱三辅臣请释将官刘宝、田世威之罪，冀欲以赵岢大同失事比其例，而臣不从，以为有憾于已。冀盖不知，此时臣初入阁，亦不过附名于揭帖耳。请释二将，意出于三辅臣，何至为臣所诱？恩威出自朝廷，何可谓臣得以独专？"② 赵贞吉在此明确表示，赦免田、刘二人的死罪是内阁三辅臣徐阶、高拱、张居正的决定。作为刚刚入阁的成员，他对此并无决策权。尽管他的本心并不认同三位辅臣的做法，但也无可奈何。赵贞吉的辩解并非毫无根据，至少在当时，如此重大的案件，以他在内阁中的资历，确实难以扭转局面。此外，赵贞吉后来不认同兵部尚书霍冀将"赵岢案"与田、刘案相提并论的做法，并非出于与霍冀的个人恩怨，而是希望严格按照司法规定处理案件。所以赵贞吉又讲："赵岢失律，本与主将李世忠、申维岳同科，而与副将刘宝、田世威不合。臣谓本兵当屈人以伸法，不当屈法以伸人，乃异日处置大同边务之语，何得牵捏一处，而强证臣之有私憾哉！但以大同之事如臣所论，实发该部之短，臣祇知为公家之务，而不复计僚寀之情，臣心常以此自愧耳。若谓冀有憾于臣，则可而反谓臣有憾于冀，可谓诬矣。"③ 综上所述，田、刘案的处置结果明显受到了内阁三位大臣的影响。尽管朝中对

① 《明穆宗实录》卷38，隆庆三年十月甲辰，第956页。

② 〔明〕赵贞吉撰：《赵文肃公文集》卷8《辨霍本兵疏》，《四库全书存目丛书》集部第100册，齐鲁书社，1997年，第356、357页。

③ 〔明〕赵贞吉撰：《赵文肃公文集》卷8《辨霍本兵疏》，第356、357页。

此存在诸多异议，但内阁依然未予理会。

上疏弹劾马芳的王圻，在写给他人的书信中也提及了此事，"已巳，疏劾马芳，大为时宰所忌。既而，内江相公掌院，谬相许可，忌者乃益衔之"①。据王圻所述，他最初弹劾马芳便已招致首辅徐阶的嫉恨，而随后掌管都察院的赵贞吉（内江人）虽支持王圻的做法，但这一举动却对王氏的仕途造成了更为严重的负面影响。"因疏边臣欺妄，内江相公掌院颇见称许。会江陵与内江交恶，遂并中圻出金闽、泉。新郑再相，特旨考台省官，仍以原职谪判邛州。"② 综上所述，王圻参劾马芳一事，无论直接或间接，都受到了内阁徐阶、张居正、高拱等人的政治影响。从王圻透露的信息来看，马芳上疏为田、刘二人辩护，很可能是受到了内阁三位辅臣的授意。考虑到马芳与当时内阁成员的关系，最有可能向他传达内阁意图的当属徐阶。然而，目前我们尚无确凿的直接证据，即便存在这样的证据，双方也必然会设法不留痕迹。

正如之前所提及的那样，兵部、刑部以及言路的官员们对于这一案件的公开立场是坚持原判，以确保朝廷律法的威严和尊严得以维护。与此同时，内阁的成员们则持有不同的看法，他们倾向于保留田、刘二人的性命，并希望他们能够戴罪立功，以此来弥补他们之前的过失。然而，深谙官场权谋的内阁大臣们，并不会直接公开表达出他们想要赦免这两位武官的真实意图。从这一点可以看出，内阁在处理这一案件时，确实经过了深思熟虑。他们巧妙地指使马芳——这位在外界看来行为举止"粗率"的武将——提交了一份表面上看似"政治不正确"的奏章，从而为接下来的一系列策略性行动铺平了道路。在内阁的有意保护下，朝廷的各方势力自然也会对马芳的"粗率"行为表现出宽容。从这个案件透露出的一些细节来看，马芳与内阁中的三位大臣之间的关系显然非常密切，远非一般。

---

① 〔明〕王圻撰：《王侍御类稿》卷10《复朱镇山尚书》，第333页。
② 〔明〕王圻撰：《王侍御类稿》卷11《明诰封奉政大夫湖广按察司佥事怡朴府君行状》，第363页。

三、张居正对马芳的优容。继徐阶、高拱之后，张居正出任内阁首辅，对马芳亦是多加关照。张居正（1525—1582），字叔大，号太岳，江陵人，时人又称张江陵。他是明朝中后期著名的政治家、改革家，万历时期的内阁首辅，辅佐万历皇帝朱翊钧开创了"万历新政"。在张居正担任首辅的十年间，明朝推行了一系列改革措施。财政上，清丈土地，实行"一条鞭法"。吏治上，综核名实，推行"考成法"。军事上，任用戚继光、李成梁等将领镇守北边，任用凌云翼、殷正茂等平定西南叛乱。在张居正主政内阁期间，马芳已经步入暮年，但仍受到前者的优礼。

万历元年（1573），朝廷派遣兵部右侍郎吴百朋阅视宣大边务。其间吴氏积极倡言整顿军务，他的建议也大多得到了朝廷的采纳。"万历改元，以本官赐飞鱼章服，奉敕阅视宣、大、山西三镇边事。奏筑宣镇内墙为雉，二万二千五百有奇，敌台七十座。筑大同内外墙，图上防边便宜十五事，皆报可。"① 吴氏在宣大期间除了积极倡导修筑防御设施之外，对马芳还进行了调查，"芳惧阅视不免，行贿武库司郎中林绍，怀隆兵备参议吴哲，及阅视侍郎吴百朋。百朋发其事，请提问兵部"②。根据（嘉庆）《义乌县志》记载，吴百朋甚至请求明廷褫夺马芳的官职，并将之驱赶到塞外，"阅视宣、大、山西三镇，并所见便宜以对。然三镇自嘉靖来，独当敌冲，疲于奔命，而大帅马芳，将兵十年多，屡老不任战。百朋按其诸不法事，切责之，卒使对簿，奏褫之出塞"③。如果此事属实，那么吴氏的做法确实令人费解。马芳作为镇守一方的关键军事将领，即便犯有错误，也应依法依规进行处理。而建议将其驱逐出塞的依据究竟是什么？目前我们尚无法得知该奏疏的详细内容，但从

---

① 〔清〕王崇炳撰：《金华征献略》卷9《名臣传·吴百朋》，《续修四库全书》第547册，上海古籍出版社，2002年，第151页。

② 《明神宗实录》卷10，万历元年二月戊寅，第361页。

③ 〔清〕诸自谷等修，程瑜等纂：（嘉庆）《义乌县志》卷13《名臣》，《中国方志丛书·华中地方·第82号》，成文出版社，1970年，第299页。

《明神宗实录》的零星记载来看，吴氏在奏疏中对马芳的批评极为严厉，其说曰："又废时失事者，罪不容诛。"① 所指的就是马芳。

吴百朋弹劾马芳的做法，深违时任首辅张居正之意，最终吴氏只得告老还乡。"时政府严重，百朋在边有所奏襥，忤江陵意，予告归。"② 关于此事（嘉庆）《义乌县志》的记载更为直白一些，"而是时政府方严重，凡有所论劾，先具副封白之，可，而后条上。而芳又江陵私人，以是大忤，予告归"③。据此，吴百朋弹劾马芳事前并未与张居正沟通，这对于当时如日中天的张居正自然是不能容忍的。继吴百朋之后，时任兵科都给事中张书也曾上疏弹劾马芳。据（康熙）《湖广武昌府志》记载："大同都督马芳，倚恃政府内援，朘削行伍。书廉得其状，奏劾之。芳馈金求解，书唾其面。时奏疏必先关白辅臣，书独先奏后具揭，出为河南参政。"④ 所谓"朘削行伍"，是指有人指控马芳平日盘剥军士、克扣军饷，这与之前苏祐多次称赞马芳廉洁奉公、关爱士兵的形象大相径庭。随后，张居正出面力挺马芳，在他的授意下，张书被调离兵科，外放为河南布政司参政。

吴百朋、张书等人对马芳的指控基本属实，且目前未见马芳对此做出申辩的相关记载。朝廷考虑到马芳昔日的战功，"以芳久在边方，颇著劳绩，今当晚暮，曲赐优容"⑤。最后的处置的结果是，"勒令闲住"，即赋闲回家。综上所述，马芳得以体面地离开官场，背后显然离不开张居正的鼎力支持。此外，马芳在家赋闲的时间并不长，万历三年（1575）九月，他便再度被起用，"以原任大同总兵马芳为前军都督府

① 《明神宗实录》卷13，万历元年五月丁酉，第425页。

② 〔清〕王崇炳：《金华征献略》卷9《名臣传·吴百朋》，第151页。

③ 〔清〕诸自谷等修，程瑜等纂：（嘉庆）《义乌县志》卷13《名臣》，第299页。

④ 〔清〕裴天锡修，罗人龙纂：（康熙）《湖广武昌府志》卷7《人物志》，《中国方志集成·湖北府县志辑》，凤凰出版社，2013年，第356页。

⑤ 《明神宗实录》卷10，万历元年二月戊寅，第361页。

金书管事"①。自万历元年二月被勒令闲居至此次复出，马芳在家赋闲了两年零七个月。然而，据王樵所述，马芳对这一安排并不满意，"闻屡诣政府，请外镇，不乐居中。人言芳不忘飞扬，岂然哉？殆料之过矣"②！马芳请求重返宣大前线的初衷，究竟是出于不忘建功沙场的抱负，还是另有所图，已难以考证。在此，对于王樵的解读，我们也不能完全采信。

最后，需要指出的是，内阁大臣对马芳等将领的支持与提拔，并非如某些言官所批评的那样，完全是出于裙带关系。张居正在写给当时蓟镇巡抚的信中曾这样说道：

> 近来边臣人思奋励，而宣大二镇督抚、将领尤为得人。仆以浅薄谬膺重寄，其于该镇之事，苦心积虑，虽寝食未尝忘也。奈何人心不同，议论不一。如马、赵二帅，去岁出塞之功，实数年仅见，即破格优赉，岂足为过？而人犹有议其功微赏厚者。本兵遂懦缩疑畏，而不敢为之主。其掩春防之功，抑王公之请，咸以是耳。一二年来，言者率云责实、责实矣，而又不明赏罚以励之，则人孰肯冒死犯难为国家用哉！辱教容与本兵议之，督抚宽洪持重，王公明达敏练，马之沈勇，赵之才气，皆仆素所敬信者，文武辑睦，事乃克济。不知云中事体得如宣镇否也。③

在这一封书信里，张居正首先表达了对于宣、大二镇的文武官员真心实意地投入工作，并且取得了令人欣喜的成就，他感到非常高兴。张居正随后特别提到了马（芳）、赵（岢）这两位将领，他们勇敢地出塞

① 《明神宗实录》卷42，万历三年九月甲子，第960、961页。
② 〔明〕王樵撰：《方麓集》卷6《使代记》，第225页。
③ 〔明〕张居正撰：《新刻张太岳先生文集》卷21《与蓟镇巡抚》，《续修四库全书》第1346册，上海古籍出版社，2002年，第96、97页。

作战，立下了显著的功绩。隆庆三年正月，"大同总兵官赵岢率兵出弘赐堡，遇虏迎战，败之，擒斩一百七十人，获马、牛八十五匹。总督侍郎陈其学等以闻。上嘉其功，赏岢银四十两，纻丝二表裹，荫一子正千户；总督陈其学荫一子国子监读书。升巡抚刘祐俸一级；百户赵鹏、指挥党秀二级；百户神起等、副总兵麻锦等一级；仍赏祐及佥事刘之蒙，郎中杨愈茂等银币有差"①。同年三月，马芳率领部队抵达大沙沟，成功击退入侵的土默特三百名骑兵。"先是三月间，虏三百骑犯宣府新河口堡，守备李国珍等不能御，总兵马芳、副总兵刘国及原任总兵胡镇，督兵合剿。虏遁去，追至大沙沟，败之。至是，御史燕儒宦勘别功罪以闻。上命赏芳银二十两，国与镇半之，下国珍等御史问。"② 另据（光绪）《畿辅通志》记载："大沙沟在万全右卫口外四十里。"③ 由此可见，马芳此次出击的范围已经延伸至长城以外。

在张居正看来，仅就之前两场军事行动所取得的战果而言，朝廷给予破格赏赐并不为过。然而，朝中仍有人认为赵岢、马芳等将领所获赏赐过于丰厚。兵部因忌惮反对者的意见，未能为这两位将领据理力争，这在一定程度上掩盖了他们的功绩。此外，宣大总督王崇古所呈报的关于战守机宜的条陈，也被兵部搁置。张居正谈及此事时，情绪激动，再次表达了对兵部赏罚不明的强烈不满。他认为，长此以往，必然导致忠心为国的臣子灰心丧气。最后，张居正表达了对宣大二镇文武官员的敬意。关于马芳和赵岢，他认为两人各有所长：前者深沉勇敢，后者才华横溢。稍后，张居正还特地给马芳去了书信，其说曰："今岁秋防无警，贵镇又有此奇功。足下赤心报国，力冠诸边，于仆亦有光矣。幸努力功名，朝廷自有大爵赏。一切事体不必过虑，如有难处之事，一一说来，

---

① 《明穆宗实录》卷28，隆庆三年正月壬子，第738页。

② 《明穆宗实录》卷39，隆庆三年十一月丁亥，第977、978页。

③ 〔清〕李鸿章等修，黄彭年等纂：（光绪）《畿辅通志》卷65《舆地略二十》，《续修四库全书》史部第631册，上海古籍出版社，2002年，第490页。

仆自有处。"① 不难看出，张居正对马芳的赏识之情溢于言表。

通过仔细阅读张居正所写的信件，我们可以清晰地感受到他对那些忠诚于国家、勤勉于职守的文官和武将，比如马芳这样的官员，持有极高的敬意和赞赏。基于这样的认识，我们便不难理解，在马芳遭到他人弹劾时，为何他能够经常性地获得内阁大臣的坚定支持和有力保护。因此，对于言官对马芳与内阁大臣之间关系所做的负面性解读，我们应该持有审慎的态度，不应轻易采信他们的一些负面解读。

---

① 〔明〕张居正撰：《新刻张太岳先生文集》卷21《答马总兵》，第90页。

第五章　挫折与憾事

从整体上来看，马芳的仕途生涯可以说是相当顺畅的，尽管他个人在职业生涯中偶尔会受到一些弹劾和批评，但这些事件最终都没有对他的政治生涯造成决定性的负面影响。根据《明实录》中的记载，我们得知，在马芳晚年的时候，以健康状况不佳为由，选择辞去官职，返回自己的家乡蔚州休养，从而正式地结束了他那漫长而辉煌的军旅生涯。然而，通过深入分析和观察，我们可以发现，马芳的这一决定似乎并非完全出自他个人的意愿，其背后的原因和动机实际上是非常复杂且值得我们进一步探讨和研究的。

第一节　被迫辞官

万历八年（1580）闰四月，"宣府总兵官马芳以病回卫，命山西总兵署都督同知麻锦代之"①。接替马芳担任宣府总兵官的麻锦出身于大同右卫的麻氏家族，他是麻贵的兄长。麻氏家族与马芳家族有着亲属关系。当时，马芳的身体状况已极度虚弱，他返回蔚州家中休养约十个月后便去世了。事实上，从徐阶早前写给时任宣大总督王之诰的信件中可以看出，马芳的身体早已因常年征战而每况愈下。徐阶在王之诰赴任宣

---

① 《明神宗实录》卷99，万历八年闰四月乙丑，第1980、1981页。

大总督之前，就曾提醒他要提前物色接替马芳的人选。"复王西石：承示知马帅病痊，良足为慰。但彼年已六旬，亦须豫求其代者。公昔日西行，仆固尝面告矣，千万留念。"① 引文中的"西石"是王之诰的别号。嘉靖三十二年（1553），兵部郎中杨继盛上疏参劾权臣严嵩，被后者残酷迫害，受杖之际，作为好友的王之诰特意给杨继盛送去了酒与蛇胆，以稍减轻杖刑之痛，"楚中王西石公之诰，于受杖之时送蚺蛇胆与酒，杨公止饮酒一瓯。云：岂有怕打杨椒山者乎！遂谈笑赴杖"②。这里已经透露出"西石"就是王之诰本人。另据《焦氏笔乘》记载："王公诰，号西石，湖广石首人。"③ 引文中虽将"公"与"诰"之间的"之"字遗漏，但是直接表明"西石"是别号。此外，我们还能从徐阶、高拱、张居正等人的文集中看到与王西石的各类信件，这里不具述。

关于王之诰，尚需补充一点。他与张居正是儿女亲家，但对其专权跋扈颇为不满，最终愤而辞官归乡。然而，当张居正去世后，其家族面临政治清算的困境时，王之诰却能挺身而出，倾力周济张家，充分展现了姻亲之间的情谊。"与江陵联姻，睹其日横，力辞归。江陵籍没时，连及其党数人，无指议公者。时江陵眷属闭一空室中，橐饘不至，公独载一舟，实薪米、鱼菜以给之。曰：彼有罪与否，我不敢知，聊以尽姻戚情耳。是时，众方掉臂不顾，公独拳拳如此，世之宵人但喜人趋承，不知趋承我者，皆异日掉臂不顾者也。可为永鉴。"④ 总而言之，王之诰的上述行为与那些趋炎附势之辈相比，高下立判。

通过梳理徐阶和王之诰在嘉靖末年至隆庆初年的任职情况，我们可以大致推断出马芳身体出现问题的具体时间。徐阶是在隆庆二年

---

① 〔明〕徐阶撰：《世经堂集》卷24《复王西石》，第140页。

② 〔明〕陈师撰：《禅寄笔谈》卷4《交与》，《四库全书存目丛书》子部第103册，齐鲁书社，1995年，第638、639页。

③ 〔明〕焦竑撰：《焦氏笔乘》（续集），卷4《王司马》，《四库全书存目丛书》子部第107册，齐鲁书社，1995年，第522页。

④ 〔明〕焦竑撰：《焦氏笔乘》（续集），卷4《性论》，第523页。

（1568）七月致仕的①，王之诰任宣大总督的时间是嘉靖四十五年（1566）闰十月，"升兵部右侍郎王之诰为本部左侍郎兼右佥都御史，总督宣大山西军务兼理粮饷"②。后来，受到"石州之变"的牵连，王之诰于隆庆二年三月改任他处，"命听降都察院右都御史兼兵部左侍郎王之诰、刘焘，各以左侍郎兼右佥都御史巡视边务。之诰山西、宣大、蓟辽、保定等处；焘陕西、延绥、宁夏、固原、甘肃等处，各铸给关防"③。王之诰改任与徐阶致仕几乎同时。不过，这里要指出的是，王之诰并未能赴任，他很快上疏奏请回籍调理，"巡视蓟辽等处兵部左侍郎兼都察院右佥都御史王之诰以疾乞休。得旨：准回籍调理"④。当然，回籍调理是明朝官方的说法，真正缘由前文已经交代。通过前述梳理，徐阶与王之诰谈及马芳身体健康的时间当在嘉靖四十五年（1566）闰十月至隆庆二年（1568）二三月间。另外，徐阶在王之诰赴任前夕就提醒他留意接替马芳的人选，说明此刻徐阶已然觉察到马芳的健康出了问题。后来，经过调养，马芳的病情逐渐痊愈，并得以继续为朝廷效力十二年。

万历八年（1580）闰四月，马芳回蔚州养病。居家期间曾亲撰过一卷《战功私录》。虽然他声称写这本书的目的是"垂示子孙"传承家风。可是，根据其他史料的记载透露，马芳作是书尚可能有其他隐衷。例如，在致仕前夕，马芳的妻师氏曾对他讲过这样一段话："器盈则溢，位极则危，君不当知止邪！"⑤ 此中告诫意味明显，还透露出马芳本不想辞官，经过妻子的劝导后，方才连番上疏乞休。最终朝廷准其所请，

---

① 《明穆宗实录》卷22，隆庆二年七月丙寅，第600页。
② 《明世宗实录》卷564，嘉靖四十五年闰十月辛卯，第9035页。
③ 《明穆宗实录》卷18，隆庆二年三月甲戌，第518页。
④ 《明穆宗实录》卷20，隆庆二年五月戊辰，第557页。
⑤ 《明诰封夫人师氏合葬墓志铭》，载韩立基：《明马芳及其夫人师氏墓志铭考》，第75页。

"庚辰，将军回，屡疏乞骸以归"①。总而言之，请辞并非出于他本人的意愿，而是由于夫人的劝说。那么，师氏所说的"位极则危"究竟应作何解释呢？

据朱国祯所述，马芳辞官归乡，主要是因为他的军事策略与朝廷当时针对蒙古的方略存在分歧。"而末年以那吉纳降为非是，坐夺职。夫武人言战，是本等事，乃以此课去留，何耶？如此人物，若使文臣知兵有方略者督之，捍奴虏如秋风扫落叶，可以一空。而动多牵制，不尽用。可恨。"②受到前述言论的影响，清人徐开任所辑的《明名臣言行录》亦写道："公猿臂壮伟，走及奔马……至公（马芳）虽始终无异议。而末年，以那吉纳降为非，是坐夺职。夫武人言战，是分内事，乃以此课去留何耶？豪杰动足牵制，不尽所长，可胜恨哉。"③按此，马芳不认可朝廷处理把汉那吉事件的做法，而是主张通过军事手段解决蒙古问题，这显然与当时庙堂决策相左。清人徐釚撰写的《南州草堂集》对此亦有更详细之记载，其说曰："俺答夺那吉妇，那吉羞愤诣关吏降。芳喜曰：俺答甚畏妻，妻爱那吉，那吉怨俺答。纳而用之，以敌攻敌，可复丰州故地。徐仿朵颜三卫，增置藩篱，得以久安。若徒受款而封之，岁与为市，是肥彼瘠我也。会朝议已定，罪芳阻挠，坐免官。"④显然，马芳对通过开展互市贸易以换取和平的策略持反对态度，并指出这种做法会导致"利他损己"的后果。他主张应首先以军事手段收复丰州，随后效仿永乐年间对三卫的处理方式，对土默特部进行安置。总体而言，马芳的观点与朝廷处理蒙古问题的既定方针大相径庭，因此，他的辞官归隐也就不难理解了。

---

① 《明诰封夫人师氏合葬墓志铭》，载韩立基：《明马芳及其夫人师氏墓志铭考》，第 75 页。

② 〔明〕朱国祯著：《涌幢小品》卷 12《兵器》，第 264 页。

③ 〔清〕徐开任辑：《明名臣言行录》卷 60《都督马公芳》，《续修四库全书》第 521 册，上海古籍出版社，2002 年，第 380 页。

④ 〔清〕徐釚撰：《南州草堂集》卷 27《拟史传五首》，第 413 页。

时任宣大总督的王崇古力主与蒙古议和，他在呈递给朝廷的《确议封贡事宜疏》中，对宣大地区武将阻挠和议的行为提出了严厉批评。他这样说道：

今之为将者，或勇力麤悍，而不谙兵机，或心行奸诡，而未识忠义。平时蓄丁选锐，伺房隙以捣巢赶马为要功罔利之图，遇警观望畏避，幸房去为诿祸脱死之计。今当房酋之乞贡，既乏任事之忠，复怀后时之惧，务为夸诈之言，阴肆轻挤之术。若以为将可恃战，不宜听房和以沮其气，房方畏兵，惟当奋兵力以立奇勋，果如所言，是有将兵而不能用，失时势而误兵机，臣等之罪，夫复何逭？臣等何利，甘为怯懦负国之夫哉！但其言似忠，而其心则诈，其力似健，而其识则昏，二三年来，房之犯宣大者屡矣，何尝有堂堂正正，一战而立却房胜敌之功？惟事观望规避，以甘冒欺罔之罪，中外所俱知也。其或间出捣巢，斩获老幼妇女，不足为房重轻。遣丁赶马，得获老骡群驹，反足构房骚扰。国家亦何利而养此辈以重误疆场耶？①

正如王崇古所言，"捣巢"和赶马行动所获得的收益是武将们蓄养家丁的重要经济来源。议和之后，这些行动的收益便不复存在。这显然是宣大武将集团所无法接受的，因此，他们反对议和也在情理之中。然而，王崇古为了促成议和，似乎有意低估了"捣巢"的重要性（后文将详细论述）。相比之下，以张居正和王崇古的外甥张四维等人为代表的内阁大臣，在这个问题上则表现得更为客观一些。其说曰："捣巢、赶马，在边士虽借以邀功冒赏，而房中亦颇畏之。今既禁不出塞，则房人寡畏，而边士袖手无所觊幸。他日渝盟之事不在房，而在边人矣，此

---

① 〔明〕陈子龙等选辑：《明经世文编》卷317《确议封贡事宜疏》，第3537页。

宜预处，以杜衅端者四也。"① 内阁大臣认为，通过"捣巢"和赶马等军事行动，边境将士能够获得功勋和奖赏，并且这些行动在客观上也对敌方造成了实质性的打击。然而，若要实现"封贡"，边境地区的安宁则是首要前提条件。因此，内阁建议王崇古应重点防范那些可能从中作梗的边民。毋庸置疑，马芳作为宣大武将集团的重要代表人物，虽然王崇古在奏疏中并未直接点名批评他，但马芳无疑是议和的"障碍"。由此看来，马芳的最终结局似乎已经注定。

马芳在获悉自己的结局时，曾感慨道："吾结发与彼战，志在诛俺答、台吉，悬首藁街。今以孽孙故，称藩保塞，无所事兵，惜我志不遂耳。"② 此类言论再次彰显了他在蒙古问题上的强硬立场。与此同时，他对明朝政府在抵御蒙古时的软弱表现感到极为不满。在《战功私录》的序文中，他这样写道："予心切忿恨，而主维在人，事多掣肘。惟日不遑食，夜不安寝，竭力截剿，求尽乃心。"③ 字里行间流露出一种壮志未酬的感慨。

吴廷华又言："或以征西之功公不录，而私录之，疑其为不平之鸣，是非征西意。"④ 这里吴氏直接表明，马芳著《战功私录》并非为鸣心中之不平，但紧接着吴氏又质疑自己的这个判断："然而，有明录功之典，则实有不可解者……即如是《录》所载三十余战，固合大小并纪之，而录于公者，惟嘉靖二十九年新店一战而已。至如隆庆二年秋，以捣巢出边，追奔二百余里，群帐尽徙漠北。我兵遂驻兴和，盖二百年来官军不到之地，亦二百年来边将未有之功。九陛策勋，即与开平、中山，并隆爵赏，似亦非过。然无有过而问之者，非录功者之咎，而谁咎

---

① 〔明〕张居正撰：《新刻张太岳先生文集》卷22《与王鉴川计四事四要》，第116页。

② 〔清〕徐釚撰：《南州草堂集》卷27《拟史传五首》，第413页。

③ 〔清〕杨世昌修，吴廷华纂：(乾隆)《蔚州志补》卷12《艺文·〈战功私录〉自序》。

④ 〔清〕杨世昌修，吴廷华纂：(乾隆)《蔚州志补》卷11《外志补》。

哉?"① 在吴氏看来，隆庆二年（1568）秋，马芳军至兴和卫之举，造成敌"群帐尽徙漠北"之态势，其功绩甚至可比肩明朝的开国功臣常遇春与徐达，而明廷对此视若无睹，故而，吴氏称自己不解"有明录功之典"。《南州草堂集》亦载此事，其言曰："芳率亲丁马奉及裨将麻贵等，观兵于大松林，顿旧兴和卫。焚王庭、毁兀术祠，登高四望，洒酒勒名于石。敌连岁不敢近边。"② 可见，此战不仅对土默特部造成了震慑，其政治意义亦不可小觑。然而，明廷却未对此加以宣传，用以激励将士，亦未闻有赏功之举。作为其亲属的郝杰，在马芳的墓志铭中也讲到"卫、霍且未能过，何窦之足言"③，此处的意思是，马芳的功绩已经超越了汉代的卫青和霍去病，至于窦固，其后来的成就恐怕也难以与之相比。郝杰的说法虽然有些夸张，但他的目的主要是为马芳鸣不平。

相较于前述观点，李维桢在《大泌山房集》中收录的《马将军传序》则从更为宏观的视角阐述了马芳未能获得封爵的原因。以下为原文摘录：

> 虏自土木之祸为国家患益炽。嘉靖间，宣大叛卒数起，钵虏内侵。代宗人有二心，奉表割地，烽火遂无虚日。肃皇帝决事斋居，天威不可测。然窃怪其时，责怪督府文臣，逮捕窜徙相属，顾于武臣不深罪，何也？文臣初以罪见法，后来者闻命，或涕泣不欲行，而上方事祷祠，每有警则乞灵玄坛，有捷则归功玄佑。辅臣侧媚人也，子贪而黠，阿邑取容。不欲数发奔命，书以蘆宵旰，而督抚争赂分宜父子，日进熟上前，冀苟免旦夕。至诡令台省，露章以微罪行为幸。上神圣，非臣下所及，谨察诸督抚，如阿大夫，誉言日至，则心日益疑。
>
> 而武臣若马将军其人者，上自别用耳目得之。其为左都督

---

① 〔清〕杨世昌修，吴廷华纂：(乾隆)《蔚州志补》卷 11《外志补》。

② 〔清〕徐釚撰：《南州草堂集》卷 27《拟史传五首》，第 413 页。

③ 河北省文物局长城资源调查队编：《明故特进荣禄大夫前军都督府左都督兰溪马公墓志铭》，第 678 页。

与为大将，悉出宸断。罚严于文臣，而宽于武臣，殆以是乎！庚戌之变，大有所诛赏，而边饷日益。饷以赂权贵十五，以啖虏十一，以给兵十二三，而武臣复浚之，兵安得不弱？督抚之命寄于权贵，武臣之命寄于督抚。内赂权贵，外赂督抚，救过日不暇给，何所恃赖，而出死力为国御虏？上久不视朝，一旦御门咨询筹划，诸臣集议阙下。赵文肃请叙大同周尚文功，以激励将帅，而仇鸾始幸拜大将军，总宣大诸路兵。上唯赐私银曰：朕所重唯卿一人。鸾败，上知武臣不可偏任，弥责成文臣，而武臣宠绝，无望鸾万一。

马将军功名自庚戌始，以彼受特达知，积累战功不得侯，无乃有所惩耶！抑马将军耻为债帅行媚权贵致然耶！汉文帝惜李广不遇时，令当高祖世，万户侯岂足道哉！侯自人主可予，而文帝以惜广，盖厌兵故。比至武帝，好大喜功，诸婁校尉已下，材能不及中，取侯者数十人。广卒以失道见法，时命在天，人主如其臣何？马将军虽不侯，其所摧败业足暴于天下矣。今虏款垂四十年，不可恃也，异日，且有拊髀而思马将军者。夫人才难易，兵柄重轻，边计得失，朝政升降，余观《马将军传》未尝不三叹息焉。①

在李维桢的分析中，马芳之所以未能获得封侯的荣誉，并非他的军事功绩不足，而是当时的历史背景和政治环境所决定的。首先，李维桢指出，作为国家最高统治者的明世宗，其行为举止常常显得异常乖戾，且在识人用人方面缺乏明智的判断。在宣大总督这一关键职位上，郭宗皋、苏祐、许论、江东、王之诰等人都曾先后担任，但嘉靖皇帝对他们的任用并不专一，经常因为一些小的过失而心生猜疑，导致督抚获罪成

① 〔明〕李维桢撰：《大泌山房集》卷17《马将军传代序》，《四库全书存目丛书》集部第150册，齐鲁书社，1997年，第682、683页。

为一种常态。更严重的是，一些人因此而失去了生命，夏炎、杨选、王忏就是这些不幸者的代表。明世宗对督抚文官的这种处理方式，导致一些文官宁愿自甘堕落，也不愿意接受督抚的职位。与此同时，明世宗却对贪污腐败的严嵩父子表现出极大的信任。一些边疆的大臣（包括武将），为了保护自己的生命和财产安全，往往通过向严氏父子行贿的方式，希望在将来万一获罪时，他们能在嘉靖帝面前为自己说情。这种做法无疑进一步加剧了官场的腐败现象。其次，李维桢认为，武将仇鸾在战败之后，使得之前对他极为宠信的明世宗走向了另一个极端，形成了对武臣不能过度依赖的观念。这样一来，即使战功显赫的马芳，也再无可能获得皇帝的完全信任。再次，李维桢推测，马芳本人可能因为耻于与严嵩父子同流合污，而使得他的功绩没有得到应有的认可和表彰。最后，李维桢提出，"隆庆封贡"之后出现的边境和平局面，与马芳早年在战场上浴血奋战、建立的功勋有着密不可分的联系。他的这一观点旨在提醒世人，不应忘记马芳为国家所做出的历史贡献。

综合分析来看，马芳选择退休的原因是多方面的，其中身体健康状况不佳无疑是一个重要因素。然而，当我们深入研究他所撰写的《战功私录》以及当时人们对他的一些评价时，可以明显感受到他晚年所表现出的是一种复杂的情感——一种未能实现自己宏伟志向的遗憾。如果我们将视野进一步拓宽，结合当时明朝与蒙古之间关系的宏观变化，以及马芳在这一历史时期的具体行为和决策，不难发现，他政治生涯的结束实际上是一个不可避免的结果。

为了更深入地理解国家政策的变动与马芳晚年命运之间的内在联系，接下来将专门设立章节，旨在详细阐述这一主题。

第二节　"捣巢"兴衰与"封贡"达成
——兼论马芳的最终归宿

在笔者的初步构思中，计划将明代时期九边地区所实施的"捣巢"

战略的详细情况，单独撰写成一篇独立的文章，并准备发表。然而，在深入研究和思考之后，笔者发现马芳这位历史人物晚年的生活轨迹，以及他所参与的"捣巢"战略的兴衰过程，还有隆庆年间"封贡"协议的最终达成等关键历史事件之间存在着非常紧密的联系。鉴于这些历史事件之间错综复杂的关联性，笔者决定对原先的文章进行适当的调整和修改。这样一来，不仅可以更加全面地展现这些历史事件的内在联系，而且还能为读者提供一个更加完整的历史背景。因此，经过重新编排和整合后，笔者将这篇文章作为本书的一个章节内容，呈现给读者。

众所周知，随着洪武、永乐年间大规模北伐的结束，明朝逐渐转向内缩防线，对蒙古各部采取防御性策略。在此背景下，"捣巢"战术应运而生。胡凡等人指出，"所谓捣巢亦即明军轻兵出塞，袭击蒙古人的老营使其丧失辎重和根据地。它既非明朝和蒙古主力之间的军事决战，也不是像明成祖那样的大规模的军事远征，它只是一种偷袭，其得手与否，全在于出敌不意"①。目下，学界已对明朝为收复河套开展的"捣巢"作了细致考述，② 然而，前贤的关注点主要集中在历次行动的成败得失上，而对于"捣巢"作为一种战术（甚至战略）在明代的整体运

---

① 胡凡、孟修：《明成化弘治时期对蒙古族的"捣巢"作战》，《明长陵营建600周年学术研讨会论文集》，社会科学文献出版社，2010年，第468页。

② 河套在陕西黄河之南，自宁夏至山西偏头关，几二千里，古有城池、屯堡，兵民耕牧，以后阔远难守，内徙而弃之。自是草木深茂，人迹罕到。天顺间，虏酋阿罗出入居之，时出劫掠。成化初，毛里孩、乜加思兰、孛罗忽、满都鲁继至，初犹去住不常，六年以后，始为久居计。深入诸郡，杀掠人畜数千百万，岁常三四入。（徐日久撰：《五边典则》卷13，第429页。）

胡凡、孟修：《明成化弘治时期对蒙古族的"捣巢"作战》（《明长陵营建600周年学术研讨会论文集》，社会科学文献出版社，2010年）对成化、弘治年间，明军在河套地区的"捣巢"情形做了系统考察并指出每次"捣巢"所引发的后果；岳宗霞、高文涛：《明代的"搜套""剿套"活动》[《重庆科技学院学报（社会科学版）》2011年第17]亦对河套区的"捣巢"有所关注，且指出，"直到俺答封贡达成，明蒙之间和平相处，'搜套''捣巢'行动才随之停止"；张小永、侯甬坚：《明朝边军对河套蒙古部落的捣巢研究》（《贵州民族研究》2014年第6期）对明朝在河套实施"捣巢"的具体步骤、内容、效果做了扼要梳理与评估。

作情况及其具体实施条件，却缺乏系统性的探讨。

一、"捣巢"的总体实施情况。所谓"捣巢"，通常是指明朝军队越过九边防线，对蒙古及辽东女真各部发动的军事突袭。在明代，较早实施"捣巢"战术的人是正统年间的将领杨洪。"洪凤阳人，自少武勇，由百户积边功累迁至昌平侯。奉命备御宣府最久，号令严肃，士卒精强。虏寇临边，辄夜遣人劫其营，虏甚畏之曰：以我两人不能敌宣府军一人。"① 杨氏劫营的前提是，对方临边。何谓临边？明廷在北边于蒙古诸部互市之际有所谓的百里之禁，"令今后宜远边墙，百里之外住牧"②。此处的"百里"应为虚数。简而言之，明朝规定游牧势力不得在长城附近驻牧，一旦对方逾越此限，明军即可发动攻击。"凡入吾圈百里内者，捣巢勿论。"③ 劫营与"捣巢"虽有表述差异，然实则一事。时人王鏊讲道："国之名将，如杨洪之在大同，常以劫营取胜。近者，王越之于红盐池亦用此术。"④ 在其看来，王越在红盐池之行动与杨洪的劫营理路一致，红盐池之战，即成化九年（1473）王越主持的"捣巢"。⑤

正统时，瓦剌部频繁扰边，明英宗命群臣上陈应对之策。"先是，以达贼也先渐近边境，敕沿边总兵等官陈御敌长策。"⑥ 时大同总兵朱冕、户部侍郎沈固合上一疏，内中一款曰："议劫。胡虏昼则纵横驰逐，夜则随处屯宿。宜选勇敢官军，伺便抵隙，夜劫其营。若能获首级、马

① 《明英宗实录》卷208，景泰二年九月戊申，第4472页。

② 〔明〕刘大夏撰：《刘忠宣公遗集》文集、卷1《覆邹文盛疏》，《四库未收书辑刊（第六辑）》，第29册，北京出版社，1998年，第456页。

③ 〔明〕方孔炤辑：《全边略记》卷1《蓟门略》，《续修四库全书》第738册，上海古籍出版社，2002年，第234页。

④ 〔明〕王鏊撰：《震泽集》卷19《上边议八事》，（景印）《文渊阁四库全书》第1256册，台湾商务印书馆，1983年，第326页。

⑤ 胡凡、孟修：《明成化弘治时期对蒙古族的"捣巢"作战》，《明长陵营建600周年学术研讨会论文集》，社会科学文献出版社，2010年。

⑥ 《明英宗实录》卷158，正统十二年九月癸卯，第3076页。

匹者，乞命所司定为赏格，重赏之下必有死夫。"① 关于是请，沈固传记中亦有记载："臣（沈固）以谓，不探虎穴不得虎子。今后遇虏之入，许令追袭，相机而行。彼众我寡，则临边固守；我强彼弱，则出境穷追。乘彼不虞，且捣巢穴，仍令间谍密探贼踪，官军奋勇取胜，连出数次，贼必瓦解。纵未得利，亦使军威远振。疏上，从之。"② 综上所述，在正统年间，以"捣巢"之策应对瓦剌的边境侵扰已成为官方认可的军事手段。然而，这一策略未能有效遏制瓦剌的攻势，随后引发了"土木之变"，导致明朝精锐部队全军覆没，连明英宗本人也被瓦剌俘虏，造成了极其严重的后果。

为了扭转被动局面，景泰元年（1450）御史罗通上言："为今之计，宣府、大同各宜屯重兵参练；宣府宜于独石马营，或德胜口屯练；大同宜于大同、威远卫屯练。各选武将、骁勇者充总兵官，文臣刚毅者，总督军务。时遣谙晓胡语者，效胡人服饰，出境探听贼情，夜捣巢穴。贼虽恃健马、劲弓，卒至亦无所施矣。若白日行营，则贼非惟望尘而遁，抑恐埋伏以待，胜负利钝未可知也。"③ 罗氏认为，实施"捣巢"行动需在充分掌握敌情的基础上进行，行动时应采取昼伏夜出的策略，以增强攻击的突然性。不久后，武清侯石亨也提出了类似的建议，"闻虏贼将犯大同，其巢穴在断头山，去宁夏不远。请调延绥官军及洮岷等卫土军，往宁夏堤备。仍敕宁夏总兵等官，遣人觇探虚实，量率轻骑直捣巢穴，则贼自遁"④。在石亨看来，明军若能在正面坚守宁夏镇的同时，派遣轻骑兵出边突袭断头山的敌军营地，便可迫使原本计划进攻大同的敌军回援其根据地，从而达到退敌的效果。

综上所述，在正统、景泰年间，明朝已在宣府、大同、宁夏等边镇将"捣巢"作为应对蒙古瓦剌部侵扰边境的重要军事手段。嘉靖四十

---

① 《明英宗实录》卷 158，正统十二年九月癸卯，第 3077 页。
② 〔明〕过庭训纂集：《明朝分省人物考》卷 29《沈固》，第 599 页。
③ 《明英宗实录》卷 188，景泰元年闰正月丁未，第 3809、3810 页。
④ 《明英宗实录》卷 190，景泰元年三月戊辰，第 3923 页。

年（1561）十二月，明朝兵部就"捣巢"之目的讲道："看得捣巢之法，大率有二，其一，则觇虏丑之入，急捣其巢，以牵其内顾。其一，则乘虏马之弱，分捣其巢，以制其不及。"① 由此可见，正统、景泰年间的这些行动要么是为了迫使对方远离军事防御区域，要么是为了打乱其原有的进攻部署，这与引文中"牵其内顾"的说法相符。而引文中提到的第二个目的"制其不及"，则是在嘉靖末年实施"捣巢"战术之后的情形。

需要补充的是，自永乐之后，明朝将东胜等军卫内迁，这在客观上为蒙古兀鲁特、翁牛特及土默特等部在河套地区扩张势力创造了条件。此后，这些部落常以河套为据点，不断侵扰明朝边境。因此，驱逐河套地区的蒙古势力，成为成化、弘治、正德、嘉靖四朝君臣的共同目标。为此，明廷多次在这一方向开展"捣巢"。② 然而，就收复河套这一目标而言，均未达成。直到隆庆和议达成后，明朝才停止了在宣府、大同、延绥（榆林）、宁夏、甘肃等五镇的"捣巢"行动。此后，随着建州女真的崛起，明廷将"捣巢"的重点转向了辽东地区。以上便是明朝在九边地区开展"捣巢"行动的大致情况。

二、明廷对"捣巢"的规制。如前所述，"捣巢"是明朝在北部边疆地区实施的一种军事行动，尽管其总体策略以防御为主，但该战法本身具有明显的攻击性。如果不加节制地使用，势必与防御的初衷背道而驰。因此，何种情况下可以采取这种行动，就成了一个关键问题。此前，杨洪在行动前出于保密考虑，通常不事先通知就径自行动。这种做法也曾遭到批评，"杨洪自负骁勇，常有轻敌之志，往往出境巡哨，不与总兵官知会，恐遇不测，有损国威，请戒洪今后遇出境，必须关报，

---

① 〔明〕杨博撰：《杨襄毅公本兵疏议》卷 6《覆宣大总督都御史李文进条陈边计疏》，《续修四库全书》第 477 册，上海古籍出版社，2002 年，第 238 页。
② 张小永、侯甬坚：《明朝边军对河套蒙古部落的捣巢研究》，《贵州民族研究》2014 年第 6 期。

庶相策应"①。英宗不仅没有加以斥责，反而以杨氏为榜样，勉励众将效仿他的行为，"都指挥佥事杨洪，在边屡立奇功，上每敕缘边诸将，辄举洪以示激劝之意"②。由此看来，正统时期对于"捣巢"行动的发起前提似乎并无明确界定。

成化四年（1468），给事中程万里上言："比来边报，见贼烟火有一二百里者，有三五十里者，散逐水草，兵力四分，三也。为今之计，宜选京师骑兵一万，宣府、大同各一万，每三千人为一军，以骁将十人统之，严其赏罚，密使人探毛里孩所在，出其不意，昼伏夜行，径捣其垒，破之必矣。"③ 程氏提出的这个先发制人的计划并未被采纳，兵部给出的理由是："毛里孩自前岁朝贡后，不复犯边。今无故兴数万之师，远涉沙漠，前有胜负未必之形，后有首尾难救之患，殊非万全之计。"④以此观之，是否采取"捣巢"行动应取决于对方是否确有侵扰边境的行为，即应遵循不主动挑衅的原则。在这一点上，弘治和正德两朝也未曾改变策略。杨一清曾向明武宗上疏，建议如果河套地区的蒙古各部不主动进犯边境，则应允许他们在境内驻牧；反之，则应主动出击。"若止在套驻牧不曾拥众内侵，我则严兵自守，决不轻挑强敌，自起衅端。如是仍前深入固庆等处抢掠。合无，行令延绥镇巡官。一面选带乖觉夜不收，分投出境哨探敌营远近众寡；一面会合主客官兵，预先分布，逼近敌营、城堡……"⑤ 最终明廷允纳杨一清所请，"本月十一日奉圣旨：是。阃外之寄卿等所专。出奇制胜，事难遥度，务要计出万全，以除边患，毋致疏虞。钦此"⑥。可见，不主动挑衅原则在弘治、正德两朝仍具效力。明人将之概括为，"第闻祖宗朝，虏住牧边塞百里外者，勿捕

① 《明英宗实录》卷18，正统元年六月丁巳，第365页。
② 《明英宗实录》卷22，正统元年九月己未，第448页。
③ 《明宪宗实录》卷58，成化四年九月甲戌，第1190页。
④ 《明宪宗实录》卷58，成化四年九月甲戌，第1191页。
⑤ 〔明〕杨一清撰：《关中奏议》卷8《为预计兵机事》，第228页。
⑥ 〔明〕杨一清撰：《关中奏议》卷8《为预计兵机事》，第230页。

逐，但申饬防守而已"①。

嘉靖二十一年（1542），明廷重申"捣巢"发起前提时讲道："至于出边剿杀，初非旧制，且恐贪冒者，或援此杀降邀功，今宜为约，虏深入，始许出边，小警，则止。斯勇敢既倡，而贪功者亦不得逞矣。"②其实所谓的规制"捣巢"行动，一方面是为了执行防御性的战略方针，另一方面则是为了防止边将出于个人功绩的追求而擅自挑起战端。然而，从"深入""小警"等术语的使用来看，这些规定的界限似乎并不十分明确，因此在实际操作中，边将在发起"捣巢"行动时，实际上拥有了相当程度的自主决定权。

当时的大同总兵梁震，即以"捣巢"而名重一时。"在边专练家丁，时时出塞劫虏营，虏不敢辄近塞。得虏营马，尽与诸出塞劫者，以故人皆效死趋利。虏以故益畏其威。或诮以出边起衅者曰：起衅。"③梁震频繁地进行"捣巢"行动，这使得蒙古的各个部落对他感到非常忌惮。然而，他的这种行为，即"时时出塞"，也受到了朝中士大夫的批评和指责，他们认为梁震过于追求个人功绩，甚至不惜挑起争端。根据前引的史料，我们可以得知，梁震的"捣巢"行动主要是以军事家丁为核心力量，而他将"捣巢"行动中所获得的战利品和赏赐都分发给了这些军事家丁。这种做法实际上为"捣巢"行动赋予了新的内涵，它不再仅仅是一项单纯的军事行动，每一次的"捣巢"行动背后，都伴随着可观的经济利益。正是这种利益的驱动，进一步促进了嘉靖中后期军事家丁群体的迅速壮大。嘉靖三十三年（1554）七月，延绥巡抚都御史王轮提议，今后武将获罪后不必发配，可令其随带家丁留军前效力，"本镇把总坐堡指挥等官多骁健可用者，一遇失事成边，遂以沦废，请自今改拟本镇卫所，听其随带家丁自备马装，人多则更立一营，少则

---

① 〔明〕伍袁萃撰：《林居漫录》（别集）卷2，《续修四库全书》第1172册，上海古籍出版社，2002年，第161页。

② 《明世宗实录》卷257，嘉靖二十一年正月癸卯，第5159页。

③ 〔明〕过庭训纂集：《明朝分省人物考》卷90《梁震》，第1972页。

附队各营，以备截杀捣巢之用，有功具奏赎罪。报可"①。因此，只要具备一定规模的家丁队伍，边将们在之后的军事行动中，例如"捣巢"等任务，便有机会通过立功来赎罪。随着时间的推移，军事家丁逐渐成为参与"捣巢"行动中的核心力量。继梁震之后，像马芳、李成梁、麻贵等将领，由于他们各自培养了众多的家丁，因此在明朝中后期，他们所在的家族成为朝廷极为倚重的军事力量。

实际上，在明廷内部，对于梁震这类驻守边疆的将领所采取的行动和策略，存在着相当多的担忧和疑虑。嘉靖十六年（1537）十月，给事中朱隆禧建言："虏寇临边，尚未入境，官军不得出兵捣巢，以启边衅。"② 兵部虽纳其议，但嘉靖帝不久又下诏许出边剿杀，"旧制，官军无擅出边。近奉诏旨，许出边剿杀"③。基于这样的情况，我们可以看到世宗在处理这个问题时，其立场和态度显得有些犹豫不决。然而，随后发生的一系列事件，对世宗产生了深远的影响，这些事件直接促使他做出了决定，不再对"捣巢"行为进行过度的限制和规制。嘉靖二十九年，爆发"庚戌之变"，明军在面对土默特部大举进攻时表现的疲软无力，令世宗颜面扫地，誓要雪耻。他对仇鸾讲："卿勿怠此戎务，必如皇祖时长驱胡虏三千里乃可！"④ 仇鸾随即上奏："虏各部散驻九边境外，每岁大举，必尽纠精勇合势而入，所在遗其营帐、畜牧，绝不内顾者，以我兵启衅有禁，不敢出塞捣巢故也。"⑤ 在仇鸾看来，正是由于此前明军发起"捣巢"多受规制才致使对手内扰时毫无顾忌。接着仇鸾提出应对之策，"请敕大同、宣府、辽东、甘肃、宁夏、延绥六镇，许其挑选精锐，多方致讨，惟以敢战为功，不以损军为罪。或打其营帐，或屠其老小，或夺其牛马，或剿其零骑。沿边丁壮，有奋勇斩获首

① 《明世宗实录》卷 414，嘉靖三十三年七月壬寅，第 7172 页。
② 《明世宗实录》卷 205，嘉靖十六年十月乙卯，第 4291 页。
③ 《明世宗实录》卷 257，嘉靖二十一年正月癸卯，第 5158 页。
④ 《明世宗实录》卷 366，嘉靖二十九年十月癸未，第 6550 页。
⑤ 《明世宗实录》卷 368，嘉靖二十九年十月癸未，第 6576 页。

功者，以新例行赏，如赶获马匹，则以四分入官，以六分犒之。而又形东趋西，击虚避实，示之不测，出所不意。虏必团聚自保，岁可省勾引纠集之寇，不宜徙幕远塞，月可省零虏抄掠之害矣。至于馘获功次，巡按御史验系真正即与题请升录，无如常套，展转迁延，以隳士心"①。该提议很快获准，且为鼓励沿边丁壮参与"捣巢"，明廷又做出将所获马匹全数奖励给当事人的决定。"疏下兵部覆其议，至于边民驱获虏马，无论多寡，官不必利，当尽数以予之。诏如议。"② 这与先前梁震之做法如出一辙，只不过这已属国家行为。根据前面的叙述，我们可以了解到马芳的崛起是在"庚戌之变"这一历史事件期间发生的。在这个关键时期，宣大总督郭宗皋和苏祐两位重要人物，都把自己的精锐部队交给了马芳来指挥和带领。此外，仇鸾提出了开放"捣巢"的策略，并且这一策略得到了批准进而得以实施。从制度层面上来看，这样的决策实际上为马芳这样的武将消除了后顾之忧，为他个人的发展提供了极大的便利。因此，对于马芳来说，这一制度上的变革无疑是一个巨大的利好消息，为他的军事生涯带来了积极的影响。

继仇鸾后，总督宣大山西都御史李文进于嘉靖四十年（1561）二月又提出："欲乘春夏之间，虏马羸弱，扬兵捣巢，使虏慑而远遁。"③ 兵部的意见是："通行九边总督镇巡等官，悉照李文进所议，相机进止，以伸挞伐之威，以收全胜之略，方为上策。"④ 据此，明军此后可在"春夏之间"趁着对手马匹孱弱之机出边"捣巢"，而不必考虑对方事先是否有扰边之举。嘉靖四十二年（1563）十二月，应都御史刘焘奏请，明廷进一步放开"捣巢"，"近因虏警，又行宣大二镇，分投出剿，

---

① 《明世宗实录》卷 368，嘉靖二十九年十二月壬戌，第 6577 页。

② 《明世宗实录》卷 368，嘉靖二十九年十二月壬戌，第 6577 页。

③ 《明世宗实录》卷 493，嘉靖四十年二月庚戌，第 8190 页。

④ 〔明〕杨博撰：《杨襄毅公本兵疏议》卷 6《覆宣大总督都御史李文进条陈边计疏》，第 239 页。

果得虏首一百四十余颗，足为明验。合无，通行宣大、辽东镇巡等官，以后不分春夏秋冬，势有可乘，即便出边雕剿，首级照例升赏，赶停牛马，尽数给与原获之人充赏"①。世宗批复："这本内干系钱粮的还会同户部计处，归一来说。其余依拟行，钦此。"② 据此，刘氏提出的"势有可乘，即便出边雕剿"适用于九边。翌年，应大同巡抚张邦彦之请，明廷又出台补充办法，"（嘉靖）四十三年题准，各处大小将领官军，果能捣巢邀击获有奇功，不次升擢；斩有首级，照例升赏；如果深入虏营，冲锋陷阵，致有损伤，不坐将领之罪，止出格恤死事之人，以示激劝"③。至此，在"捣巢"行动中，即便主事者因考虑不周而造成损失，也不会受到过分追究。综上所述，通过一系列政策松绑，嘉靖末年正式放宽了对"捣巢"行动的发起限制。最终造成了，"嘉隆间，我军岁岁捣巢"④ 的历史图景。结合这样的历史背景，我们便能理解马芳为何能在较短时间内，从一名边外"走回人"逐步积累战功，最终升至武官极品。

三、有限停罢的达成与争议。隆庆四年（1570）九月，俺答汗之孙把汉那吉因家庭内部纷争愤而投奔明朝。明朝将其作为人质，不仅成功从土默特部换回赵全、李自馨、王廷辅、张彦文、刘四等人，还为双方关系的改善创造了契机。据当时宣大总督王崇古的转述，在双方交涉期间，土默特部提议，双方应先暂停针对彼此的军事行动。"间随据吉能夷使八名，恳称自今以后，河套各酋誓不犯边，但各镇兵马惯事捣巢赶马，恐失大信。今愿传谕榆林、宁夏、固原各边外住牧虏贼不许扰

---

① 〔明〕杨博撰：《杨襄毅公本兵疏议》卷12《覆蓟镇督抚官刘焘等条议善后事宜疏》，第 396 页。

② 〔明〕杨博撰：《杨襄毅公本兵疏议》卷12《覆蓟镇督抚官刘焘等条议善后事宜疏》，第 395 页。

③ 〔明〕申时行等修：《明会典》卷 132《各镇通例》，第 678 页。

④ 〔明〕张四维撰：《条麓堂集》卷 19《复高凤渚二》，《续修四库全书》第 1351 册，上海古籍出版社，2002 年，第 569 页。

边，仍乞臣传谕延绥、榆林、宁夏、固原、庄凉各沿边一带将领，不许遣丁出边远地烧荒赶马捣巢，共结和好。"①为促成此局，王崇古在奏报中又言："臣思夷狄之狡性难驯，朝廷之法令当一，臣今既要俺答合各酋，同事纳款，誓不入犯，必须请旨行各边禁止捣剿，庶可昭圣朝之威信，大慰夷心，绝构怨之近图，永弭边患。"②总而言之，停止敌对行动是双方实现和解的必要前提。

如王鏊早前所言，早在明朝成化时期，即有士大夫对于具有奇袭性质的"捣巢"行动持有轻薄之意，"而议者以为兵出非正，往往黜其功"③。故而，早前杨洪、王越等人的功劳也没有得到应有的报偿。然而，自嘉靖时代始，"捣巢"对于明朝而言，附带着可观的政治、经济利益，早已不再是单纯的军事行为，一旦停罢，势必引起相关利益群体的抵制。时任吏部右侍郎的张四维在给其舅父王崇古的书信中就提醒后者，对马芳、赵岢等为代表的武将要加以笼络，以防止他们从中阻挠和议的达成。"一则笔戎通和，边将失赶马捣巢之利，百端思为梗塞，马、赵二帅须加意笼络之，使之归心畏威，不然恐有别样撺弄，不可不防也。"④后来，我们从张四维给王崇古的信中看出，马芳与王崇古之间爆发了激烈冲突。"马赵久为边帅，赵虽喜事而近忠，可驯伏也。马故多端素与虏通，其部下多真虏，而又有内主。封贡之议，渠最不愿。闻公近日以法绳之，颇不能堪，以其含愤蓄愁之私，而行其幸灾乐祸之计，何所不至，云中人情，公所素知，今既不能去，亦宜以计用之，毋

---

① 〔明〕陈子龙等选辑：《明经世文编》卷316《酌议北虏封贡事宜以尊国体疏》，第3525页。

② 〔明〕陈子龙等选辑：《明经世文编》卷316《酌议北虏封贡事宜以尊国体疏》，第3525页。

③ 〔明〕王鏊撰：《震泽集》卷19《上边议八事》，第326页。

④ 〔明〕张四维撰：《条麓堂集》卷17《第十一书》，第531页。

163

令积恨生变，四也。"① 在张四维以及其他内阁大臣的眼中，赵岢似乎是一个相对容易安排和处理的人物，而马芳的情况则显得更为复杂。马芳手下的家丁实力强大，这使得他并不容易受到王崇古的控制，甚至在某些情况下，马芳和他的家丁与王崇古之间还发生了直接的冲突。这种情况对于马芳来说，其实是有其合理性的。因为在过去的"捣巢"战役中，马芳不仅为自己赢得了极高的荣誉，还为他所培养和领导的家丁带来了丰厚的经济利益。鉴于马芳在当时的军政界所具有的巨大影响力，内阁大臣建议王崇古必须采取措施，对马芳进行适当的笼络和安抚，以避免潜在的矛盾进一步激化。

兵部对于停罢"捣巢"给家丁群体带来的困境亦有申说："勇士散逸之渐。大意谓三镇诸将招蓄家丁数多。在宣大总兵官马芳营，通丁六百九十六名；赵岢营，通丁一千二百四十一名。往年捣巢、赶马，得利自赡。今既绝外获之资，又无内养之计，渐生愁怨，恐致散逸，但各丁多系降夷，不善耕种，又无余丁，有难拨给荒田。"② 据此，为了安抚前述人等，朝廷临时增加了家丁的月粮，但申明只是权宜之计，倘日后与土默特部败盟，势必还要恢复早前的"捣巢"，届时已增加之月粮亦应随之取消。"家丁素以捣巢、赶马为资，近因禁止，故厚其月粮，诚得优养死士之意，第恐虏已败盟，而此辈犹借口加增，渐不可长，宜预为申明，无因循踵袭以误边计。"③

尽管做了前述处置，明朝内部对终止"捣巢"还是有激烈的抵制声音。张居正批评反对者以私废公，不忠不智，"而今之议者，独以边将不得捣巢，家丁不得赶马，计私家之害，忘公室之利，遂失此机会，

① 〔明〕张居正撰：《新刻张太岳先生文集》卷22《与王鉴川计四事四要》，第116页。

② 〔明〕杨博撰：《杨襄毅公本兵疏议》卷23《覆宣大总督尚书王崇古条上预防边事隐忧疏》，第655页。

③ 《明穆宗实录》卷66，隆庆六年二月己丑，第1578、1579页。

不为国家审图，故仆以为，为此言者，不惟不忠，盖亦不智甚矣"①。如前所述，张居正曾对马芳极为赏识，二人私交甚笃。然而，当边将的个人利益与国家整体利益发生冲突时，作为内阁首辅的张居正，最终选择了以国家利益为重。在内阁的坚定支持下，明朝最终停止了针对宣府、大同、延绥（榆林）、宁夏、甘肃五镇的捣巢行动。"（隆庆）五年题淮北虏通贡互市。禁止宣、大、山西及陕西三边，不许捣巢赶马。若东虏、土蛮等贼，原题不与贡市，自当相机出边捣赶，有功照例升赏，但毋得轻率寡谋，翻堕贼计。"② 然而，由于辽东女真各部及蒙古察哈尔部未被纳入封贡体系，明军继续沿用之前的策略。

需要指出的是，尽管五镇"捣巢"行动最终得以结束，但关于这一问题，明廷内部仍然存在较大分歧。赞成者，如时人陈懿典认为，终止"捣巢"直接促成了"隆庆和议"的达成，明朝在宣大方向的安宁局面也得以实现，"东西之虏，中国胜负，往往循环相当。无论我负，损军杀将。疮痍未起，即捣巢奏捷。士马物故孰多？而宣云三十年不被兵，即后不可知。而三镇不以一矢相加遗，以护陵京者谁？非公（王崇古）之算也，则何可薄王襄毅款市之功"③。陈氏又曰："自款市以来，则宣云最安，蓟门无虞于大虏。"④ 总之，他充分肯定"捣巢"终止对于"封贡"达成的重要意义。申时行、沈一贯等内阁诸臣也说："隆庆间，天幸俺答以爱孙来投之，故边臣处之有策，贡款之约遂成。至今近三十年，而三易虏王，恪遵前誓，烽燧少警，边民得生，此国家莫大之利也。"⑤

---

① 〔明〕张居正撰：《新刻张太岳先生文集》卷22《答王鉴川计贡市利害》，第115页。

② 〔明〕申时行等修：《明会典》卷132《各镇通例》，第677页。

③ 〔明〕陈懿典撰：《陈学士先生初集》卷21《三大功臣》，第392页。

④ 〔明〕陈懿典撰：《陈学士先生初集》卷22《九边》，第414、415页。

⑤ 〔明〕沈一贯撰：《敬事草》卷2《请许套虏求款揭帖》，《续修四库全书》第1358册，上海古籍出版社，2002年，第30页。

但反对的声音似乎也同样值得重视。万历时曾担任兵部郎中的项笃寿就提出："往岁名将暨开府，秉钺者，皆练有家丁，有及千余人者，以故善揣边情，彼亦知所严惮。近拘文法，乏羡财，养廉土地俱籍入其租，况以市，故不复言兵事。不闻有家丁者，即有之，亦游谈寄空名狎客耳，傥有边患，安能出死力破敌哉！"① 项笃寿的话并非没有道理，嘉隆万时期，朝廷逐渐将边臣掌握的养廉地②的征税权收归国有，这直接造成边将的收入降低。此外，隆庆封贡达成后，明廷停止了"捣巢"行动，这对那些平日依赖豢养大量家丁的边将来说，无疑是雪上加霜。总体而言，上述政策调整直接导致了家丁群体的数量减少，进而削弱了明军在北方的军事力量。在这一问题上，王士性的看法与项氏颇为一致，其说曰："惟是承平既久，武备渐弛，往时偏、老内外极多勇烈士，彼椎埋屠狗之辈，囊无金钱，则相率而捣巢偷马，得功徼赏，则叫呼饮博于妓馆中，诘之则云：吾朝酗酒而夕报警，置杯骑马而出，知吾为人归为鬼归，不乐何以也？彼亦素办此志，如所谓不忘丧元者。互市而此辈无所用，老者死而壮者散为商贾，盖皆拘束于礼法尺寸之内，俗非不美，而边徼缓急无所藉，卫尉材官，舍介胄、释弓矢，而学以咿唔相高，非其业也。即如夜不收辈，往者宿草地，结胡妇，负囊卧雪中，遇兵刃则死焉，故得虏情最真。今则遥望而道听，漫答应一时则已，并其道路不识者有之矣。眼底虏幸亦无大志，设吉囊、俺答辈复生，何以待之？"③ 通过分析上述言论，我们可以清晰地看到，五镇"捣巢"行动的停止，导致了那些原本依靠此活动为生的家丁群体不得不受朝廷规定的约束，实际上，也导致了这些家丁逐渐失去了他们的作用和价值。从

① 〔明〕项笃寿撰：《今献备遗》卷30《梁震》，（景印）《文渊阁四库全书》第453册，台湾商务印书馆，1983年，第674页。

② 纪海龙：《明代边臣养廉地之初探》，《内蒙古大学学报（哲学社会科学版）》2018年第1期。

③ 〔明〕王士性撰：《广志绎》卷3《江北四省》，中华书局，1981年，第65页。

马芳的立场来看，他坚决反对"捣巢"行动的终止策略，这种态度是可以被理解的。说得通俗一点，马芳是军事家丁群体利益的代言人，不论早前与内阁关系多么融洽，此时也需要他站出来提出异议。然而，从以张居正为首的内阁的角度来看，马氏的抵制行为显然是缺乏对大局的认识和理解。在这种情况之下，马芳的退休或许成为一个各方面都能接受且相对而言较为体面的解决方案。

第六章　将门宿命

马芳去世之后，他的家族在随后的很长一段时间内继续受到明朝政府的重用和倚赖。除了他的次子马椿不幸早逝之外，长子马栋、三子马林，以及他的孙子马爌和马炯，都曾官至总兵的高位。"长栋，次林，皆总兵柄，声烨烨著朝野，边人至今多怀之。孙数人，曰炯、曰爌，亦拜大帅。"① 所以（顺治）《蔚州志》有"一家凡五元戎"② 之记载。自晚明以来，在诸多战事中，依然能见到该家族后裔的英勇身姿。令人钦佩的是，马芳的后人在国家面临危亡之时，能够挺身而出，肩负重任。即便身陷绝境，他们依然忠于国家，坚守为臣之道，宁死不屈，"父子相率没于王事，尽臣节"③。接下来，我们将在本章中就马芳家族的家风及其后人归宿这两个方面展开叙述。

第一节　马氏家风

自马芳之后，其家族子弟多以将门之后自勉，他们矢志不渝地践行并传承着马氏家风，其核心特征为忠诚报国、亲儒习文、居家尽孝。在清人所著的《明季烈臣传》中，较为详尽地记录了明代臣僚的忠烈事

---

① 〔清〕宋起凤：《大茂山房合稿》卷5《书马大将军传后》，第807页。
② 〔清〕李英纂修：（顺治）《蔚州志》下卷酉集《人物志》。
③ 〔清〕宋起凤：《大茂山房合稿》卷5《书马大将军传后》，第807页。

迹。在述及蔚州马芳家族时，作者在结尾处以八个字精练地概括了这个家族后人的命运，"父子兄弟并死国难"①，何其悲壮！吴廷华也讲道："其后征虏（马林）、平羌（马爌）先后靖国者，阅三世而得七人。"②该家族先后有七人为国捐躯，其最终命运与晚明国运紧密交织。笔者认为，家族子弟前赴后继的殉难事迹与家族家风的熏陶密不可分。因此，有必要从现有史料出发，对该家族的家风内涵进行深入梳理。

赵晓翠认为，家风"是家族内部共识性的道德观念，是'内化于心，外化于行'的道德准则"③，通常需要家族几代人的精心培育才能形成。马芳夫妇及其家族后辈的言传身教，对家风的塑造起到了至关重要的作用。通过对史料的梳理，可以看出马氏家风的主要内涵具有以下特征：

一、英勇无畏，忠诚报国。如前文所述，马芳在十二岁时被土默特部掳走，直到二十二岁那年才成功逃至明朝大同总兵周尚文的军营，在草原上度过了整整十年。这段岁月里，他历经磨难，却也练就了一身非凡的本领。晚年，他在亲自撰写的《战功私录》中回忆道："予年二十二，时挟骑射从戎宣、大间，即负吞胡气。当道者谬许予智勇，予亦自誓杀贼报国。"④自被明朝收留以来，马芳便立志以杀敌报国为己任。诚如他所言，此后马芳屡次建立战功，赢得了同僚乃至嘉靖皇帝的赏识与提拔。明世宗曾对臣下盛赞"勇不过马芳"，其喜爱之情溢于言表。嘉靖三十八年（1559）三月，"己未三月，虏寇潘家口，薄大同桥，御之，战于金山寺。斩首五十二，夺所掠二百四十五人。初边遽以告，上问辅臣，马芳安在？捷闻，上大悦，彻御食，命中贵人劳公于师"⑤。

---

① 〔清〕张廷玉等撰：《明史》卷211《马芳》，第5589页。

② 〔清〕杨世昌修，吴廷华纂：（乾隆）《蔚州志补》卷11《外志补》。

③ 赵晓翠：《从周易家人卦看中国古代家风之道》，《山东社会科学》2019年第5期。

④ 〔清〕杨世昌修，吴廷华纂：（乾隆）《蔚州志补》卷12《艺文·〈战功私录〉自序》。

⑤ 〔明〕李维桢撰：《大泌山房集》卷68《马将军家传》，第173页。

显然，这次胜利让明世宗感到极为欣慰，甚至撤下御膳，吩咐宦官送往军中犒赏马芳。皇帝的举动对马芳来说，无疑是莫大的荣耀。在马芳升任宣府总兵后，他的妻子师氏对他说："君起迹戎行，我荆布下陈，亦何修膺显荣，享朝廷庾廪珍鲭，绮绣庄严，若是我不敢忘君庇，君其勿忘主恩，当克自抑畏，图所以全晚节者。"① 这意味着，包括师氏本人在内，他们夫妇所获得的封赏皆源自朝廷的恩赐。因此，她勉励马芳日后务必克己奉公、忠于朝廷，以保全臣子之节。

在《战功私录》中，马芳还告诫子孙，若想获取战功，唯有依靠勇敢拼杀，别无他途。他说道："后之子孙，徒知予由某官历某官，而不知实捐躯命博得者。是《录》也，非敢为张己功也，特垂示子孙，知予艰苦所自耳。"② 随后，在该书中，马芳详细地叙述了自己的战场经历。这种家庭教育对后世子孙的行为产生了深远的影响。吴廷华指出，马芳的后人"忠贞世绪，累叶争辉，即谓由是《录》开之也可"③，对马芳的家庭教育成果给予了高度评价。吴氏所言确实名副其实，据（乾隆）《蔚县志》记载，马芳的孙子马炯，"少承家教，经韬略，自以世为大将，尝期奋身，为国家当一面"④。显而易见，马炯自幼便深受家风熏陶，以祖辈"世代为将"、为国家镇守边疆为荣。因此，作为马家子孙，他立志效法先辈，奋勇报国，以延续家族的荣耀。马栋的妻子祁氏在弥留之际，仍不忘叮嘱远在徐州的儿子马爌不要牵挂家事，要一心一意努力工作，奋勇报国，以报答朝廷对马氏家族世代的恩典。其言曰："老病时作时愈，慎勿为念，祗当矢忠报国，仰答世恩，秉爱至职。"⑤ 由此可见，忠诚报国的理念已成为马氏族人必须坚守的重要人

---

① 《明诰封夫人师氏合葬墓志铭》，载韩立基：《明马芳及其夫人师氏墓志铭考》，第75页。

② 〔清〕杨世昌修，吴廷华纂：（乾隆）《蔚州志补》卷12《艺文·〈战功私录〉自序》。

③ 〔清〕杨世昌修，吴廷华纂：（乾隆）《蔚州志补》卷11《外志补》。

④ 〔清〕王育榞修，李舜臣纂：（乾隆）《蔚县志》卷20《忠烈》，第105页。

⑤ 〔清〕杨世昌修，吴廷华纂：（乾隆）《蔚州志补》卷12《闻母讣乞还状》。

生信条。

最后，马芳家族子弟的忠诚报国思想，并非仅仅局限于对某一姓氏或家族的效忠。明朝末年，内有民变四起，外有女真虎视眈眈，内外交困之下，北京被大顺农民军攻破，崇祯皇帝自缢殉国，延续二百七十六年的明朝国运就此终结。当时，由于大顺政权在争取驻守山海关的明朝总兵吴三桂的过程中处理不当，导致吴三桂转而投靠清军。不久，大顺军队在山海关被清军击败。由于吴三桂开关迎降，并与清军联手在山海关击败李自成，他被清朝封为平西王。后来，吴三桂在清朝统一全国的过程中屡立战功，清廷遂命其镇守云南并兼管贵州。

需要指出的是，清军入关后，由于自身力量有限，不得不重用一些前明的降将。除了吴三桂之外，早期归顺的孔有德、耿仲明、尚可喜等人，在剿灭南明政权的战争中表现得尤为积极。为了犒赏这些明朝降将，清廷封尚可喜为平南王，负责镇守广东；耿仲明被封为靖南王，其死后由其子耿继茂承袭爵位，镇守福建（后传位给其子耿精忠）。由此，三藩的格局正式确立。三藩势力盘踞要地，拥兵自重，成为清初三个重要的割据势力，其中以吴三桂的势力最为强大。然而无论如何，清朝在形式上基本实现了国家的大一统。

马家子弟也有在新政权中担任武将者。"国朝马弘儒，明靖难都督爌子。顺治辛丑武进士，历授云南掌印都司。康熙十二年，吴逆变，胁受伪职，不从，饿死。妾李，卖身殡殓。事平，丧归。易棺时面色如生，崇祀乡贤。"① 由此来看，在明朝灭亡之后，马弘儒并未对新政权采取不合作的立场，而是通过新朝举行的武举考试，正式进入官场。

这里也有必要简单介绍一下发生在康熙初年的"三藩之乱"。如前述，清朝虽然大体完成了形式上的一统，但是也留下了隐患。三藩在各自辖区内无异于国中之国，且清廷每年还要拨付大量钱粮供养三藩。康

---

① 〔清〕杨世昌修，吴廷华纂：（乾隆）《蔚州志补》卷10《人物志补·忠义孝弟》。

171

熙十二年（1673）春，清廷借平南王尚可喜首请归老辽东之机，命其父子率属下兵丁家小同撤。此时平西王吴三桂、靖南王耿精忠闻之亦上请撤藩，当然，这些人的目的在于试朝廷的态度。当时朝中大臣多数人畏惧吴三桂的实力，因而不主张撤藩，但是，康熙帝最终毅然做出决定，三藩同撤。撤藩之令下达后，吴三桂于是年十一月杀云南巡抚朱国治，自称"天下都招讨兵马大元帅"，同时蓄发，易衣冠，发布檄文，倡言"兴明讨虏"，称清帝为满酋。其实这是吴三桂以恢复明朝为号召，行叛逆之实。由于马弘儒特殊的身份背景，吴三桂自然想将之拉拢入其阵营，但是，遭到后者的断然拒绝。（乾隆）《蔚县志》对此事之经过有记载："马弘儒，字醇公，江西南昌卫守备，升云南掌印都司，恤军爱民，雅著声绩。吴逆之变，歆其名，胁与俱叛，不从。以铁椎椎其齿，齿尽落，血流满口，终不屈，乃羁昆明南关之贵丰街，以兵守之。因不食死。弘儒事父母以孝闻，及居官遇变，又以忠著。人谓不负其家声云。"[1] 从马弘儒之死，我们可以深刻地认识到，他所忠诚的对象并非仅仅是某个家族或者个人，而是整个国家，也就是当时的朝廷。在晚明时期，马家的成员曾经多次参与对抗后金政权的战争，并且在这些战争中，马家的许多成员都英勇牺牲，为国家献出了宝贵的生命。因此，从个人情感的角度来看，马弘儒与清朝之间存在着难以化解的深仇大恨。然而，在面对吴三桂的拉拢和胁迫时，马弘儒依然能够坚守对国家的忠诚，没有因为个人的仇恨而放弃对国家的公义，这种超越私怨的高尚情操，确实令人敬佩。正是基于这样的原因，清朝在编纂方志的时候，将马弘儒列入了"忠烈"的条目之下，而他确实也配得上这样的荣誉和评价。

二、亲近士人，兼习儒业。 在本书第二章中，已详细叙述了马芳的妻子师氏为提升诸子的文化素养所付出的种种努力，此处不再赘述。尽管马芳本人目不识丁，但他对文人雅士却颇为敬重。据其所述，"予自

---

① 〔清〕王育槐修，李舜臣纂：(乾隆)《蔚县志》卷20《忠烈》，第106页。

从戎，历大帅，血战何啻数百，仰仗朝廷威德，缙绅指授，士众协助，所至得不偾事"①。显然，在马芳看来，他所取得的成就与缙绅、士众（按马氏之意，应指其麾下能征善战的将士）的鼎力相助密不可分。李维桢在《马将军传赞》中也提到："（马芳）目不知书，行事暗合古人。既贵，折节好儒，尽与其乡士大夫贤豪长者相结，日造请不厌。"② 这也再次印证了马芳亲近士人的行事风格。清人徐釚也称："（马芳）虽目不知书，行事暗合古人。"③ 毫无疑问，马芳在文化素养方面存在一定的不足，然而，由于他本人对儒家文化有着深厚的崇敬之情，这使得他在日常行为和处世方式上能够努力向古代的圣贤看齐，从而在一定程度上弥补了他在文化上的不足。马芳通过与周边的士人积极交流和互动，不仅在思想上得到了提升，而且在社交圈中也赢得了良好的声誉，与他们打成一片。此外，马芳的夫人也对子女的教育投入了极大的关注和精力，她有意识地培养孩子们对诸子百家知识的学习和理解，使得马家的后人在文化素质与行事做派方面发生了显著的变化。这些变化不仅体现在他们对传统文化的尊重和继承上，也体现在他们日常行为的修养和道德品质的提升上。

除了以文学闻名于塞上的马栋、马林兄弟之外，马芳的孙辈也展现出类似的倾向。例如，马栋之子马炳，本应承袭蔚州卫武官之职，但他因酷爱儒学，不愿承袭武职，"万历三十三年四月，马炳以进儒学，随父任读书，不愿出□袭职，□给执照"④。此外，马林之子马焜，不仅是一名武将，还兼具儒者的风雅气质，"留心风雅，颇能草书"⑤，其好

① 〔清〕杨世昌修，吴廷华纂：(乾隆)《蔚州志补》卷12《艺文·〈战功私录〉自序》。

② 〔清〕王育橚修，李舜臣纂：(乾隆)《蔚县志》卷30《艺文·马将军传赞》，第172页。

③ 〔清〕徐釚撰：《南州草堂集》卷27《拟史传五首》，第413页。

④ 中国第一历史档案馆、辽宁省档案馆编：《中国明朝档案总汇》第70册，《蔚州卫》，第260页。

⑤ 〔清〕李英纂修：(顺治)《蔚州志》下卷申集《武职》。

友宋起凤也称，"澧水（马烜）虽将种，颇具父风，攻诗亦善书"①。显然，马林的文化修养对马烜产生了深远影响。据明末状元刘理顺记载，马烜还曾刊印了他本人的诗文集，名为《上谷世将集》。"诗之为道，感物而动，无文武之异也……嘉隆之际，戚南塘平倭备蓟，屡建奇功，至与王、汪两公唱和，稠叠脍炙人口，皆近而铮铮者也。总之，人有别长，趣可傍涉，以纠桓胜，则将名兼以文藻，胜则诗与将并名，归于风雅之大而已。云中马君澧水，《上谷世将集》所赋若干首，整而能暇之一验也。其声名当不在乃祖、乃父下。虽然余亦有说焉，夫诗言志，志作事，有其事而发诸声歌，歌以永彼匡王定国之车马，执讯获丑之旌旃，试取而三复之，可与登山临水，分什选句者同日语乎?"② 总之，马烜虽出身于武将世家，却深受家庭浓郁文化氛围的熏陶，其在诗词方面的造诣也颇为深厚，常以诗歌创作来抒发内心的复杂情感。此外，这部诗集的名字《上谷世将集》也颇具深意。"上谷"指的是始建于战国时期的上谷郡，也是马芳家族后来世代繁衍生息的地方，而"世将"二字则透露出马烜对家族昔日世代为将的辉煌历史怀有深深的骄傲与自豪之情。

马林的次子马照，按理应当承袭蔚州卫武官一职，然而我们并未发现相关记载。据（顺治）《蔚州志》记载，马照曾做过明朝的邹平县令，"卫人林之子，飚之兄，任邹平县知县，卒于官"③。邹平市地处山东省中部偏北，归滨州市管辖。在马林于开原战死之后，他曾遭到时人的诸多非议，为此，马照特地上疏朝廷，为其父进行辩护："照念父志未遂，重为浮议所诬，心切愤之。后大兵围开原，林画守御具已有成谟，署道郑之范，遽首窜去，林遂与城俱没，闻父变，恸哭，列始末以诸生抗疏阙下，并具揭各衙门。一时死事之烈，不为邪党所蔽者，照之

① 〔清〕宋起凤撰：《大茂山房合稿》卷5《书马大将军传后》，第808页。
② 〔明〕刘理顺撰：《刘文烈公全集》卷8《马澧水诗序》，《四库禁毁书丛刊》集部第144册，北京出版社，1997年，第158页。
③ 〔清〕李英纂修：(顺治)《蔚州志》下卷中集《贡选》。

力也。后在邹平亦以廉明有声云。"① 从这段记载可以得知，马照的身份是诸生，他并未承袭蔚州卫的武职。马家子弟弃武从文后，在关键时刻依然能够执笔为剑，捍卫家族的声誉。

根据前述史料可知，马照另有一个弟弟，名叫马飚。据（乾隆）《蔚州志》记载："马飚字雪如，崇正②十五年，由岁贡生授沔阳州同知。"③ 沔阳州管辖的范围大致相当于现今的湖北仙桃、洪湖、天门三市。总体而言，马芳的孙辈中开始出现担任文职官员的情况，而这种变化应归因于该家族几代人对于儒学事业的刻意追求。

三、居乡孝友，乐善好施。孝，是中华文化中最重要的伦理观念之一，一般是指晚辈赡养和孝敬长辈的行为或责任。尽管儒家、道家、墨家等学派都提倡孝道，但真正将之发扬到"德之本"的高度的毫无疑问是儒家。稍后，儒家成为古代中国社会的主流文化，它所倡导的孝道，自然也对古人的日常行为产生了广泛而深刻的影响。马氏家族成员自然也不能例外。马芳在嘉靖十九年（1540）投军④直至嘉靖二十四年（1545），方才录功，升任阳和卫左所小旗。这倒并不是说他此间无所斩获，相反，据其所言，"前此所获、所俘固多，受赏赉也"⑤。以此来看，马芳之所以加入明军的前几年没有得到升擢，是因为要用军功来换取赏银赡养父亲，"当应得官，以父居灵州食贫，愿悉受赏代养"⑥。根据前述内容，马芳年少时曾遭受继母的虐待，他后来坎坷的命运与这段不愉快的经历密切相关。然而，马芳并未因此心生怨恨，他加入明军初

① 〔清〕王育榞修，李舜臣纂：（乾隆）《蔚县志》卷20《忠烈》。

② "崇正"当作"崇祯"是，作"崇正"是为避雍正帝爱新觉罗·胤禛之讳。

③ 〔清〕王育榞修，李舜臣纂：（乾隆）《蔚县志》卷20《忠烈》。

④ 河北省文物局长城资源调查队编：《明故特进荣禄大夫前军都督府左都督兰溪马公墓志铭》，第678页。

⑤ 〔清〕杨世昌修，吴廷华纂：（乾隆）《蔚州志补》卷12《艺文·〈战功私录〉自序》。

⑥ 〔明〕李维桢撰：《大泌山房集》卷68《马将军家传》，第170页。

期所获得的赏银主要寄给了远在灵州的父亲。关于此事，《蔚州志》中亦有记载："先是为队主时立军功应得官，自以父居灵州食贫，愿受赏以养。"[1] 清人因此称赞："（马芳）忠孝之性，自少成已。然又明于大体泯恩怨于胸中，故能以功名终焉。"[2] 后来，马芳与师氏结为连理，便将居住在灵州的父母接到身边赡养。师氏与马芳一样，对待公婆也极为孝顺恭敬，"事舅姑如礼。视世俗，躁急疾贫者，不逕□哉"[3]。此处还提示我们，师氏对周围贫苦困顿之人也常怀怜悯之心。

马芳的孙子马爌继承了祖父和祖母的优良品质，也是一位孝子。马爌的母亲祁氏，对子女的教育非常严格。某日敌军来袭，通报人员因马爌当时正侍奉在母亲身旁而不敢贸然打扰，"将军母祁家法严，将军奉侍唯谨。在徐州日方晨省，猝有警报至。家人未敢传，久之帘外微有言者。祁曰外有急乎！盍往视，诸时谍者已三至矣。将军不及胄而出直犯敌垒"[4]。从这件事可以看出祁氏在家中的重要地位，同时也从侧面反映了马爌对母亲的敬畏与孝顺之情。祁氏去世后，马爌立即上疏崇祯皇帝，恳请回乡料理母亲的后事，言辞恳切，情感真挚，令人动容。其言曰："祇因职少孤，赖母祁氏抚教，昊天罔极。承袭之后虽历任辽左、大同极险最冲，母子相依，未尝一日忍去。客秋，职母偶病，延医调治未效，职母自谓南北水土不服，家乡烽火时警，必欲回家调理，且展思乡之意。职即遣子弘儒，随侍还乡，职屡遣仆归问，意必痊疴有期，便即迎养，虽致身以许国，犹可逮禄以养亲耳。"[5] 文中透露，马爌在父亲马栋去世时年纪尚幼，由母亲抚养成人。后来，因马爌在辽东、大

① 〔清〕王育橺修，李舜臣纂：（乾隆）《蔚县志》卷20《人物》，第99页。
② 〔清〕王育橺修，李舜臣纂：（乾隆）《蔚县志》卷20《人物》，第99页。
③ 《明诰封夫人师氏合葬墓志铭》，载韩立基：《明马芳及其夫人师氏墓志铭考》，第74页。
④ 〔清〕王育橺修，李舜臣纂：（乾隆）《蔚县志》卷30《艺文·平羌将军传赞》，第172页。
⑤ 〔清〕杨世昌修，吴廷华纂：（乾隆）《蔚州志补》卷12《艺文·闻母讣乞还状》。

同、徐州等地任职，祁氏也随同儿子辗转居住于这些地方。据蔚县人牛允晋记载，马爌曾三次上疏崇祯皇帝，请求恩准他回乡安葬母亲。然而，当时明朝正值多事之秋，作为高级将官的他领责任重大，朝廷不可能批准这样一位重要将领的归乡请求，因此驳回了马爌的连番奏请。"后祁殁于里，将军痛不得亲舍敛，立请解职归葬，揭三上，沥血濡笔，哀感行道会。时方倚将军为长城，不允所请。将军每哀至辄恸哭，每恸哭辄呕血不止。至性肫笃如此，其善战殆非偶然者。"① 我们可以清晰地看出，母亲去世之后，马爌由于各种复杂的原因，无法完全履行作为儿子应尽的孝道和情感表达，这种情况对他的精神状态造成了极其沉重的打击。

据前述，马爌的儿子马弘儒在祖母生病期间，听从父亲的嘱咐，回乡陪伴祖母，侍奉左右，多少能弥补父亲的遗憾。此外，马弘儒在乡里也是一位知名的大孝子，"弘儒事父母以孝闻"②。后来马弘儒在"三藩之乱"时的表现更是值得称道。马燮（马栋之子）的儿子马弘任，在蔚县本地亦以乐善好施著称，"弘任字勇公，中顺治甲午武举。性朴厚，不喜浮华，闭户山村中，乐志农桑泊如也。与人接无疾言遽色，顾独好施与，遇凶荒捐所有以济人不少吝，人皆称为善人"③。据此还可知，除了马弘儒之外，马弘任也考中了清初的武举④。

马芳的曾孙马元臣，在乡里同样以孝友著称。"马元臣，字锡九，官至天津镇守备。其父飚，为湖广沔阳州同知。崇祯十六年，李自成入寇沔阳，飚尽节而死。元臣闻之，弃官而赴父难。孝事嫡母，始终如

---

① 〔清〕杨世昌修，吴廷华纂：(乾隆)《蔚州志补》卷 11《外志补》。

② 〔清〕杨世昌修，吴廷华纂：(乾隆)《蔚州志补》卷 10《人物志补·忠义孝弟》。

③ 〔清〕王育榱修，李舜臣纂：(乾隆)《蔚县志》卷 22《故家》，第 130 页。

④ 马家后人考中清朝武科者共四人，分别是："马弘仪，卫人燮之子，儒之弟，中顺治甲午科；马弘任，卫人燮之子，中顺治甲午科；马弘儒，卫人爌之子，仪之兄，中顺治丁酉科；马龙韬，卫人林之曾孙，中顺治丁酉科。"参见：〔清〕李英纂修：(顺治)《蔚州志》卷下《武科》。

一。后让产于弟，绝无难色。其人敦孝友，重人伦，乡党咸称颂焉。"①
总的来说，马芳家族的后人不仅继承了先辈忠勇报国、亲儒习文的优良
传统，还以孝行著称，家族中涌现出众多孝子，备受乡里赞誉与敬重。
这些特质共同构成了马氏家风的核心内涵。

　　总之，蔚州马芳家族的后代们不仅积极地践行着家族中蕴含的丰富
而优良的家风，而且还在不断地传承着这些美好的传统。这些家风中蕴
含的多重价值，使得他们在担任公职、处理人际关系等社会活动方面，
往往能够与儒家所推崇的道德规范和价值观念保持一致。因此，他们得
到了当时社会以及后代人们的高度赞扬和尊敬。这无疑也是马芳家族能
够在较长时间内持续保持其社会地位和影响力，并且持续向上发展的一
个关键因素。然而，随着晚明时期的到来，国家开始面临严峻的危机，
内忧外患不断，战乱频繁发生。作为武将世家的马芳家族的成员，尽管
在仕途上大体上还算是顺利，但这也意味着他们必须承担起更加沉重的
责任。马芳的后代积极参与了晚明以来的多次战争，其中在战场上英勇
牺牲的家族成员多达七人，他们为国家付出了巨大的生命代价。清朝建
立后，尽管家族的势力开始衰落，但其族人所表现出的高尚气节和不屈
不挠的精神仍然让人感到震撼和感动。为防止这些英雄的事迹随着时间
的流逝而被遗忘，笔者将在接下来的章节中，详细地考察和叙述这些家
族成员的事迹。

第二节　骈首辽东

　　如前所述，马芳与夫人师氏育有三子，即马栋、马椿、马林。长子
马栋"字慎斋，尝由指挥同知守备蔚州，累官宁武总兵，调蓟镇三屯营
总兵"②。后卒于官，但其具体去世时间不详。据《蔚州卫选簿》中所

---

① 〔清〕王育榞修，李舜臣纂：(乾隆)《蔚县志》卷20《忠烈》，第111页。
② 〔清〕王育榞修，李舜臣纂：(乾隆)《蔚县志》卷20《武功》，第114页。

178

载马炳的承袭信息判断，马栋在万历三十三年四月之前尚在世间。稍后的事迹则无从考证。次子马椿，曾拟任小旗，早卒无嗣，具体事迹亦不可考。三子之中唯有马林的事迹较为详细。笔者曾撰文《儒将马林的辽东生涯》，发表于《回族研究》2021年第4期。该文探讨了马林的儒者风范、在初任辽东总兵期间的各项举措，以及其被罢官的缘由。然而，由于篇幅限制，文章未涉及他第二次出任辽东的相关史实。现拟对马林、马炯、马爌等马家子弟在晚明时期的军事活动做进一步考述。

一、重回辽东。 万历四十七年（1619）四月，后金政权首领努尔哈赤发布了"七大恨"檄文，标志着他正式与明朝决裂。几乎在檄文发布的同时，后金军队于当年五月至七月期间，接连攻占了明朝抚顺以东的众多军事堡寨。四月十五日，后金攻克辽东重镇抚顺，"建酋奴儿哈赤诱陷抚顺，城中军千总王命印死之，李永芳降"①。努尔哈赤军队的锐利攻势，令以明神宗为首的明朝君臣大为震惊。为了迅速镇压后金政权，明廷在经过短暂的筹备后，决定集中兵力，直指后金当时的都城赫图阿拉②。此战最终的结果是：努尔哈赤在萨尔浒③及其附近地区，打败了四路明军之中的三路。经此一役，明朝从内地征调的精锐官军几乎损耗殆尽，军事上陷入了极为被动的局面。萨尔浒大战的结果对明清两政权的最终命运具有决定性影响，对蔚州马芳家族而言，同样意义深远。

（一）兵败尚间崖。万历二十九年（1601）二月，马林因力抗宦官高淮在辽东的胡作非为而被明神宗罢职，且在皇帝的圣旨中明确指出对马林"永不叙用"④。尽管遭遇了之前的挫折，马林并未因此对仕途感到灰心丧气，他始终在积极寻求重返军队的契机。万历三十七年（1609）九月，宣大巡按御史吴亮上疏参劾一众将领的奏疏中指出：

① 《明神宗实录》卷568，万历四十六年四月甲辰，第10686页。
② 其故城位于辽宁抚顺市新宾满族自治县永陵镇老城村。
③ 今辽宁抚顺东大伙房水库附近。
④ 《明神宗实录》卷356，万历二十九年二月丙申，第6662页。

"废将董一元、马孔英、麻贵、马林、麻承恩，冒军领饷凡三岁，糜两镇七千七百七十余石。因言旧督臣郑汝璧虚传五路上边，调集诸将张皇防卫，五废将遂纳贿，以希叙功。至无功可叙，乃剥军士以市恩，乞将冒饷一节，尽法追究，或原情宥免，勒戒将来请旨。"① 从前引的奏文可以看出，马林在受到明神宗的惩处后，因郑汝璧的举荐，才得以戴罪之身在军中效力。因此，吴亮指责包括马林在内的将领们，试图贿赂当权者以谋求晋升。当然，这只是吴亮个人的观点，至于马林等人是否确有贿赂行为，因史料不足，已无法考证。然而，对于马林等人来说，重返军队任职的机会很快再次出现，但这却并非他们刻意钻营的结果。

随着后金在辽东地区的势力不断壮大，明朝所承受的军事压力也日益加剧。同年十月，吴亮早前呈递的奏疏终于得到了朝廷的回应，"宣大巡按吴亮之论五将董一元等也。内言麻承恩非特废将，且系罪弁，会勘七年，抗匿不结，催提之檄甫下，而调用之。咨随至蓟辽。总督王象乾言，承恩实臣所咨取属，开原日急，闻承恩曾经战阵，熟识虏情，所畜健丁八百余人。而燕河路故将麻承训，承恩之弟，遗有随任家丁二百名，臣故调之前来密云团练，可得敢战精兵千人，以伺敌势，非敢为此辈妄开幸门。章下兵部，部覆，董一元等俱行巡按御史提问，麻承恩免行调取。从之"②。据此，蓟辽总督王象乾之所以让麻承恩戴罪任职军中，是出于蓟镇军事工作的迫切需求。同时，引文中还提到，董一元、马孔英、麻贵、马林等人被指控冒领军饷一事，尚需巡按御史进一步查实。隐约透露出，这些将领的重新起用只是时间问题。因为早在万历四十六年闰四月，明廷就已采纳蓟辽总督汪可受的奏请，调遣蓟镇五千士兵赶赴山海关布防。这表明，后金带来的军事威胁已引起明廷的高度重视。同月，直隶巡按潘汝桢上奏朝廷，建议迅速在蓟镇补充兵力，并选拔有勇有谋的大将统领。"议将则枢曹当速咨询，有缺则补以官衔，无

---

① 《明神宗实录》卷462，万历三十七年九月壬寅，第8723页。
② 《明神宗实录》卷463，万历三十七年十月壬申，第8742页。

180

缺则取以听用，急以将为重，使国有干城，而师有元戎。连日该部所起用有名废将，如刘綎、官秉忠、柴国柱、王国栋，俱蒙旨俞允矣。张承胤等捐躯贼虏，身殉疆场，此而不即为优恤，何以酬往风来？麻承恩等以废将倡义，以家丁固守，此而不加以褒美，何以旌劳鼓众？又据舆论所指，废将如马林、赵梦麟、张万邦等，或旧案已定，或弹墨方新，总之，国人皆曰可职。敢附闻，以俟该部酌用焉。"① 在《明神宗实录》中虽然未交代潘氏的奏请是否被采纳，然而，我们根据稍后刑科给事中姚若水的进言，仍能推断出结果，"一曰起用宿将。酋房东西交讧，所在受敌，岂将领寡弱能胜任？而愉快者，如杜松、刘綎、官秉忠、马林等，业经起补。尚有原任宣抚总兵王学书，甘肃总兵王允中，皆熟知夷情，屡立战功，与债帅迥别，且家丁惯战可佐缓急，宜并起五府金书，以备大将之选可也"②。由此可知，不久前潘汝桢奏请起用马林等将领的建议已获朝廷批准。总的来说，当时正值多事之秋，明廷已无暇深究马林等人冒领军饷的指控是否属实，此事最终也不了了之。

在众多将领获得起用之后，明廷于万历四十六年（1618）六月开始大规模向辽东地区增派军队。马林正是在此时被派往该地的。此事在《明神宗实录》中有详细记载，以下为相关内容：

> 署兵部尚书薛三才言：前月二十一日，经略抵关，奏欲征兵边镇以资战守。臣就为折衷，除蓟镇先发五千，今又摘九标十二路台兵二千余。温酋时有警报，不可无备，或将改募入卫兵八千发各营路，而以旧兵之勇健者，赴援可也。西镇亦非无事，且钱粮无措，臣请立发新饷二十万，差本部司官二员赍解

---

① 〔明〕程开祜辑：《筹辽硕画》卷4《题为蓟门逼近神京足兵亟宜召补并速用昌镇大将以重陵寝以固根本事》，《丛书集成续编》第22册，台北新文丰出版公司，1988年，第154页。

② 〔明〕程开祜辑：《筹辽硕画》卷4《题为剿酋决不可已治内必不可疏恩祈圣明亟用人才并采舆论以图全胜以雪大耻事》，第160页。

各镇，宣、大、山西各发银四万，以一司官领之。三镇以万人为率，即以原任山西总兵张万邦，原任辽东总兵马林，分领之。以五日为期。延、宁、甘、固四镇，共发银八万，以一司官领之。四镇以六万为率，即以原任总兵赵梦麟统之。延宁以三十日为期，甘固以五十日为期，各随带战将家丁赴援。本等月粮、料草，本镇即于额饷内预给一月，供其行资，而沿途粮草于发去新饷内一（项以）折给，每兵安家行粮约费五六两上下。有内顾者，每月给银六钱。史、车二夷应援者，月粮俱留赡其家，而行粮视各军稍为加厚，以一骁将统之。杜松、刘綎、官秉忠、柴国柱，相应趋令各携家丁。即昌平总兵王国栋，亦应一并督赴。而山东既调防海登兵，不便复调，其将至川、贵之兵埋伏攻击，俱称便捷，且鞍马器械，多其自办。刘綎盛称，可用湖广、永顺、保靖土官征播、征倭时调用。请如臣部前议，各调发四千，以一骁将统之。一切安家行粮，或支本处钱粮，或动解京军饷，皆有成例可考，恳移咨户部并督抚各衙门遵照施行，并辽镇河东地图一幅进览。上曰：这议调各镇兵马及先发饷银，以充召补，俱依拟行。粮银着户部作速处给。杜松、刘綎等都催他星驰出关，以备调遣。蓟镇家丁、台兵，着督臣酌量摘发。该镇虏势紧急，救援时刻难缓，一应兵饷务要如期速发，不许迟延误事。地图留览。[①]

根据上述记载，经略杨镐一到辽阳便着手调兵遣将，其部署也得到了朝廷的积极回应。通过对前引史料的分析，可以大致推算出各地援辽兵力的具体情况：蓟镇出兵五千人；台兵两千人（或募兵八千人）；宣府、大同、山西三镇共派遣三万人；延绥、宁夏、甘肃、固原四镇共派遣六万人；蒙古史、车二部的具体人数不详；湖广、永顺、保靖等地共

---

① 《明神宗实录》卷571，万历四十六年六月壬戌，第10760—10762页。

派遣一万二千人。粗略估算，除去李如柏所部，杨镐从内地调往辽东的总兵力大约为十二万人。此外，为使明神宗对即将展开的大战有更直观的了解，杨镐还呈递了前线的军事态势图。

马林等人抵达辽东后，迅速在前线取得了显著战果。万历四十六年九月，蓟辽总督汪可受奏称："奴酋本月初四日，拥五千骑由抚顺关入犯，总兵李如柏督游击尤世功、王平等，分左右翼击却之，斩级七十六颗，辙马八十七匹，盔甲、炮纛、夷器甚多。是日，杜松、马林亦报出师清河。松捉获活夷二名，俱应下部分别议叙。从之。"① 尽管此次战役仅取得小规模胜利，但对于不久前在军事上遭受重创的明朝君臣而言，已足以令他们欣喜若狂。明世宗随即向户部和兵部颁布了圣旨："迩者黠夷肆逆，边鄙荡摇。朕博访廷臣，议调各处援兵，共图剿灭。今师期已近，挞伐将行，所赖诸将士勠力齐心，歼兹小丑。近日抚顺之捷，足征血战之功，朕甚嘉焉。目今天气严寒，边方犹甚，深念诸将士披坚执锐，暴露沙场，劳苦忠勤可悯。朕眷焉东顾，未尝顷刻忘怀，宜需恩施，用彰抚恤。除御史陈王庭所请赏功银两应照例速发外，尔两部再凑银二十万两，题差一官赍赴军前。将主客官兵从优犒赏，务使人沾实惠，士有奋心，益摅敌忾之忠，早奏荡平之绩。刻期给发，毋或迟延。故谕！"② 从神宗的诏谕中可以看出，他对明军即将展开的大规模军事行动的前景显得信心十足。

然而，就在该诏谕发出后不久，杨镐便察觉到先前各镇派出的援辽兵马素质参差不齐。在同年十二月份的一份奏疏中，他明确指出："西来所调兵马，仅有马林所统，系是挑选，余皆尪羸不堪，且有未出关者。问之则曰司、道各为地方镇协见任把持。乞敕兵部，马上严催各处，精锐兵马择见任将官统领，星夜兼程，务于年里齐到辽阳，庶征讨有济。上曰：这奏续调各处援兵，俱未出关，且已到者，疲弱不堪，何

---

① 《明神宗实录》卷 574，万历四十六年九月辛丑，第 10856 页。
② 《明神宗实录》卷 574，万历四十六年九月戊申，第 10859、10860 页。

神征讨？着行与各督抚严谕镇道等官，务选精锐人马，令见任将官统领，克日抵镇，有仍前充数，及逗留者，从重参处。"① 据此可知，援辽兵马中唯有马林所部是经过精心挑选的宣大精锐部队，而其他各军均孱弱不堪，难以担当重任。此外，杨镐还透露，在大战前夕，延绥、宁夏、甘肃、固原、宣府、大同、山西等军镇均不愿抽调部队前往辽东作战。为此，明神宗不得不以严厉的旨意进行催促，但效果似乎并不显著。随后，杨镐在上疏中仍反复强调，唯有抽调各镇边兵，方能解决问题。"即保定兵在关上迎职者，皆伏地哀号，不愿出关，此可令外夷闻乎！且不待遇贼，已有败势。兵不可用，与无兵同。故必调边兵为今日实济，愿各镇督抚，同心忧国。"② 此时距离萨尔浒大战仅剩半年时间，但明朝显然尚未做好充分准备。这种不充分不仅体现在士兵数量和军事素质上，作为经略的杨镐与刘綎、杜松等将领之间的关系也颇为紧张③，将领与监军之间的私人关系也颇为紧张。然而，战争的进程已然启动，势不可当。

战前，杨镐就发动此次战役的缘由、准备工作、进兵时机、作战部署以及战场纪律等问题，向朝廷做了详尽汇报。这份奏疏的完整版本被收录于《筹辽硕画》之中，现谨将其内容摘录如下：

> 职会同蓟辽总督汪可受，巡抚周永春，巡按陈王庭，为照建酋奴儿哈赤者，穷凶稔恶，法所必诛。皇上一怒，赫然断行征伐。不以职为不肖，起之闲废，俾与总督同典戎旃，又简巡抚、参军，共图戡定。职等忠愤所激，岂不愿灭此而后朝食哉！

① 《明神宗实录》卷 577，万历四十六年十二月壬戌，第 10921、10922 页。
② 〔明〕程开祜辑：《筹辽硕画》卷 6《题为抵关闻警急议应猝兵将以资战守事》，第 251 页。
③ 孟明月、李学成：《萨尔浒之役明朝败北的内部因素考析》，《满族研究》2019 年第 3 期，第 38、39 页。

顾贼既发难之后，始下募兵之令，驰调兵之檄。募兵未易完，必须团练，调兵未即至，难遽整齐；而钱粮请之内帑者，不足则那之部、寺；再不足则借之南都，搜之各省；又不足，复加派于民间；其本色，则召买于本镇，海运于山东，递相转输，疲曳艰关。数月以来，尚难充裕。器械，则外造者，勿给也；内运者，勿堪也。添造之关以西之郡邑，如战车、火炮、火箭、长枪、大刀、搬锹、锅口、铅铁子、火药之数，取足于督臣者，至数十余万之多，亦数月精力始得办完。马匹则买之民间，兑之同寺，不得十之三四，又专官市买于宣大西镇，往返亦数月始至。

而朝鲜，始未必其同力；北关（叶赫部）初未必其同心；虎墩、秒暖等大虏又恐，其贿购于奴酋，而乘间抵隙，为我肘腋之害。此三酋者，鼓舞笼络之不至，即兵马、钱粮、器械，皆已整办，亦不便于举事。既图之，稍有次第，已入深冬矣。无两三日不雪，无雪不两三尺，寨口、隘口，冰坚数寸，刀刃所不能施，马足所不能措，出哨夜役，回乡人口，且多僵死于道路者，此岂进兵之时哉？故，仅以各总兵，画地而守，虽欲投袂而不能。今已春暖风和，雪消冰泮，三军当钦颁犒赏之后，两关值感恩图报之时，朝鲜闻风而思共奋，西虏颇戢而无大忧，不于此时举事，明旨所谓，师日以老，财日以匮，贼之饰备且日坚，况春夏之交，水潦可虞，疾疫可虑，又将守株以何待？

职等集议既定约，令镇道各官，于二月十一日，俱至辽阳演武场。酌量兵马，分为四路：北以开铁为一路，从靖安堡出边。以原任总兵马林为主将，以开原管副总兵事游击麻岩，管铁岭游击事都司郑国良，管海州参将事游击丁碧，原任佐击葛世凤，管新兵右营原任游击赵启祯，管新兵中营原任参将李应选，原任守备江万春等隶之。以开原兵备道佥事潘宗颜监督，

185

以岫岩通判董原砺赞理，而北关兵马分路并进，又监之以庆云管游击事都司窦永澄。此可以攻奴酋之北面。从此而南则沈阳为一路，从抚顺关出边。以山海总兵杜松为主将，以保定总兵王宣，原任总兵赵梦麟左右之，又以职标下右翼营管游击事都司刘遇节，原任参将龚念遂，原任参将柴国栋，原任游击王浩原，原任参将张大纪，原任游击杨钦，原任游击汪海龙，管抚顺游击事备御杨汝达等隶之。以分巡道兵备副使张铨监督，以按察司经历左之佀赞理，此可以攻奴酋之西面。从此而东，以靖沙为一路，从鸦鹘关出边。以辽东总兵李如柏为主将，以管辽东副总兵事参将贺世贤，职标下左翼营管游击事都司张应昌，管义州参将事副总兵李怀忠，总镇坐营游击戴光裕，总镇左翼营游击王平，总镇右翼营管游击事都司冯应魁，武靖营游击尤世功，西平备御加御都司喻成名，加御都司事李克泰，原任游击吴贡卿，原任游击于守志，原任游击张昌胤等隶之。以分守兵备道参议阎鸣泰监督，以推官郑之范赞理，此可以攻奴酋之南面。从此而东南，以宽奠为一路，从凉马佃出边，以总兵刘綎为主将，以管宽奠游击事都司祖天定，南京陆兵营都司姚国辅，山东营都司周义，原任副总兵江万化，瑷阳守备徐九思，浙兵营备御周冀明等隶之。以海盖兵备道副使康应干监督，以同知黄宗周赞理、而朝鲜兵马分路并进，又监之以管镇江游击事都司乔一琦，此可以攻奴酋之东面。

若清河之东，瑷阳之西，尚有一路，亦可通贼。但山险路狭，林木深蔽，止可轻兵出奇，张疑设伏，听临期相机调度。乃兵马虽分四路，出边之时，须合探合哨，声息相闻，脉络相通。各道名为监督，而攒催粮草纪籍功罪，招收降人，皆其职掌。又辽阳、广宁系根本重地，则以原任总兵前府佥书官秉忠与辽东都司张承基驻辽阳。以新添总兵李光荣驻广宁。各领兵马以备不虞。又以管屯都司王绍勋总管运各路粮草。如此分别定矣。乃人心不同，有如其面，非假盟誓，众志安能一乎？即于是日，率镇道文武各官，而同誓于上下神祇。曰：奴酋贼天肆虐，朝廷问罪兴师，督抚按臣等共将明命。镐则忝任经略，傥有不忠不诚，废法废事，或南北主客将领之异视，或分布赏罚，予夺之徇私，明神殛之，先殒厥命。而三军司命，大将主之，大将并设旗鼓。必须勠力同心，或观望逗留，或当进不进，或当援不援，或忘人之功，或饰己之罪，或杀降冒功，或且滥及被虏华人者，明神殛之，速殒厥命。然将分四路，经略不能以四体役之也，为功为罪，实惟三四监司，为之耳目。而如无功，以为有功，有罪以为无罪，是非颠倒，叙录含糊，以致群情不服，公论无据，因而偾事者，责有所归，辜何可贷？即曰：假手借听于赞理各官，而各官有不矢勤矢慎，夹杂一毫欺隐玩愒之私，是不公、不忠，灭天理，丧人心者。司道所监何事，明神必共殛之，俾殒厥命。神之听之，必不昧其聪明之情状，必不枉其正直之本真，必不失其体物不遗之灵爽，而如不先之阴鉴，继之显罚，少有逸佚，谓盟不信。师出无功，神亦与有羞焉。夫幽有祸福，司之鬼神，非誓戒固，无以齐一，众志明，有赏罚，布在王章，非申儆又何以激励群情？所有悬赏规格，题奉钦依，已经榜示昭然，中外耳目，且播传夷地矣。

复将罚约条款已经榜示者，又行明白宣告，使共听闻：

一、各路信地，距奴贼城寨，计道途远近，定出兵日期，如违日期者，明系逗留，主将以下，领兵官，皆斩。

一、本路虽杀败贼兵，见别路为贼所乘，不即救援者，明系观望，主将以下领兵官皆斩。

一、主将与将领，将领与千把总，千把总与军士，或素有私仇，劫于阵中，乘机陷害者，审实处斩。

一、官军临阵退缩不前者，登时立斩。

一、马步兵前队，以冲锋陷阵破敌为功，不许割级，俟贼败走之后，方许后队割级。验功之时，前后队三七分赏。如贼未败，而争先割级，来抢级者，皆斩。

一、临阵私逃，及诈称病规避者斩。

一、营中蓄藏妇女者斩。

一、营中不加谨严防，致失火延烧火药、粮草者斩。

一、杀中国被掳人民报功者斩。

一、滥杀投降夷人及老幼妇女充功者斩。

一、争夺高丽北关所获首级者斩。

一、攻克贼寨，争抢财物，致有失机者斩。军士处斩，仍罪及本路将领。

一、俘获贼属子女及被掳汉人妇人，隐匿不报者，斩。

一、督运及护运粮草官，迟误军兴者斩。

以上十四款，不惮三令五申，各宜朝乾夕惕，尚方具在，军法无私。因取抚顺在阵先逃，已经题明正法之指挥白云龙者，当场枭首示众，以为法在必行之例。

随密谕各总兵，起自二月二十一日①，各依期限先后出边，窃计成师以出，当擒贼而返，何也？向则晦朔沉阴，今则朝昏晴霁；向则涉足泥泞，今则驱马平坦；向则有千余里馈运之忧，今则有三军腾饱之气。久仗宗庙社稷之灵，朝廷国家之福，岂小丑之不足荡乎？惟是职镐无能为役，不免久滞师徒。未及早释宵旰，视昔人旬有六日而斩孟达；期以八旬，而破杨幺者，诚可愧矣。

然以播事较之，以一总督，三巡抚，总三省之物力，统三十余万兵马，以图一杨应龙几二年。其司道在行间者，计一十

---

① "期二十一日先后出师，会大雪迷径，诸军乃改期二十五日。"〔清〕谷应泰撰：《明史纪事本末》，《补遗》卷1《辽左兵端》，第1412页。

七员；知府、同知、通判、推官、州县正官，在行间者，计三十七员；而都、布、按三司官，及杂委供事者，尚不与焉。真不啻如林之旅矣。

今全辽仅仅四道，常缺其一二。求一督运部臣，一赞画主事，而不可得。与职共事者，止守道阎鸣泰一人耳；一知州被论听勘；一通判、一推官，又有各处查盘之委用。军旅之事，千头万绪，职统理其大，又亲其细，将几十月。手口不停，形神俱瘁，日中而食，食且不饱，夜分而寝，寝且不寐。虽欲将勤补拙，未见敏则有功，而远观遥听者，见谓无所事事。忧乱思治者，见谓涉于迟迟，讶职书报稀疏者，又见谓一于汶汶。夫整而能暇，兵家所尚，安危关系，尝试实难。人顾力行，虚谈何补。职始终此心，誓不与贼俱生而已，又遑计其他哉！①

杨镐在这篇长三千余字的奏疏中主要阐述了以下六点内容：

其一，阐述明朝对后金用兵的正当性，即后金作为臣属却违背臣道，实质上已行反叛之举。

其二，解释为何在努尔哈赤攻破抚顺等城堡后，未立即展开大规模军事报复行动的原因。其主要包括：大规模的军事准备工作需要时间逐步落实；朝鲜、叶赫等盟国起初对战争前景缺乏信心；虎墩（林丹汗）、炒暖（泰宁）等蒙古部落与后金关系暧昧，杨镐担心他们在明军大规模进攻后金时会从背后偷袭。

其三，说明次年春季发起行动的缘由。此时天气转暖，自然条件显著改善，有利于大军行动；经过斡旋，朝鲜、叶赫等盟国对战争前景重拾信心；各地援辽军队经过长时间休整后士气高涨。

其四，汇报二月二十一日在辽阳校场的盟誓情况，以及四路进兵方

① 〔明〕程开祜辑：《筹辽硕画》卷16《恭报师期大彰天讨以振国威事》，第528—532页。

略的基本部署，包括主将、副将、监军的人选安排。

其五，公布明军的战场纪律条规。

其六，杨镐向朝廷坦白了种种隐忧以及为筹备这场战事所遇到的诸多困难。他将此次战役与平播之役相比较，认为明朝所动员的力量远不及前者，这再次表明明朝的整体准备并不充分。作为经略，杨镐陈述了他为筹备战事所做的各种努力，并对时人的批评作了简要回应。总之，他决心与此事相始终，鞠躬尽瘁，死而后已。然而，事与愿违，战争的进程远远超出了杨镐的预期，最终明朝四路大军中的三路遭遇了毁灭性打击。鉴于此次战争的进程，早前学界已进行了大量相关研究，此处不再赘述，仅对马林所统率的北路明军之战况稍做必要的考察。

根据山东巡按陈王庭的题奏，原计划各路明军的出发时间是："总兵刘绖于二月二十五日寅时出宽奠小佃子口；马林二十八日巳时出铁岭三岔河；杜松等二十九日申时出抚顺关口；李如柏三月初一日巳时出清河鸦鹘关口。"① 按杨镐的部署，各路明军应于三月一日在二道关集结，随后集中力量对赫图阿拉发动全力进攻。"为照征剿报过师期，原以二十一日陆续发兵到边，二十五日该宽奠一路出口，初一日该沈阳、开、铁、清河三路出口，俱约定初（二）至二道关合兵前进。"② 然而，由杜松统领的西北明军为了抢占先机，提前一天出发，出边后因几场小胜而变得轻敌冒进，盲目地快速推进，"乃总兵杜松出师要占首功，单马行前，辄弃车营，初一日申时，既以活捉夷贼报功，旋又以焚克二栅报功，而不知其已入贼之伏也"③。在渡浑河时，由于水深流急，配备火器的车兵无法渡河，杜松最终决定率领步兵和骑兵先行。"初二日巳时，据车管原任参将龚念遂，原任留守李希泌禀称……武靖家丁沙有功，身带重伤入营，说称亲见兵马半渡，达贼万余，将杜总兵营铲断，将杜总

---

① 〔明〕程开祜辑：《筹辽硕画》卷17《题为援将违律丧师狡奴猖獗愈甚乞亟敕廷议以救危疆并候圣明处分事》，第544页。

② 《明神宗实录》卷580，万历四十七年三月甲午，第10977页。

③ 《明神宗实录》卷580，万历四十七年三月甲午，第10977页。

兵围住砍伤，尾后损折，不知数目，见围在山，势似危急等情到臣。"①
这表明，杜松在三月初二巳时左右已经深陷苦战。总体来看，杜松未遵守既定的进军时间，提前行动，致使马林的北路军无法与其配合。最终，努尔哈赤得以集中兵力，对杜松所部实施围歼。

诚然，上述观点均出自经略杨镐、御史陈王庭等人的奏章，其论述是否确凿无疑，尚需谨慎斟酌。例如，《明史纪事本末》便提出了不同的见解，其说曰："松方出师，牙旗折为三，识者忧之。李如柏阳酒酒拜送曰：吾以头功让汝。松慷慨不疑，临行携扭械自随，曰：吾必生致之，勿令诸将分功也。如柏复遣人语之曰：李将军已自清河抵敌寨矣。松踊跃向前，卒陷没。既败，杨镐欲掩己罪，犹言松违律丧师，抚按周永春、陈王庭亦如之。或曰：如柏故置奸人为松乡道，陷之也。"② 引文中的说法其实存在疑点。根据其描述，杜松因受到李如柏的欺骗而深陷重围，最终导致全军覆没。若此说法属实，那么李如柏和杜松理应对战争的失败负主要责任。然而，杨镐在事后上奏时为何没有提及这一关键情节？此外，前引史料中透露出的杜松急于立功的种种表现，反而在一定程度上支持了他不顾约定而提前进兵的说法。

时人王在晋在《三朝辽事实录》中对四路明军的进军情况亦有详细记载。关于西北路杜松所部，他如此写道："分派既定，拟二月二十一日先后出师，将师期题奏，遐迩共闻。而奴中调度安排，机构周密。二十八日，杜松从沈阳起行，翌午抵抚顺，星夜统兵出，日驰百余里，进克二寨，前锋半渡浑河，车营五百阻水，松乘醉呼内丁乱抟，原任参将龚念遂，同诸军填委壑，中水为之不流，河平，松与众渡。贼以全塞设伏，松奋斗十余阵，自午至酉，被创陷围中，欲团聚山头冲杀，贼从河畔林莽中起，复对垒，鏖战良久，抵昏，松落马，彼此混杀，王宣、

① 〔明〕程开祜辑：《筹辽硕画》卷 17《题为援将违律丧师狡奴猖獗愈甚乞亟敕廷议以救危疆并候圣明处分事》，第 544 页。
② 〔清〕谷应泰撰：《明史纪事本末》，《补遗》卷 1《辽左兵端》，第 1413页。

赵梦麟皆力战而死，师大溃。"① 此说与杨镐的题奏内容基本一致。按杨镐的布置，杜松应于"二十九日申时（下午3时至5时）出抚顺关口"，而据王在晋所述，杜松"翌午抵抚顺，星夜统兵出"，这个时间大体与杨镐的布置是一致的，但，"日驰百余里"的行军速度，显然是在说杜松的速度过快，这与其立功心切及努尔哈赤故意丢下诱饵皆有关系。总之，事后杨镐对杜松的指责应当并非凭空捏造之辞。

据杨镐所述，马林在三岔口行军时，得知杜松已于前一日率部进发。为尽快与杜松所部会合，马林随即加快了行军速度。"既初二日午时，开铁总兵马林行至三岔，闻杜松已先出一日，亦仓皇疾出，比至二道关，杜松与王宣、赵梦麟兵马时已败亡。"② 据《方舆考证》记载，三岔"在铁岭卫东南七十里。万历四十七年，马林由三岔出塞，败没于二道关"③。也就是说，马林在开原至三岔这段区间的行军速度是按照预设计划进行的，三岔到二道关这段路程则是加速行军状态。

当马林率军行至二道关附近的尚间崖时，天色已晚，他随即下令安营扎寨，并试图与杜松取得联系。然而，为时已晚，杜松早已兵败，而马林对此尚不知情。不久之后，马林所部便遭到后金优势兵力的猛烈围攻。"贼乘胜，合力北迎开、铁兵。马林于三月朔，从懿路城迤东三岔儿堡出口。分为四营，突与贼遇，备御不及，被贼掩袭，部伍遂乱。窦永澄、麻岩战没，潘宗颜、董尔砺死之。林带军万余，奔据张家楼。"④ 由此可知，努尔哈赤在击败杜松率领的西北路明军后，才得以重新集结兵力，全力迎战马林。而马林对杜松的迅速溃败显然缺乏心理准备，

---

① 〔明〕王在晋撰：《三朝辽事实录》卷1《皇明神宗显皇帝》，《续修四库全书》第437册，上海古籍出版社，2002年，第44、45页。

② 《明神宗实录》卷580，万历四十七年三月甲午，第10977、10978页。

③ 〔清〕许鸿磐撰：《方舆考证》卷15《奉天一》，国家图书馆藏民国七年至二十二年刻本。

④ 〔明〕王在晋撰：《三朝辽事实录》卷1《皇明神宗显皇帝》，第45页。

"初三日寅时，据铁岭拨夜口报，马总兵与开原潘金事被达虏不知其数围住等语"①。从初二日巳时（上午9时至11时）至初三日寅时（凌晨3时至5时），时间仅仅过去了十六个小时。根据杨镐的说法，初二日午时（中午11时至下午1时），杜松已经战败。粗略计算，后金在击败杜松后，仅用十四个小时就完成了对北路马林部队的包围。

马林在尚间崖扎营时，尚不清楚杜松的处境。当得知杜松战败身亡的消息后，他立即决定迅速撤退，但为时已晚。"杨镐之四路出师也。令林将一军由开原出三岔口，而以游击窦永澄监北关军并进。林军至尚间崖，结营浚壕，严斥堠自卫。及闻杜松军败，方移营，而大清兵已逼。乃还兵别立营，浚壕三周，列火器于壕外，更布骑兵于火器之外，他士卒皆下马结方阵壕内。又一军，距其西三里，营飞芬山。"② 在无法撤离战场的情况下，马林除了结阵自守、等待援军之外，似乎别无他法。陈王庭、杨镐等人得知消息后，立即派出部队前往救援马林，"臣随会经略督分清河李镇守兵一支出援本路，去后。初四日，又据开原安乐州知州张文炳禀称，初三日寅时，据潘金事家人樊天朝执印到卑职说称，潘金事在营兵马，被达贼势众赶散，潘金事今无踪迹，即马总兵、麻副将赶散，丁副将、郑游击等多将，亦不见一人影，向为此驰禀"③。北路明军在后金军队的猛烈冲击下迅速陷入混乱，紧接着便传来多名将领战死的消息。"又臣差夜不收蒋兴，前去查探。据本役回称，潘金事督兵随营，背中一箭，致伤落马，无存；岫岩通判董尔砺亦随阵致伤，无存；庆云游击窦永澄亦殁阵。中协游击等官麻岩、丁碧、郑国良、左辅王捷，及马总兵尚有马兵万余，溃奔张家楼等情。到臣，复差游击马

---

① 〔明〕程开祜辑：《筹辽硕画》卷17《题为援将违律丧师狡奴猖獗愈甚乞亟敕廷议以救危疆并候圣明处分事》，第544、545页。

② 〔清〕旧题万斯同撰：《明史》卷323《马林》，第573页。

③ 〔明〕程开祜辑：《筹辽硕画》卷17《题为援将违律丧师狡奴猖獗愈甚乞亟敕廷议以救危疆并候圣明处分事》，第545页。

燨查核。"① 从这段信息可以看出，马林在麻岩等人战死之后，仍掌握着超过一万的兵力。此外，马林的侄子马燨也参与了萨尔浒之战，但他所统领的部队似乎被安排作为预备队使用。根据杨镐在三月十一日的奏报："既初二日午时，开铁总兵马林行至三岔，闻杜松已先出一日，亦仓皇疾出。比至二道关，杜松与王宣赵梦麟兵马时已败亡。又以备抚顺之兵，与备开、铁之兵合而攻之，何能久支。回至张家楼，同车营入边，据在阵斩首六级，得获达马三十一匹。臣与按臣计议，且四面招集，俾归原伍，另加整顿，又一面驰至清河，宽奠两路不得深入。"② 据此，马林的部队并未全军覆没，但杨镐要求他重新召集士兵并归建原编制，这表明这支明军已被后金军队击溃。陈王庭的奏疏也证实了这一判断，"至于开铁兵马，经略初派由三岔出口，援将马林苦执由靖安出边，迨至临期，复连禀仍由三岔出口。经略准令与杜松联络马营，乃抚顺交锋之时，而该镇迄未至也。比奴众乘胜北驱，该镇堤防当无不至，何守备不设，致虏众乘夜袭营，兵亦败溃，令道厅不保，而宣大兵马，生死相间，存者亦复溃散矣"③。这里存在一个疑问：马林为何在出边地点上犹豫不决？这一问题有待考证。此外，陈氏认为，马林的责任仅在于未能严密设防，而非救援杜松不及时。这也进一步证实，杜松确实没有按照原计划出边。

马林之所以能够生还，主要归功于其手下将士的奋勇拼杀。"副将麻岩殊死疾斗，力屈歼。马林仅以数骑兔，将士死者弥山谷，血流尚间崖，下水为之赤。"④ 麻岩是在尚间崖之战中阵亡的高级军官，他出身

---

① 〔明〕程开祜辑：《筹辽硕画》卷 17《题为援将违律丧师狃奴猖獗愈甚乞亟敕廷议以救危疆并候圣明处分事》，第 545 页。

② 《明神宗实录》卷 580，万历四十七年三月甲午，第 10977、10978 页。

③ 〔明〕程开祜辑：《筹辽硕画》卷 17《题为援将违律丧师狃奴猖獗愈甚乞亟敕廷议以救危疆并候圣明处分事》，第 546 页。

④ 〔清〕旧题万斯同撰：《明史》卷 323《马林》，第 574 页。

于大同右卫的麻氏家族。该家族与蔚州马氏世代联姻，关系十分紧密。① 与麻岩一同战殁的还有马林的两个儿子，马燃、马熠，"燃、熠从林出开原，战死尚间崖"②。此外，在斐芬山担任监军的潘宗颜等人也与后金军队展开了激烈战斗，"初林领开铁兵从三岔口出边，营于稗子峪，夜闻奴陷杜松，军中遂哗，及旦敌至，林甚恐，遂提部下兵避其锋以去。宗颜独留殿后，奋呼杀贼，胆气益厉，与游击窦永澄、守备江万春、通判董尔砺等及所部健丁冲突鏖战，贼死者枕藉，自辰至午力竭不支，遂同时遇害"③。称马林因恐惧而率部逃跑的说法并不准确，从他的具体部署来看，他显然意在坚守阵地，等待援军。

在《清实录·满洲实录》中对于北路明军的布置有详细记载：

明国左翼北路总兵马林兵是夜至尚间崖，安营凿壕，击鼓传铃，周转巡逻。我兵见之，遂星夜来报大王。次日，大王领兵三百余先往。马林方起营，见大王兵至，遂停兵布阵，四面而立，绕营凿壕三道，壕外列大炮，炮手皆步立。大炮之外，又密布骑兵一层，前列枪炮，其余众兵皆下马，于三层壕内布阵。此营西，相距三里又一营，兵立于斐芬山。大王见之，三次遣人驰报满洲后至兵，陆续赴大王营，不绝。

明国左翼中路后营游击龚念遂、李希泌，领车营骑步兵一万，至斡珲鄂谟处安营。绕营凿壕，列炮。帝率四王，领兵不

① 麻岩的父亲是麻承训，而麻承训的父亲是稍早时候的著名将领麻贵。麻贵的儿子麻承宗娶了马林的哥哥马栋之女，另一个儿子麻承宣娶了马林的女儿。从辈分上论，麻岩是马林的孙辈。参见：《明诰封特进光禄大夫麻公暨配夫人沈氏合葬墓志铭》，载右玉县文史资料委员会编《右玉文史资料》（第十四辑），2003 年 12 月，第 32、33 页。

② 〔清〕杨世昌修，吴廷华纂：(乾隆)《蔚州志补》卷 10《人物志补·忠义孝弟》。

③ 《明神宗实录》卷 580，万历四十七年三月乙酉，第 10971 页。

满千人，令一半下马步战。明营兵一齐发炮，四王率骑兵突入，步兵遂摧覆战车，大败其兵。四王领兵尽力追杀，龚念遂等皆殁于阵中。帝方立马眺望，大王报到言，敌已至尚间崖。帝闻之，不待四王之兵，急领随从四五人，午时至其处，见敌兵四万已布阵而立。帝曰：吾兵当先据山上，向下衡击，其兵必败矣。众兵将登山，见敌众，营内兵与壕外兵合。帝曰：是兵欲来战我也。不必登山，可下马步战。大王遂往左二固山，令众兵下马，时下马者方四五十人，明营西面兵遂来战。大王谓帝曰：吾当领兵前进，即策马迎敌，直入其营。后二王、三王与诸台吉等并力杀入，两兵混战，敌兵遂败。剿杀大半，其六固山兵见之，前不待后，行伍亦不暇整，飞奔明之大营，营中兵发炮接战，我兵发矢冲击，明兵势不能，敌大败而走。我兵乘势追杀，死者漫山遍野，副将麻岩等皆斩于阵。总兵马林仅以身免，血水分流，如阳春释雪，尚间崖下河水皆赤。①

马林在尚间崖扎下大营的同时，潘宗颜则在距离大营以西三里的斐芬山安营扎寨。龚念遂、李希泌则率领车营及一万名骑兵和步兵，在斡珲鄂谟处建立营地，其与大营之间的具体方位目前尚不明确。总体而言，马林在遭遇后金军队突袭时并未惊慌失措，而是进行了周密的布防。从各营"绕营凿壕"的行为来看，北路明军显然已难以撤离战场，最稳妥的策略便是固守待援。随后，后金军队与北路明军在斡珲鄂谟、尚间崖、斐芬山三处先后爆发了激烈的战斗。在前两处大营战败后，后金军队才得以集中全力进攻潘宗颜驻守的斐芬山。

---

① 《清实录·满洲实录》卷 5，天命三年闰四月至四年七月条，中华书局，1986 年，第 235—239 页。

四王破龚念遂营，出自《清实录·满洲实录》卷5，
天命三年闰四月至四年七月条，第234页

太祖破马林营，出自《清实录·满洲实录》卷5，
天命三年闰四月至四年七月条，第235页

《满洲源流考》的记载也印证了前述判断，"驰直逼明营，明兵发鸟枪、巨炮，我兵冲突纵击，飞矢、利刃，所向无前，明兵不能支，又大破，遁走。我兵乘胜追击，明副将麻岩，及大小将士皆阵没。总兵马林仅以身免。灭迹扫尘，案角陇种，尚间崖下河水为之尽赤。上复集军士驰往斐芬山，攻开原道潘宗颜，兵令我兵之半下马，仰山而攻。宗颜兵约万人，以楯遮蔽连发火器，我兵突入摧其楯，遂破之。宗颜全军尽没"①。由此看来，斡珲鄂谟、尚间崖两处营地的明军战败后，驻扎在斐芬山上的潘宗颜部才遭遇了灭顶之灾。起初，马林将部队分营驻扎，意在让尚间崖大营与斡珲鄂谟、斐芬山营地之间形成掎角之势，彼此呼应。然而，后金军队在数量上显然占据了绝对优势，导致尚间崖的明军与其他两个营地根本无法在战场上形成有效的相互支援。这支明军的表现也极为英勇，"尚间崖下河水皆赤"便是其奋勇作战的明证。

马林在突围之后，朝廷以未能及时应援为由，罚其戴罪立功。"不期杜松贪功轻进，以致丧师，深可痛恨。诸文武将士，死有可悯尔，当破格优恤，马林应援失期，罪亦难辞，姑着戴罪立功。"② 然而，这一处置在朝野上下引发了极大的争议。潘宗颜之子潘兆寰在马林于开原城下战死之后，曾托人上疏，强烈指责马林，其言辞如下："臣父开原道金事潘宗颜，战殁于阵。恤荫及臣，自愧愚柔无能补先臣未了之事，以酬国恩，夫复何言。而有不能已于一鸣者，臣父之忠义，苦未尽明于天下也。追惟往事，四路出师，各有监军，而实以身监马林军者，独臣父也。李如柏一路大将监军俱未见敌；刘綎、杜松两路，监军未行，大将死之；马林一路，则望风而逃者大将，陷阵而死者，监军也。马林当日临阵之逃，岂可以后日开原失守之死，同冒死事之名？即刘、杜之死，诚烈烈男子，然起家战阵，成师以出，原无生还之望。监军文臣耳，冲锋陷阵非其责也。况大将既奔，全军尽溃，进明知其无济，退犹足以图

---

① 〔清〕阿桂、于敏中等奉敕撰：《钦定满洲源流考》卷14《山川一》，（景印）《文渊阁四库全书》第499册，台湾商务印书馆，1983年，第676页。

② 《明神宗实录》卷580，万历四十七年三月甲午，第10983、10984页。

存，而臣父竟死之，则其义概视刘、杜为尤烈，即河西师溃，刘渠死之，亦可雁行刘、杜，羞称马林，而皆不足以加臣父，此公论也。"①潘兆寰认为，马林作为主将，在尚间崖之战中独自率先逃离，导致全军溃败。尽管他后来在开原城下战死，但他的事迹仍无法与潘宗颜相提并论。然而，这种观点并不成立。根据前文引用的清代相关史料，马林得以生还与全军溃败之间并无因果关系。他在获胜无望的情况下选择撤退，而北路明军在陷入重围时表现得足够英勇，这一点也得到了对手的证实。不过，作为主将，幸存下来必然会招致各种非议。持有类似看法的还有萨尔浒之战后接任兵部尚书的黄克缵。黄氏因萨尔浒之战的惨败，创作了《辽阳纪事》组诗以抒发感慨。在其中的第四、五首诗中，黄氏对马林及潘宗颜的事迹做出了如下评价：

其　　四②

> 代帅今非马服君，
> 愁看虏骑阵如云。
> 前军失利身先退，
> 虀踏万人肢体分。

　　黄克缵在诗中以战国名将马服君赵奢作为马林的老乡为参照，巧妙地反衬出马林的怯懦与无能。随后，黄氏又写道："马林蔚州人，闻麻岩兵败即奔回，士马自相蹂践身死。"③内中讥讽之意展露无遗。

---

① 〔明〕鹿善继撰：《鹿忠节公集》卷3《比例乞优恤疏》，《续修四库全书》第1373册，上海古籍出版社，2002年，第154、155页。
② 〔明〕黄克缵撰：《数马集》卷18《辽阳纪事后十首》，《四库禁毁书丛刊》集部第180册，北京出版社，1997年，第234页。
③ 〔明〕黄克缵撰：《数马集》卷18《辽阳纪事后十首》，第234页。

其　五①

抛却军储事远征，
户曹本是一书生。
将军不死监军死，
三尺酬恩七尺轻。

　　该诗后接："潘宗颜督饷，未几即改兵备，督阵坠马死。"② 黄氏在诗中高度赞扬了潘宗颜作为文官所展现出的勇敢与气节，并借此反衬武将马林的胆小怯懦。总的来说，尚间崖之战中马林得以生还，这在当时引发了广泛的争议。

　　马林的家人对于世人的批评也有过回应："大将军次子林，为榆关总戎，素闲韬略，善书，饶有机变。方神宗五路出师，经略公，檄令监司某视师。监司故书生，不习兵事。公为之谋曰：前锋俱长驱出关，我辈提一旅，不先计险要，进退之方，徒相率争胜，脱有不济，何以应？且敌未可与斗也。俟其来，吾坚壁待之，乘其师老粮匮，一击而不复振矣。监司某，利于速战，不听。速公行，兵至塞外，果不辨地势。方金鼓成列，间大敌猝至，交斗未久，而人马疲毙，全军为之尽覆。公率死士数十骑，且战且仰天叹曰：天乎！臣力尽矣，非臣之罪也。时二子燃、熠俱从军，相顾失曰：忠孝，至是可以见大父地下无愧，遂共死焉。死之日，门下勇士咸以身殉，无一还者，故公父子遗躯莫可问。"③ 据此，马林本人并不主张长驱直入、争先恐后的作战方式，而是主张依托明朝现有的堡寨，坚守防御，寻找机会歼灭敌军。马林的这一观点与御史张铨此前上奏的奏疏中的看法高度一致："奴之山川险易，诸将未谙，深入保无抄绝。昔胪朐河之战，五将不返，奈何轻言。今宜就近调

---

　　① 〔明〕黄克缵撰：《数马集》卷18《辽阳纪事后十首》，第234页。
　　② 〔明〕黄克缵撰：《数马集》卷18《辽阳纪事后十首》，第234页。
　　③ 〔清〕宋起凤：《大茂山房合稿》卷5《书马大将军传后》，第808页。

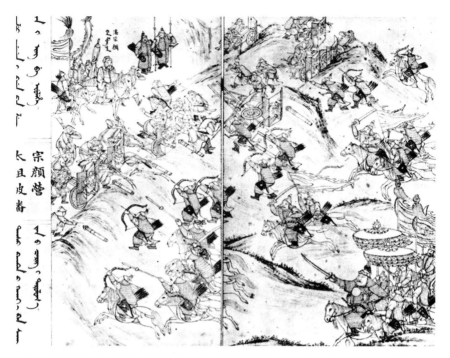

太祖破潘宗颜营，出自《清实录·满洲实录》卷5，天命三年闰四月至四年七月条，第239页

募，屯集要害，以固吾圉，厚抚北关，以竖其敌。若加赋选丁，骚动天下，恐忧不止奴者。铨又言，李如柏、杜松、刘綎以宿将并起，势不相下，必责成杨镐使之约束。"①

作为监军的潘宗颜显然与杨镐持同一看法，主张速战速决，这可能是他在未出师之前上疏杨镐建议撤换马林的主要原因。萨尔浒之战前潘氏曾上书杨镐，说："林庸懦，不足当一面，乞易他将，以林为后继，不然必败。"② 在一场即将到来的大战前夕，监军与主帅之间出现了严重的意见不合，这种分歧对于战局的潜在影响是负面的，可能会导致不利的后果。令人感到不解的是，尽管存在这样的分歧，杨镐却并未采纳

① 〔明〕王在晋撰：《三朝辽事实录》卷1《皇明神宗显皇帝》，第42页。
② 〔清〕阿桂修，刘谨之纂：（乾隆）《盛京通志》卷56《名宦四附忠节》，（景印）《文渊阁四库全书》第502册，台湾商务印书馆，1983年，第293页。

潘氏提出的建议，反而坚持让潘氏与马林搭档，共同面对即将到来的战斗。这种决策背后的原因和考量，外界不得而知，但可以肯定的是，这样的安排并非没有引起任何人的注意。尚间崖之战对于蔚州马家来说，几乎是一场毁灭性的灾难。在这场战斗中，马林的两个儿子马燃和马熠，英勇奋战至最后一刻，他们的身体几乎被战斗的残酷所摧毁，以至于尸身难以辨认；而马家的家丁也无一幸存，全部战死沙场。尽管马林本人最终侥幸逃脱，保住了性命，但他所面临的非议和道义上的指责，以及由此带来的精神压力和负担，是可想而知的，这些都无疑对他造成了沉重的心理打击。

（二）殒命开原。努尔哈赤在萨尔浒之战取得胜利后，仅耗时三个月便完成了后续的军事部署，随即再度对明朝发动大规模军事行动。此次，他选定的攻击目标是马林镇守的开原城。"天命四年夏六月，太祖高皇帝统师四万征明。行三日，大雨河涨，谕贝勒诸臣曰：将回兵耶？抑进兵耶？道泞渡口水溢，军行非便，若留一二日，待水涸土燥，恐逃者泄语，俾明知我取开原也，宜进兵沈阳以疑之。遂发兵百人，向沈阳杀三十余人，擒二十人而还。使人侦视开原，无雨，道不泞，河水可济，太祖高皇帝乃率大军进薄开原城。"① 由于在尚间崖之战中失利，马林已背负罪责。为应对后金对开原的潜在军事威胁，他力主联合蒙古科尔沁部共同抗敌。然而，此提议遭到明朝部分文官的强烈反对，他们甚至指责开原的失守是马林过分依赖外援，而未积极加强防御所致。②

然而，将开原失守的责任完全归咎于马林似乎有失公允。正如御史周宗建所指出的："既败之后，马林尚未全没，李如柏且已掣还，此时唯有严备开原，联络北关，为死守计，此又一定着也。而当国者复漫无定见，所票明旨，全无经画，二三庸流，惟推一纨绔之李如桢，疏莽之刘国缙，倚为长城。而镐乃眼迷心乱，茫然无措，使开、铁继陷，属夷

---

① 〔清〕穆彰阿、潘锡恩等纂修：《大清一统志》卷60《奉天府二》，《续修四库全书》第614册，上海古籍出版社，2002年，第36页。

② 张建：《萨尔浒战后明将马林的联蒙抗金》，《满语研究》2022年第2期。

沦亡，则又宰臣之无识误之也。"① 周宗建的话颇有见地，但属于"后见之明"，于时事无补。大约与此同时，开原道兵备韩原善曾上疏明神宗曰："臣前疏请发万兵之饷，募兵万人，非好无激聒也。真见残破之开原，当狡虏垂涎之际，兵马城池，一无足恃，舍是则无策矣。"② 据此可知，开原城此时已经残破不堪，且驻军数量不足，战力堪忧。可见，明朝在开原方向的军事准备是非常不充分的。面对努尔哈赤的攻击，马林作了最后的抵抗，"明总兵马林等婴城守，城上少列兵，余皆陈四门外。我军设楯梯进攻，而以偏师掩击东门外所陈兵，败之。明兵争入城，填拥于门。我兵夺门搏战，而攻城之兵云梯未布，即逾城入。城上兵四面皆溃，城外三门兵见城破，惊窜，我兵据门堵御濠，不得渡，尽歼之。权道事推官郑之范先遁，得脱，马林等皆阵殁"③。马林此次率军于开原城下列阵御敌，陷入苦战而血洒沙场，"尸骸雍乱军中，不复可辨"，其战殁之状甚为惨烈，"林死时，侄灼，婿李日葺，祁焯等亦先后殉难"④。或许对于马林来说，战死沙场的那一刻或许是一种解脱，他终于不再需要面对来自周围人的各种非议和误解，也不必再承受那些沉重的心理负担。在生命的最后一刻，他可以带着一份释然，想象自己能够与那些在战斗中牺牲的战友在九泉之下重逢，共同举杯畅饮，分享彼此的故事和回忆。

马林父子的接连战死，给幸存的马家人带来了沉重的精神打击。马林的另一个儿子马烜，此后陷入了近乎疯癫的状态，"故公父子遗躯莫可问，澧水奉太夫人，惟涕泣举衣，成礼而已。凡数十年来，马氏中衰，独澧水孝思不匮，眷眷以墓地为急。中间力不能举，则日夜饮痛，

---

① 〔明〕周宗建撰：《周忠毅公奏议》卷4《论辽事责成辅臣疏》，《续修四库全书》第492册，上海古籍出版社，2002年，第116页。

② 〔明〕程开祜辑：《筹辽硕画》卷20《题为危辽不容再坏画策宜图万全条议调将募兵实用以裨庙谟以保疆场事》，第662页。

③ 〔清〕穆彰阿、潘锡恩等纂：《大清一统志》卷60《奉天府二》，第36页。

④ 〔清〕杨世昌修，吴廷华纂：(乾隆)《蔚州志补》卷10《人物志补·忠义孝弟》。

效古人作佣事，愿鬻身以营葬。澧水虽将种，颇具父风，攻诗亦善书，游崆峒，异人授秘录，隐而不发，盖学道人欤？以父葬未果，中心萦结，凡一切世俗酬酢，与人旷然，亲友相目为马痴，而不知其中有隐恸也。澧水从余游最久，述其梗概若此，是诚足传"①。需要补充的是，马烜除了受到之前变故的影响外，还可能与他后来在新朝入仕的经历有关。(顺治)《蔚州志》卷下，"国朝"目下有载："马烜，林之子，炯之弟，宁夏参将。"② 马烜曾经担任过清朝宁夏地区的参将这一重要职务，这样的历史背景无疑在他的内心深处留下了深刻而复杂的痕迹。考虑到他的父亲和兄弟都是在与后金的战斗中英勇牺牲的，而他却最终成为这个曾经敌对政权的官员，这种转变背后所隐藏的个人情感和心理挣扎，显然是外人难以完全理解的。在面对这种无法轻易化解的内心痛苦和矛盾时，他可能会表现出一些在常人看来显得异常甚至有些疯狂的行为。

由于早前在尚间崖之战及随后的开原之战中，马林均存在责任认定问题，因此他身后的恤典事宜迟迟未能解决。尽管御史陈王庭竭力向朝廷陈述马林的忠烈事迹，但在当时似乎并未推动此事的进展。后来，陈王庭在为马林申请恤典时曾这样说道："刁斗能严，韬钤素裕，驰塞外而催坚，独羡子龙之胆。守孤城以效死，谁归先轸③之元，恨沉瀚海，

---

① 〔清〕宋起凤撰：《大茂山房合稿》卷 5《书马大将军传后》，第 808、809 页。

② 〔清〕李英纂修：(顺治)《蔚州志》下卷酉集《人物志》。

③ 先轸(？—前 627)，曲沃 (今山西闻喜) 人，春秋时期晋国名将、军事家。因采邑在原 (今河南济源西北)，故又称原轸。先轸曾辅佐晋文公、晋襄公两位霸主，屡出奇策，并以中军主将的身份指挥城濮之战、崤之战，打败强大的楚国和秦国。后来，先轸因秦国战俘事件与晋襄公发生争执，他本人一时盛怒，不顾尊卑而口不择言，又当着襄公的面 "不顾而唾"。此后，先轸带领的晋军在箕 (今山西蒲县东北) 击败狄军，史称 "箕之战"。战后，先轸脱下头盔铠甲，冲进狄军中战死，以此讨伐自己早前冒犯襄公的罪过。先轸以死明志，这是坚守清白的古人的作风，是他高尚精神的体现。

忠表阴山。"① 引文中高度赞扬马林饱览兵书、智勇双全，甚至将他与三国名将赵云和春秋时期晋国名将先轸相提并论，足见陈王庭对马林的钦佩之情。马林的恤典直到天启元年三月才最终确定，"马林各复原职，赠二级，袭升二级，从祠附祭"②。综上所述，在尚间崖以及随后的开原之战中，马氏家族承受了巨大的损失，共有四位英勇的战士马燃、马熠、马灼和马林英勇牺牲。除此之外，马林的亲属，包括麻岩、李日葘以及祁焯等英勇的战士，也在这两场激烈的战斗中相继献出了宝贵的生命。从这个角度来看，在萨尔浒以及紧随其后的开原之战中，以蔚州马家、大同右卫麻家、蔚州祁家为代表的边城世将家族都经历了子弟的战死沙场，其中尤以马芳家族的牺牲最为惨痛，他们为国家的安危付出了沉重的代价。

二、**师溃内庄**。马林战死后，马芳的几个儿子均已不在人世。马林之子马炯，成为该家族中第四位担任总兵官的人，"马炯，蔚州人。父林、赠都督同知，祖芳、左都督，宣府总兵官，《明史》有传"③。在万历四十七年（1619）九月之前马炯的任职经历未见诸史籍。升任墙子路参将，"升……马炯为墙子路……各参将"④。泰昌元年（1620），马炯转任倒马关参将，⑤ 但是不知何故，他并未赴任。天启元年（1621）正月，"留新升倒马关参将马炯仍管墙子路事"⑥。天启二年（1622）正月，马炯升任大同副总兵，"墙子路参将马炯为大同副总兵"⑦。同年十月，"升副总兵马炯署都督佥事充总兵官镇守湖广"⑧。梳理其履历时不

---

① 〔清〕王肯楝修，李舜臣纂：（乾隆）《蔚县志》卷 20《忠烈》，第 105 页。
② 《明熹宗实录》卷 8，天启元年三月辛酉，第 387 页。
③ 〔清〕萧琯等纂：（道光）《贵阳府志》卷 61《明守将武功录第六》，《中国方志集成·贵州府县志辑》，巴蜀书社，2006 年，第 213 页。
④ 《明神宗实录》卷 586，万历四十七年九月癸未，第 11213 页。
⑤ 《明光宗实录》卷 1，泰昌元年九月甲午，第 59 页。
⑥ 《明熹宗实录》卷 5，天启元年正月壬辰，第 251 页。
⑦ 《明熹宗实录》卷 18，天启二年正月壬子，第 920 页。
⑧ 《明熹宗实录》卷 27，天启二年十月戊子，第 1384 页。

难发现，马炯的晋升速度甚至超过了他那以英勇善战著称的祖父马芳。究其原因，可能与晚明以来边将战损率高、将领更替频繁有关。明廷在这一时期开始重视从边将家族子弟中选拔和提拔将领。

（道光）《贵阳府志》对马炯到湖广以后的情况有大体记载："炯，天启初湖广总兵，协讨贵州叛贼……从王三善至大方，数战皆捷。已而大败，三善自刎。炯及参政岳具仰，职方主事田景猷，乡官李毓阳、陆德隆、李绍忠等一百二十余人皆殁。炯祀忠烈祠。"① 据此可知，马炯赴任湖广之后，因贵州土司叛乱而开赴当地平叛。天启元年（1621），四川永宁宣抚使奢崇明起兵反明，奢军起义之处相继攻占了重庆、遵义，奢崇明本人则自称"梁王"。第二年，贵州水西土官安邦彦亦举兵造反，自称"罗甸大王"，安军很快攻陷了毕节并围攻贵阳，与奢崇明之间互为声援，史称"奢安之乱"。

马炯赴援贵州的战斗并不顺利，还因此遭到言官弹劾而被朝廷处罚，"怯懦之马炯，誓师并渡乌江，而徘徊于年狼寨，复迁迹于黄沙渡，岂非借招抚以缓师，趋间道以避敌乎！彷徨道路，为贼所穷，非各营留驻高坡，几以全军与敌。炯之罪，可胜诛哉！尚念客帅入援，不敢临敌易将，相应削职一级，戴罪杀贼，俟成功之日统计功罪"②。由于史料的限制，我们目前无法详细了解其中的具体情况。然而，随后发生的事件至少可以证明，马炯在战场上绝非懦弱之辈。

天启三年（1623）十二月至四年（1624）正月间，在贵州巡抚王三善主持下，明军号集六万兵力对安邦彦发动攻势，然而，由于后续粮饷无继，不得已草草退兵。安邦彦则乘势对明军发起追击，安军在贵州内庄一带重创明军，马炯即战殁于此地。据（道光）《大定府志》记载："（天启）四年正月……三善以杨明楷为中军，官军行且战至内庄。后军为贼所断，三善还救，士卒多奔。陈其愚者，贼心腹，先诈降，三

① 〔清〕萧琯等纂：（道光）《贵阳府志》卷61《明守将武功录第六》，第213页。
② 《明熹宗实录》卷41，天启三年十一月己卯，第2152、2153页。

善信之，与筹兵事，故军中虚实，贼无不知。至是遇贼，其愚故纵瞥冲，三善坠马。三善知有变，解印绶付家人，自刎，不得，遂遇害。总兵官马炯，同知梁思泰，主事田景猷，乡官李毓阳、陆德隆、李绍忠等百二十人皆死。"① 按此，内庄之役，明军包括巡抚王三善，总兵马炯在内的文武官员战殁者达到一百二十人，而对于此次战事失败，王三善要负主要责任。关于马炯之死，（乾隆）《蔚州志补》记述得更加具体一些，"炯督兵征苗，为飞矢所中，一臂已废，犹只手提刀，率士卒力战三日而死。事闻，诏其枢驰驿归，赐祭葬"②。综上所述，马炯在内庄之战中因身受重伤，最终不治身亡。

三、战殁甘州。马芳家族中第五位担任总兵官的是马爌，字元度，他是马栋之子。③ 如前文所述，在萨尔浒之战期间，马爌曾以游击将军的身份被杨镐等人临时派遣至张家楼，以核实北路明军的情况。在马林阵亡之后，遗留下来的宣大援辽士兵很可能由马爌接管指挥。天启元年（1621）五月，宣大总督董汉儒奏请朝廷，"遣马爌将兵三千入援，命移驻通州"④。这样一来马爌就从辽东调回到了内地驻防。一个月之后，努尔哈赤攻陷了沈阳，内地入卫辽沈之兵因此而发生大规模溃逃事件，宣、大二镇的兵士也不例外，"西兵入卫者，于本月初五日夜逃散。游击马爌止之不顾，虽节次招回，渐不可长。乞严加缉解，廉为首者枭示。领兵官一并议处，从之"⑤。由此可知，马爌采取了及时的应对措施，宣大地区逃回内地的散兵在他的安抚下逐渐回归原部队。然而，事后马爌并未因招抚有功而获得嘉奖，原因是辽东经略熊廷弼认为，入卫

① 〔清〕黄宅中修，邹汉勋纂：（道光）《大定府志》卷26《内篇十六》，《中国方志集成·贵州府县志辑》，巴蜀书社，2006年，第400页。
② 〔清〕杨世昌修，吴廷华纂：（乾隆）《蔚州志补》卷10《人物志补·忠义孝弟》。
③ 〔清〕杨世昌修，吴廷华纂：（乾隆）《蔚州志补》卷10《人物志补·忠义孝弟》。
④ 《明熹宗实录》卷10，天启元年五月壬子，第509页。
⑤ 《明熹宗实录》卷12，天启元年七月己酉，第597、598页。

部队的溃逃与前线将领克扣军饷有关，马爌本人也涉嫌贪污腐败，"宣大入卫兵之逃也，经略熊廷弼以将领扣克有因，参论之。兵部尚书张鹤鸣言，入卫逃兵与援辽逃兵不同，援辽兵原调赴辽，中道而逃，是弃辽也，拟当重。入卫兵，原暂驻近畿，事缓即宜发回，不发是滋费也，拟当轻。乞照旧发回，分别首从、枭示、贯耳。至马爌、周大全、张登魁，侵克有无，行阳和总督宣大巡抚究问，如真，即重坐，以为领兵贪残之戒。得旨：宣兵押回该镇，督抚官仍遵屡旨，分别首从正法，回奏。马爌等侵克科敛，摇惑众心，著严查究处"①。尽管明熹宗下旨彻查此事，但后续却未见任何进展。在此需要补充的是，熊廷弼虽然曾上疏参劾马爌等人涉嫌贪污，但他本人此前也曾极力向朝廷举荐马爌，称赞其才华。在《举将材疏》中，熊廷弼对马爌的评价如下："蔚州卫正千户马爌，骨相权奇，心机灵变，不至学古兵法，岂徒能读父书。"②在熊廷弼看来，马爌在军事上颇有才能，至少不拘泥于成说，能够做到灵活应变。

孙承宗在督师辽东期间，对马爌也颇为倚重。"公遂以马爌代（王）楹，而益料理关外事弗挠，乃具仪饯满桂及爌行。"③此事又见清修《明史》，"爌幼习兵略，天启中为辽东游击。督师阁部孙承宗以其父死王事，奖用之，命代王楹守中右所"④。中右所是宁远卫下辖的军事机构。在后金攻占沈阳之后，宁远地区已成为关键的军事要地。孙承宗任命马爌镇守中右所，足以证明其能力得到了高度认可。根据前述史料可以推断，马爌获得孙承宗的赏识，与马林此前为国捐躯有着密切关联。

继孙承宗之后，袁崇焕开始在辽东地区着手规划对后金的战守策

① 《明熹宗实录》卷12，天启元年七月乙丑，第627页。

② 〔明〕熊廷弼撰：《按辽疏稿》卷6《举将材疏》，《四库禁毁书丛刊》史部第9册，北京出版社，1997年，第680页。

③ 〔明〕茅元仪撰：《督师纪略》卷7，《四库禁毁书丛刊》史部第36册，北京出版社，1997年，第369页。

④ 〔清〕张廷玉等撰：《明史》卷211《马芳》，第5588页。

略。在袁崇焕的领导下，马爌屡立战功，"及巡抚袁崇焕更营制，以故官掌前锋左营，数有功"①。不过，袁崇焕对马爌在工作中出现的疏失亦不纵容，天启六年（1626）他曾上疏参劾，"参前锋左营游击马爌，简搜无方，兵马之逃亡日甚……本当重处，但念今春中右前屯战守俱与有劳在，马爌宜调之次冲，以责后效"②。可见，袁氏御下之严。自此之后，笔者再未见到马爌在辽东事迹的相关记述。

据（嘉庆）《萧县志》记载："崇祯元年，总兵官马爌率兵攻李五等，捣其巢，擒斩之，余党遂散。"③ 萧县隶属安徽省管辖，据此可推断马爌在崇祯元年已被调任至内地，然而引文中称其为总兵官或有误（详见下文）。又据《蔚州志补》，"崇祯五年，（马爌）运炮往州，所统不及百人，骤与闯贼数千遇，结圆阵拒之。自午至酉，杀伤甚众。贼相率入城自保，迨夜伐木为炬，遍燃高阜间，而自率骑兵薄城下，贼惊遁，论功补德州参将。六年奉檄剿景德，率家丁四十人，一鼓破之。七年除徐州副将，八年流贼陷凤阳，奉檄赴援，三日九百里，既破贼，以不纳赂上官，几为诬陷。赖吴郎中光仪力争之获免。寻移驻白龙王庙，护漕运饷"④。综上所述，从崇祯元年至崇祯六年，马爌的活动范围主要集中在山东、安徽和江西三省之间。此间，马爌所部也颇有战绩，"崇祯七年，以参将镇德州。时有深衡大盗贾邦焕，纠党数百，攻劫王官店诸村。爌率数十骑直前，左右驰射，毙贼三十八人，遂溃去，不敢窥州境"⑤。同样，马爌在安徽一带也起到了保境安民的作用。据（光绪）《寿州志》记载："明崇祯八年春，流贼犯寿州。州长吏适迁秩去，

① 〔清〕张廷玉等撰：《明史》卷211《马芳》，第5588页。

② 《明熹宗实录》卷78，天启六年十一月癸酉，第3748页。

③ 〔清〕潘镕修，沈学渊、顾翰纂：（嘉庆）《萧县志》卷18《纪事》，《中国方志集成·安徽府县志辑》，江苏古籍出版社，1998年，第559页。

④ 〔清〕杨世昌修，吴廷华纂：（乾隆）《蔚州志补》卷10《人物志补·忠义孝弟》。

⑤ 〔清〕王赠芳等纂：（道光）《济南府志》卷36《宦迹四》，《中国方志集成·山东府县志辑》，凤凰出版社，2008年，第169页。

御史方震孺家居，倡士民固守，贼自是不敢逼寿州。贼犯固始，走六安，总督朱大典移马爌及游击张士仪等驻寿州东，兼护二陵。"① 综上可知，此时马爌所部的活动范围主要在山东、安徽一带。

除了维持地方安全，马爌在维护运道安全方面同样起到了重要作用。崇祯八年（1635），马爌率部驻军在白龙王庙，该地近邻运河。然白龙王庙地势平坦，无险可恃，一旦遭到攻击，即面临绝境，"楼兵单，无险阻可守。贼顺天王率共众骤至，郡邑望风奔溃。爌叹曰：为臣死职分也，如家人何？因聚置楼上，崦积薪其下。戒之曰：如吾败，急以一炬炬之，幸无辱于贼手。乃密率敢死士，衔枚伏要路，俟贼过半，横出冲其阵。免胄大呼士卒，鼓噪乘之，贼惊溃。亲斩顺天王首，生擒整齐王之子阎骄生，漕运乃通"②。由此可见，马爌在身处绝境之际，能够沉着冷静，表现出无畏的勇气和视死如归的精神。作为一名武将，马爌勇猛果敢的战斗作风在其生涯中时常得以彰显。据（乾隆）《蔚州志补》记载："将军不及胄而出，直犯敌垒，惊遁。将军一股亦创甚，既返入见祁。祁故将家女，与言战勇事甚悉，将军亦意气自若，比夜分就子舍血浣，衣袜间殷如矣。"③ 至崇祯十年六月，明廷在江、淮、徐、泗一带对农民军渐渐处于下风，兵力业已捉襟见肘，此时只得在全国范围内大肆募兵，但是由于万历以来国家四处用兵，百姓苦不堪言，民乱迭起，募兵工作也进行得颇为艰难。杨嗣昌这时提出，马爌生长于边镇，朝廷应设法利用其家族的影响力在宣、大地区募集兵士，"夫募兵诚难，而因人因地分任责成则易，如该抚之属马爌边将也，因之以募边兵买战马"④。此事得到崇祯皇帝的积极回应，"崇祯十年六月十六日奉

---

① 〔清〕曾道唯等修，葛荫南等纂：（光绪）《寿州志》卷11《武备志》，《中国方志集成·安徽府县志辑》，江苏古籍出版社，1998年，第156页。

② 〔清〕杨世昌修，吴廷华纂：（乾隆）《蔚州志补》卷10《人物志补·忠义孝弟》。

③ 〔清〕杨世昌修，吴廷华纂：（乾隆）《蔚州志补》卷11《外志补》。

④ 〔明〕杨嗣昌撰：《杨文弱先生集》卷16《连接诸臣奏揭疏》，《续修四库全书》集部第1372册，上海古籍出版社，2002年，第321页。

圣旨：凤、泗、承天，祖陵重地，安庆、陵京上游，事关军务，倍宜详审。既经该部一一参酌，凤抚选将募兵，不得仍前观望"①。综上，马爌所部在崇祯八年至十二年间，主要活动于淮、泗之间，负责维持运道及祖陵安全。

崇祯十二年（1639）六月，马爌被派往天津任总兵官，"甲午……马爌为都督佥事总兵官镇守天津"②。其在天津之事迹，因史料大多不存暂且无从知晓。崇祯十四年（1641），马爌移镇甘肃，还受到了皇帝的隆重接见，"十四年佩平羌将军印，镇守甘肃。陛见日，陈剿除掣肘之弊，赐蟒玉，撤御馔食之。十五年奉檄勤王，率骑兵八百往来朔、易间，凡数月。十六年归镇。甫三日，闯贼以众至。爌与巡抚林固守相持数十日，城陷，巷战被执，不屈遂死。家人上其衣履葬焉"③。镇守甘肃的第三年，李自成的军队即大举来攻，马爌坚守城池数十日，最终被俘，不屈就死。史载，马爌之死极为壮烈，"爌闻城破，举火焚家属，自带佩刀见贼，抗手上坐，叛将崔某在侧，爌指之大骂曰：负国贼，世受国恩，何忍至此？贺贼语爌曰：今日何以奉教于先生？爌解佩刀与之曰：以此教汝，杀我须用吾刀。因顾谓日瑞，我等皆国家大臣，除一死更复何言，随拂衣起，北向再拜。趣贼曰：速杀我。贼竟取所与佩刀杀爌，并杀日瑞"④。

与马爌同年战死的还有他的堂兄弟马飚，以下为相关信息：

"马飚，卫人林之子，任沔阳州同知，清直饶有才能，闯逆倡乱，城陷被执。贼爱其丰仪，欲收营录用，公大骂不绝，遂死于难。"⑤ 关于此事（乾隆）《蔚州志补》里的记载更加详细："飚字雪如，崇祯十

---

① 〔明〕杨嗣昌撰：《杨文弱先生集》卷16《连接诸臣奏揭疏》，第323页。

② 〔明〕谈迁著：《国榷》卷97，崇祯十二年六月甲午，第5843页。

③ 〔清〕杨世昌修，吴廷华纂：（乾隆）《蔚州志补》卷10《人物志补·忠义孝弟》。

④ 〔清〕张玉书撰：《张文贞集》卷7《纪陕西官民殉闯难事》，（景印）《文渊阁四库全书》第1322册，台湾商务印书馆，1983年，第529、530页。

⑤ 〔清〕李英纂修：（顺治）《蔚州志》下卷申集《贡选》。

五年，由岁贡生授沔阳同知。明年正月，闯贼陷承天。飙知不免，啮臂血誓死殉城，不为父兄辱。二月，贼驻仙桃镇，有奸民持伪檄张城下，捕得立斩之。三月，贼以众十万至，飙率乡兵邀击东门外，贼出飙背，飙介马而驰，督战益力。未几，贼至益众，飙下马步斗，令家丁数人皆合与战，手格杀数十人，力竭被执。贼百计诱之不屈，经宿复婉词开导，飙瞋目大骂曰：若不识，我固马将军子孙耶？贼怒以槊攒刺之，赐溃而死。家丁石秀、马旺，见飙死不去，亦为贼杀死于其旁。"[1] 马飙在面对死亡的威胁时，展现出了非凡的勇气，他以一种视死如归的气概面对了这一切。对他而言，马芳家族的后代人必须保持尊严，即使是在生命的最后关头，也应当保持站立的姿态，绝不可以屈膝求生。"忠于国家，尽心王事"这一理念深植于英雄的马家人心中，成为他们血脉中流淌的坚定信念，代代相传，永不磨灭。

最后，就让我们以明朝人尹耕为马芳家族所作的一首题为《秋兴》的诗歌来结束本书的写作吧！

秋　　兴[2]

万山环合蔚州城，
紫塞连云朔气清。
禾黍岁时供上谷，
烽烟日夜接神京。
九宫迤逦通军壁，
高垒崔嵬列鲁营。
稍喜摧锋章节帅，
能将俘获谢苍生。

① 〔清〕杨世昌修，吴廷华纂：(乾隆)《蔚州志补》卷10《人物志补·忠义孝弟》。
② 〔清〕王育榞修，李舜臣纂：(乾隆)《蔚县志》卷30《艺文·秋兴》，第174页。

威名万里马将军，

白首丹心天下闻。

辽水旌旗余杀气，

泰山松柏已高坟。

条侯自靖军中变，

窦宪曾铭塞外勋。

独倚凌烟思将略，

暮天征雁下寒云。

在这首诗中，尹耕描绘了蔚州城的壮丽景色和边塞的军事形势。诗中提到蔚州城被群山环绕，紫色的边塞与云相连，展现出北方边疆的雄伟与清冷。同时，诗人也表达了对边塞将领的赞美之情。在此诗的下半部分，诗人表达了对"马将军"这位忠诚将领的敬仰之情。诗中提到"马将军"的威名远播，即使年老依然心系国家。同时，诗人通过对比历史名将，如条侯周亚夫和窦宪，进一步突出了马将军的功绩与品德。而不论是周亚夫还是窦宪最终都经历了跌宕起伏的人生，既有辉煌的军事成就，也有因权势过大而最终覆灭的悲剧。

历史，宛如一条悠长而深邃的河流，奔腾不息地流淌在岁月的长廊中。它以一种近乎神秘的节奏，反复奏响着相似的旋律，一幕幕似曾相识的故事，在不同的时空里轮番上演，仿佛是命运的回声，又像是宿命的注脚。从古至今，帝王将相的兴衰荣辱，英雄豪杰的悲欢离合，都在历史的舞台上留下了浓墨重彩的一笔。那些曾经权倾朝野的外戚，如汉代的马援、窦宪，凭借军功也好，家族势力也好，一时风光无两，却因权势过盛而引火上身，最终落得个身败名裂的下场。而在他们之前，西汉的卫青、霍去病家族也曾权倾朝野，却能善始善终。明人总喜欢用马芳的事迹来比附前述古人，似乎也在向我们阐述这样一个道理：历史的车轮滚滚向前，相同的轨迹却一次次被重复书写。

附录

马芳年表

马芳，字德馨，号兰溪，陕西灵州所人。曾祖讳训，祖讳鉴，父讳文通。因芳之故，俱被朝廷封赠为：特进荣禄大夫、左都督。母魏氏，名讳不详，被朝廷封赠为：一品诰命夫人。

正德十二年（1517）　1 岁

五月十五日，生于陕西灵州所。

嘉靖六年（1527）　10 岁

因不满继母虐待离家出走至李旺堡，投奔其堂兄。

嘉靖八年（1529）　12 岁

在李旺堡附近被蒙古土默特部掳走。

嘉靖十八年（1539）　22 岁

自土默特逃归，投至大同总兵周尚文帐下，被任命为勇士队主士（队长）。

嘉靖二十九年（1550）　33 岁

娶阳和卫师升之女为妻。

新店儿斩首一颗，升阳和卫左所小旗。

同年秋，俺答汗率众寇古北口、壁清河、剽怀柔、顺义。杀掠男妇

214

产畜，焚城郭、庐舍，火光彻都门。诸路援兵逡巡不敢进，芳以所属三百人驰敌营斩十数骑，论功，授阳和卫总旗。

嘉靖三十年（1551）　　34 岁

正月，在水口射退敌军。

嘉靖三十一年（1552）　　35 岁

二月，率部在盐场御敌，斩首九十级。

三月，于野马川御敌，斩首二十六级。

四月，御敌于泥河，左腿中箭，斩首二百四十二，获马两千八百。

四月，论功，授阳和卫指挥佥事。

嘉靖三十二年（1553）　　36 岁

正月，御敌于膳房，斩首七十，获马三百有奇。

二月，御敌于朔州，斩首一百八十二，夺回被虏人口一百七十。

三月，御敌于张家口，斩首七十二，夺回所掠人口二百八十四。

七月，御敌于百草沟，亲自射杀一敌。是月，与敌战于鸽子堂，斩首八十六，获马六百有奇。

十二月，御敌于黑石沟，斩首五十八。

升守备万全右卫，寻升完全右卫参将。

嘉靖三十三年（1554）　　37 岁

六月，论功，晋阳和卫都指挥佥事，以游击将军领职。

十一月，御敌于张家口。乘胜斩首七十二，夺所掠五百四十三人及敌资重。

嘉靖三十四年（1555）　　38 岁

三月，晋宣府西路左参将。

四月十八日，徙大同东路参将。

五月，御敌于晋家梁，斩首九十三，获马五百有奇。

六月一日，晋秩二级。

九月八日，令仍统领同事家丁。

九月二十日，因作战不力，罚俸三个月。

九月二十九日，以家丁通事千余人夜冲敌营，获胜。获人畜衣粮甚众。敌西奔张家口出境。

十月，在上、下花园斩敌百二十四。

十一月八日，升俸二级。

十一月十九日，率家丁董一奎等在白阳设伏斩敌先锋二人，敌引去。

嘉靖三十五年（1556）　39 岁

正月，御敌于孤山，斩首三十一。捷闻，拜左都督，赐莽衣一袭。同月，在应州附近斩敌八十六，获马二百有奇。捷闻，晋宣府副总兵。

嘉靖三十六年（1557）　40 岁

二月，于保峰山，御敌，斩首四十三。是月，在金城御敌受箭伤，亲斩三人，此役所部共斩首二百八十二，夺回所掠人口五百二十。

八月，在万全左卫斩敌首六十一。是月，在干庄附近，斩敌首一百七十六，获马五百有奇。

九月，在天城。左腿中流矢，马芳拔矢反射中射者。是役，所部共斩首一百二十七，亲斩三人。

十月十四日，改建昌营副总兵。

嘉靖三十七年（1558）　41 岁

四月六日，令统所部家丁赴大同右卫解围。

九月十七日，朝廷阅视蓟镇两关，因军中积弊，被罚俸两月。

九月（具体日期不详），御敌于寇界岭口，斩首七十八，生擒猛克兔等六人。论功，任子，世官卫正千户。

嘉靖三十八年（1559） 42 岁

三月，在潘家口大同桥附近，御敌，战于金山寺。斩首五十二，夺回敌所掠二百四十五人。闻，敌从鲶鱼石出边。先遣李东阳等据黄崖口设伏，斩其首侏合赤以下二百一十八级，获马千二百有奇，夺回所掠人口三百二十。世宗闻战果，大悦，撤御食，命中贵人劳马芳于军中并赐百金，莽衣一袭。

三月十四日，因敌从潘家口入事件受罚，降二级，仍旧管事。

九月二十二日，改任宣府副总兵。(都督佥事)

十月二十一日，因在蓟镇各营补练土兵富有成效，受到奖赏。

嘉靖三十九年（1560） 43 岁

正月二十日，御史王汝正请治马芳纵敌入境之罪，朝廷不准。

七月，御敌于洗马林，斩首九十八，夺回被掠人口二十六，获马五百有奇。

（具体事件不详，当在七月以后），御敌于忻州，前后斩首一百四十六，夺所掠人口三百四十。

九月，御敌东城。斩首二十六，捷闻，晋实职二等。

嘉靖四十年（1561） 44 岁

八月，马营堡御敌。

九月七日，因七月在宣府御敌，大捷。升秩二级。

十月六日，因干庄子等堡御敌获功，复左都督，仍旧充任协守宣府副总兵。

十月三十日，晋宣府总兵。

嘉靖四十一年（1562） **45 岁**

二月，御敌于柴沟，斩首五十四。

五月二十日，因嘉靖四十年八月，马营堡御敌有功，受赏银币。

八月四日，朝廷下令让其率部移驻隆庆。

嘉靖四十二年（1563） **46 岁**

三月，识破敌偷袭之策，迫使前者退兵。

九月，御敌蔚州，斩敌首二百五十二。又追敌至马肺山，大破之。斩首三百二十七，获马二千八百有奇。

十月二十二日，入援京师。

十一月二日，因京师围解，升祖职一级并赏银三十两、纻丝二表裹。

十二月十二日，因正月宣府御敌功，升二级。

嘉靖四十三年（1564） **47 岁**

正月二十九日，奉调率部三千员在怀来驻扎。

二月，令部下黑晓等御敌于青边口，斩首五十六。

二月十五日，怀来御敌有功，受赏银二十两、纻丝一表裹。

二月十七日，因四十二年冬，宣府西路官军出北沙滩捣巢功，受赏银币。

八月，以亲兵马奉等出塞，战于大哈气。斩首七十九，俘二渠率，获马六百有奇。

九月十四日，因遣家丁三十人出塞四百里，斩敌四级，获二人，夺马七匹，受赏银二十两、纻丝二表裹。

嘉靖四十四年（1565） **48 岁**

二月三十日，因嘉靖四十三年宣府招回房中四百一十四人，受赏银二十两、纻丝一表裹。

八月三日，六月敌从宣府张家口堡入犯，寻趋大同天城新平堡口出边。令戴罪立功。

嘉靖四十五年（1566）　49岁

正月，御敌于草垛山，斩首三十一。

二月，御敌于赤城，斩首四十。

三月初一日，率部在宣府龙门等处斩敌首三十六级，受赏银币。

三月初四日，覆宣大总督尚书赵炳然叙宣府战功，受赏银四十两、纻丝二表裹。

七月初一日，率部于丁宁、水峪口等处斩敌首十八级。

七月初六日，因本月初一日战功，受赏银四十两。

九月七日，巡城御史王宗载截获马芳托内臣刘升保举下属之书信。明世宗令宣大总督查核以闻。

隆庆元年（1567）　50岁

正月（具体时间不详），御敌新开口。以亲兵马贵等御之，斩首七十五。

正月十六日，因宣大边境宁谧，受赏银币。

二月，以亲兵解生追敌新平界外，战榆林县，大破之。斩首八十六，获马四千有奇。同月，以亲兵黑晓等追敌洗马林，战于北沙城。斩首九十四，获马二千五百有奇。

三月五日，依例自陈，朝廷留用。

四月十日，因出边捣剿有功，受赏银币。

七月中，敌拥二千骑入得胜堡。遣游击麻贵、贾国忠分道按伏，自率前锋解生追之。擒八人，斩十三级，夺战马七十三。

八月一日，因得胜堡御敌有功，受赏银三十两、纻丝二表裹。

八月四日，养子马云入敌巢斩敌头目，功未列上，而为游卒所杀。

219

朝廷予以抚恤。

八月（具体日期不详），御敌于水沟台，斩首六十五。捷闻，任子世官锦衣卫正千户。

九月十二日，俺答攻山西石州。朝廷令其率部防守南山。

九月二十四日，宣大总督王之诰请朝廷遣马芳救援石州，不许，仍令芳坐镇宣府。

十二月二日，兵部复奏宣府等处秋防情况，受赏银币。

十二月七日，督军数千由常峪、青边等边出口深入樵采。

隆庆二年（1568）　51 岁

正月初十日回镇，在边凡三十五日，采取柴木，计值八千余两。

三月九日，录招徕被掳人口功，受赏银二十两、彩币一表裹。

四月，率副总兵刘国与敌战于石窑山，斩首六十五。同月，以亲兵马奉等出洗马林觅敌，战于盐海子，大破之，斩首百四十七，获马三千八百有奇。以亲兵补于汉等出西阳河觅敌，战于马肺山，大破之，斩首二百五十一，获马千八百有奇。以亲兵颇贵等出龙门所觅敌，战于三间房，大破之，斩首二百零五，获马三千八百有奇。以亲兵马贵等出右卫觅敌，战于白草沟，大破之，斩首二百四十三，获马千三百有奇。督裨将麻贵出迹虏，战于罕留兔，抵旧兴和城，擒斩首级七十八颗，得驮马一百二十七匹，回军途中，就阵又斩一级。

七月十六日，应总督宣大山西都御史其学之请，朝廷令马芳等会查宣、大、山西、榆林四镇兵马之数，并议抽选之法、训练士卒。

十一月七日，率部出独石边外二百里，袭敌于长水海子，又于鞍子败敌。前后擒斩共八十余人，夺马四十余匹。受赏银四十两、纻丝二表裹，荫一子正千户。

十一月十三日，录宣府修边功。受赏银四十两，赐飞鱼衣一袭。

隆庆三年（1569）　52 岁

正月十九日，因上疏申救田世威等人，遭朝廷申斥。

三月，敌三百骑犯宣府新河口堡。马芳等人督兵合剿，敌遁去。

九月六日，因敌入犯大同右卫镇川堡，东西分掠山阴、应州、怀仁、浑源等处。朝廷令其整兵赴援。

十一月十七日，以宣府西路及万全右卫等处修边工完，受赏银。

十一月十八日，以三月新河口堡御敌有功，受赏银二十两。

隆庆四年（1570）　　53 岁

正月初一，调任大同总兵。

四月九日，以救援威远左卫有功，受赏银币。

十一月二十三日，巡按宣大御史姚继可弹劾马芳御敌不力。兵部令其戴罪立功。

十二月二十四日，以受俘事，赏马芳银二十两。

隆庆五年（1571）　　54 岁

七月初一日，录宣大招徕人口功。受赏。

八月十三日，录宣大招徕人口功。受赏。

九月二十四日，录互市功。升实职一级。

隆庆六年（1572）　　55 岁

二月十七日，录隆庆四年宣、大二镇招降功。升实职二级。

七月十四日，隆庆五年宣、大二镇凡招归正人口四千七百八十七名。马芳等升赏有差。

万历元年（1573）　　56 岁

二月二十七日，因阅视侍郎吴百朋揭发行贿事，马芳被勒令闲住。

万历三年（1575）　　58 岁

九月二十九日，令其前军都督府金书管事。

万历六年（1578） 61 岁

九月十八日，令其为挂印充总兵官镇守宣府地方。

万历八年（1580） 63 岁

闰四月二十七日，因病回蔚州卫调理。

万历九年（1581） 64 岁

二月十八日，卒于蔚州家中。

二月二十六日，赐祭葬。

十二月二十四日，于蔚州城西龙虎崖下葬。

《战功私录》自序①

予年二十二时，挟骑射从戎宣大间，即负吞胡气。当道者谬许予智勇，予亦自誓，杀贼报国。嘉靖辛亥，贼犯南口，力战斩级，始叙功小旗。前此所获所俘固多，受赏赉也。嗣以功，升总旗、百户、千户、指挥使。癸丑，升守备万全右卫。悉心殚力，日以奠安地方，保障军民为计。时军门、抚按，咸嘉予功，荐升标下游击，堵御截杀，劳绩颇著。寻升右卫参将。

甲寅岁，北虏土蛮党部掠蓟镇，患甚，升予三屯营副帅。历任间，奋力斩逐，虏患稍宁。丁巳，酋首黄台吉率部落肆掠宣府，猖獗殊甚，乃转予宣府副帅。于时，地方城垣、壕堑、军马、器械，边防内守，废弛不可言。贼或数十骑，一二十骑，甚或数骑，犯镇属城堡，长驱深入，岁不知几。抢掠人畜，略无顾忌。商旅途行，离墩半里，即枭视狼顾，凝望尘清，方敢拍马，道路几为不通。居民耕种，子粒垂黄，早者幸获十一，虏骑一来，则任蹂掏。室庐岁成悬罄，星散小屯，焚毁殆尽。邻边墩堡，杀掳一空。不满所欲，团结数日不去，亦无敢发一卒一骑追逐者，真蹈无人之境矣。予心切忿恨，而主维在人，事多掣肘，惟日不遑食，夜不安寝，竭力截剿，求尽乃心。贼缘易视我军，频年入犯，虽累经折挫，然犹沿边窥伺。予因计诱，冀其犯我，大杀以纾夙忿。或藏军丁于车内，令人挽之北行，假货运以赚贼，百计诱之，竟不敢逾界限。边防渐觉宁谧。岁庚申，拜命秉节钺，乃得锐意整刷焉。城

---

① 该篇文献题为《〈战功私录〉自序》，作者为马芳，载于（乾隆）《蔚州志补》卷12《艺文》。

垣低薄者，高厚之。壕堑堙垫者，浚凿之。军马、器械，增置更作，凡诸废坠，一时改观。握符八年，俘获无算，贼乃远遁。

隆庆四年春正月，俺酋频犯云中。岁多失事，命予再总大同戎务。予自从戎，历大帅，血战何啻数百。仰仗朝廷威德，缙绅指授，士众协助，所至得不偾事。庙堂数举边才，凡若干本。当道保荐素履，共若干章。猥懦武夫，诚为逾分。但久历锋镝，身无完肤，头骨百补，气血耗伤，节理疏漏，风湿易侵，渐成痼疾。每天将阴雨，金疮旋发，目眩耳鸣，筋卷肉颤，诸痛交作，殆不能生。后之子孙，徒知予由某官历某官，而不知实捐躯命博得者。是《录》也，非敢为张己功也，特垂示子孙，知予艰苦所自耳。

战功私录①

嘉靖二十四年，总兵姜石②偶驻大同单于王城。贼数万卒至，官军惧众寡不敌。芳独鼓众力战，所乘骑忽毙于矢，乃亟取驮马，乘之，引弓射中二贼，并杀其马。贼气阻，不敢近。

二十五年冬十一月，芳遇贼凤凰山、夷家店。发矢连中三贼，堕马而遁。追至蔚州石门峪，时月明如昼，贼众大举，芳复奋击之，矢毙二贼，贼惧北奔。所虏兼得贼箭若干。

二十八年秋八月，芳率通丁六人，从山西偏关出边哨探。马憩树下，有贼三千余骑卒至，芳首被刃伤，身中一矢，奋死步斗，乃免。

二十九年秋八月，贼大举入犯居庸关。芳力战于南口、新店，斩贼首数颗，夺贼马五匹。录功。

三十一年春正月，贼入犯大同、红市儿、得胜堡。芳率众逐之出口，内地获安。三十一年春正月，贼以精兵千余骑犯大同红市、得胜堡等地。旌旗蔽野，方图深入，其势锐甚。守堡官军惶惧失措。芳令众无恐，吾当力战，挫其前锋。遂策马麾众进兵，逐出口外，复转战数合，却之。贼遂退走。三十一年春，芳率先锋三骑，从新平堡出边，哨至石嘴头。望见贼帐外立马数匹，乃勒马调兵，伏银洞沟南梁，谋夜半潜入。众虑贼觉来追，芳竟遣三百余骑薄之，黎明直捣贼幕。一贼撄前甚

① 该篇文献被清人吴廷华收入（乾隆）《蔚州志补》卷11《外志补》。从其具体行文方式判断，原文本内容显然经过转述处理，但其价值仍不能低估，是研究马芳本人军事作为的重要史料。具体论证见拙文：《〈战功私录〉发覆》，《回族研究》2020年第4期。

② 当作"姜奭"是，具体考证见前文。

猛，官军咸披靡。芳心自语曰：日高则贼集，况深入虏地，势若骑虎，何惧为？乃奋列赴之。贼矢中芳右手，不及更发矢，亟以刀砍贼甲领，贼仍发矢，芳直奋前，夺其弓，仍以刀砍贼，贼几毙。继又报，有贼帐三所在后，贼矢乱发，不可近。时芳右手被矢，左手持刀，踊跃冲之。贼矢下如雨，芳奋力碎其前锋。贼惶惧，少却。始竞进，裂其幕，斩贼将，殿军而返。贼众追至新平堡。芳骑中矢，危不可支。芳益奋死转突其阵，斩首三级，贼乃退。三十一年冬十二月，贼掠西阳河堡。芳率家丁拒之。矢毙贼马，以贼众，不及斩首，阵中裹贼回。适芳马缨绝，不可骋，下马系缨，贼得突围而遁。

三十二年春三月，贼六万余大举入寇。由青边口入，谍者五鼓报贼至答话台，毁我垣。时昌平总兵刘汉，陕西总兵王孟夏，在戍。欲发兵御之。芳谓：贼五更毁垣，势必猖獗，勿轻动。顷之，守堡官率步军数人，登山觇贼。刘汉等以阻遏责芳。芳复谕之曰：步军周贼，可升台以免，骑军则不可。乃坚守如初。俄贼众蜂起，我军果竞升台。贼射杀家丁刘狗歪所乘马，部军各下马争取马卤、鞍辔，遂群拥至前。芳策马张弓逆之。贼矢中马，马被甲不入，力护狗歪无恙。贼攻不利，遂长驱掠深井，并新、旧保安等处，杀副总兵、参将各一。具贼回道，出张家口。芳与刘汉率家丁五百追之。汉率兵二百五十踵贼后，芳率兵二百五十堵张家口，兼程而进。顾后，惟随葛奈一人。至张家口堡时，宣府总兵胡鼎、参游欧阳安、祁谦等统兵万余，阵于堡门。贼二三十骑不持寸兵，往来无惮，我军亦不动。芳谓诸将：盍歼此贼。咸谓：贼势猖獗，不可动。谓葛奈，奈亦不可。更叱，奈张弓赴贼，贼易我，不走。芳射中二贼，奈亦射中一骑，贼始惊怖，奔大营。众军俱至。芳率众，赴大营截杀，三股势分，气怯，乘夜遁去，弃所掠牛羊辎重无算，全军而返。是年秋七月，贼二十余万，自大同红市堡进口，半入灵邱、广昌，半入紫荆关。时军门侍郎苏，统山西大同、宣府等总兵官，并保定四镇，人马数万，由阳和随之。有报，贼已过紫荆关者。芳即率刘汉往哨，登高梁见尘起。谓汉曰：贼在近矣。汉曰：此游尘也，芳曰：不然，此尘溯风前触，贼必近矣。已而，信然。芳虑军门遇贼于途，势将辟易，多遣人诇之。时芳止一人从行，贼易我，作邀击状。芳恐迫近军门，不敢疾驰。故按辔徐行，贼骑渐近，连发数矢。一贼拾矢摇首，遂不前迫。诇者至，报军门已进刘家营堡。芳始舍贼奔营。又虑刘家营堡，粮草不继。夜半，贼偶语，欲速围刘家营。芳疾驰报军门，当即分兵伏天成、阳和等处。黎明，贼知分兵伏堡，谋乃寝。识者谓：阳和至刘家营路仅一线，使是夜不闻贼语，其计得行，我辈无遗类矣。

三十四年秋七月，贼四千余骑，自井坪西山入口，掠至应、朔、马邑等川。有哨马数骑，直入朔州南关，掳男、妇、牛畜无算。芳率兵按伏东城。闻报，辄率军百余，出门追贼，不数里，见我军围，贼莫敢前。芳提刀直进扑之，复见我军围贼，被贼射死三人，跃马张弓，我军不敢近。芳谓：贼势猖獗，若不死战，虏势益炽。遂令军众突前，奋击劈死三贼，杀死五贼，官军气倍，贼败而走。三十四年冬十月，贼二十余万入朔州川。边报一日至者八九，人情恟恟，咸谓贼锋不可格。芳谓：贼来既迅，利在速战，欲挫其锐，当出其不意。乃率军千余，夜二鼓时，突入其营。贼不虞官军至，弛备不克战，遂斩获首级七十三颗，获战马二百八十匹。

三十五年春四月，贼大举犯界岭口等地方。芳率众堵贼，贼毁我垣欲入，随其所毁处御之，贼不得入。时官军张弓发矢，且击且射，势如拉朽，生擒哨马贼二人，余贼惊溃。秋九月，贼复大举入犯三团营地方。芳率众遏之，追至大宁口，且战且却，贼不及方轨，人马前后失次。官军激于义，无不以一当百。斩首三十颗，夺回被掳男女，并牛、羊、驴、骡无算。贼众垂首，气阻，旋遁去。

三十六年秋八月，芳从建昌回至柴擀堡北山及干庄等处。值贼骑沿河一带下营，芳率众丁于旧杨家堡伏兵。斩首七十余颗，夺马五百余匹。

三十七年秋七月，贼大举入犯代州一带地方。芳率军追击，贼众分二队，东队走北，西队散乱。芳乘其阵势未整，直前奋击，斩首三十余颗，夺牛、羊一百五十余只，战马二百三匹，人口百数。贼惧，遂大奔。

三十八年夏四月，贼至怀安丁宁口入犯。时边报告急。芳曰：事棘矣。乃利器械、具藁粮，分兵伏东城南渡口。贼卒至，伏兵四起，贼骇愕奔喙。追至大同界，贼奔阳和边出口。自是不敢妄肆。

四十年秋八月，贼大举至柴沟堡下营怀安川，掠深井渡口等地方。芳率军奋击之，射死贼人马不可数记，乘胜追至东城堵截河口贼，贼不能进，奔右卫边遁去。

四十二年春三月，贼五百余骑从西阳河入抢至柴沟堡。芳率家丁百余追截之。就阵斩首一十一颗，仍射死四贼，夺马八十一匹。贼众奔溃。

四十三年七月，贼首黄台吉、把都儿，北贼二千余骑，从洗马林堡进口。芳率家丁奋击，遁去。

隆庆元年秋八月，贼数千从右卫边入。参将李世臣等授以方略，率三营人马，相机夹击。贼入，内将田，各持按兵不动。芳得报，出击。各兵尚犹豫未进。芳策马直进，追至虞台岭。传合各官，堵贼归路不及，贼得逸去。擒斩贼首一百七十一颗，夺马二百三十余匹，堕崖落堑被刀带矢者无数。号哭北奔，出口数里，犹不敢回视。旧传，虞台岭即总兵某覆兵之所，虏遂利之，频岁入犯，种植皆废，地方苦之。此捷后，无只骑近边窥伺矣。使诸将能奉令剿击，必匹马不返，时论惜之。

宣府镇城四面，面方六里，周回共二十四里。岁久砖城石烂，颓塌不堪保障。芳以百万生灵藉城依庇，颓废若此，奈何？值坝州王公至，同心议修。因烧砖无柴，议一年修一面，四年完工。疏允。众以宣镇逼邻虏巢，贼苟觇知，恐乘。元年十二月七日，督军数千，不避寒冽，由常峪、青边等边出口，深入虏巢樵采，至次年正月初十日回镇。在边凡三十五日。晨起宵寐，无时刻休息。虏骑远遁，不敢附边。军士散漫讴歌，家丁信宿牧马，相忘于夷穴。用粮料三千七百余石，而采取柴木计值八千余金。是年三月，筑窑烧砖，越七月某日而城工告竣。原议四年

228

之工，不满四月。余砖可给数年修葺之用。其窑柴中可作梁柱椽枋者，俱拣集收贮，以充公用。凡宣府左、右、前三卫，兴和一所，各衙署皆焕然一新。

隆庆二年，上谷春不雨，入秋潦，粟烂草腐，草束腾贵，军贫无力饲马。芳以追逐丑虏，全赖马力，马草不给，必致瘦损。万有紧急，徒步挟贼，其势不能。于是，谋取资于虏地。哨知张家口边外，地广草茂。督各营军士，亲为架梁，防护刈草十日。军之力勤者，得数月马草。于是，马肥藉用，军威壮观，咸感实惠焉。是年秋八月，芳率军从洗马林堡出边捣巢。约四鼓至夷地罕留兔。时塞地寒逾冬月，众不能堪。芳指授战守机宜，略无寒色。遣军丁四出觅虏。俄日高，众各奔营，云：去此六七十里西北山嘴，卒遇游虏，相持时许，各无损失。彼见我众，设防必严，宜舍之去。芳誓众曰：虏帐散处沟岔，非如中国人联络团住。西北知备，东北岂有知觉耶？命趋东北，敢言回者，以军法治之。众如令。去东北二百余里，遇贼，督军入巢杀贼。所至身先士卒。每单骑独出数十里外，时虏咸惧，各远徙漠北。行至日晡间，阒无所见。芳必欲得虏，兼欲相度险夷，驱驰竟日，抵旧兴和城。是城于永乐初已属虏，有二百年来无中国人迹矣。芳提兵信宿此地，耀其威武。虏皆月来，得报，兼程趋剿，贼觇知兵至，退伏巢穴。芳授众方略，夜半出师，虏恃地险且百余年不备兵马，不虞其卒至也，逃避不及，擒斩首级七十八颗，得驮马一百二十七匹。缘驻牧散漫，多得逸去。殿军回堡，贼复聚众袭我军。芳勒军回向，复旧击，就阵又斩一级，贼惧而退。

隆庆三年秋九月，贼二十余万从大同老营堡入犯。芳率兵兼程趋广昌堵遏。至张官儿堡，以贼在近，按兵露宿破堡。遣夜不收爪探，遇哨马贼五十余，夜不收趋入堡中。贼回问之，以宣府总兵某对。贼意芳远不能及，以为诒语，且疑且怖，辄解去。夜不收被二矢，脱回。芳料火烧岭为入广昌、蔚州川之通衢，贼拥众入川，其害良剧。夜半，挺身追之，逮黎明，趋八十里。贼闻我军至，夜遁，不敢息，奔阳和北山回

229

巢。诸破堡幸免者，皆遥拜称功。识者谓：此贼谋不遂，大同诸处之害免矣。

冬十月，贼数百骑，时绕西阳河地方。时边墙间为贼毁，守备李国珍率守堡步军三百余人，负陷修葺。贼早知，精兵千余突至，官军辟易。芳正统兵追贼，在途得报，兼程趋赴。及抵边，官军被围，势不可支。贼卒闻芳至，实时解窜，兵不血刃，全活三百余人。

隆庆四年夏四月，酋首俺答率部落万余骑，谋犯大同、威远、右卫等处。芳闻警率兵驱逐。贼哨马探知，进兵遂止。威远城北十里外，地多沟岔，不便用兵，依阻团结，时出精锐，诱我北追。芳出，经数址阵，皆身亲合战，或挫其前锋，或驱之遁北，射伤贼虏人马甚众，阵中不能斩割。相持半月余，贼惟蜂拥蚁聚，不敢顷刻开营，地方毫无疏失。兵疲食乏，忿恍宵遁。俺酋老猾，精于用兵，犯边必遂掳获，未有似此举，这窘困者。论者咸云：使得报稍持犹豫，贼得下川，饿虎之势，司土者能遏之耶？威远未必善守也，士众诵功无间口云。

《战功私录》题跋

马征西智勇具备。从戎以来，大小战数百接，能以少击多，策定辄大捷，史称为一时名将。冠战功，盖不胜录矣。六十以疾归，作是编及图，曰《私录》者，为示后人言之也。

或以征西之功公不录，而私录之，疑其为不平之鸣，是非征西意。然而，有明录功之典，则实有不可解者。盖自成祖定都燕京，宣镇实为之背，和林余蘖，缪镯不宁。卫所诸指挥外，仍镇以总兵等官，边计非不密。然毁垣坏堡，史不绝书，而姑衍狼居胥之烈，杳不可得。贼闯自西来，迎而致之者，且出自挂镇朔印之承允，则宣镇几无人矣。虽然亦有之。洪之镇宣也，迤北谓之杨王；万达之督师也，俺答谓之翁太师；其于征西也，则亦以称万达者称之。此皆足以惊敌，而寒其胆者。然统幂之难。洪拥大兵十余万，任其君北狩，而莫之救，其视两太师何如？然洪也，侯且世侯矣。两太师者，独置之五瑞之外，岂其功诚不足录哉？即如是《录》所载三十余战，固合大小并纪之。而录于公者，惟嘉靖二十九年新店一战而已。至如隆庆二年秋，以捣巢出边，追奔二百余里，群帐尽徙漠北。我兵遂驻兴和，盖二百年来官军不到之地，亦二百年来边将未有之功。九陛策勋，即与开平、中山并降爵赏似亦非过。然无有过而问之者，非录功者之咎？而谁咎哉？然不录于公，以为邦家光，未尝不可录于私，以为子孙训。其后，征虏、平羌，先后靖国者，阅三世而得七人。忠贞世绪，累叶争辉，即谓由是《录》开之也可。

马将军传序（代）

虏自土木之祸，为国家患益炽。嘉靖间，宣大叛卒数起，鉢虏内侵，代宗人有二心，奉表割地，烽火遂无虚日。□肃皇帝决事斋居，天威不可测。然窃怪其时责怪督府文臣，逮捕窜徙相属，顾于武臣不深罪，何也？文臣初以罪见法，后来者，闻命或涕泣不欲行。而上方事祷祠，每有警，则乞灵玄坛，有捷则归功玄佑。

辅臣侧媚人也。子贪而黠，阿邑取容，不欲数发奔命书，以崖宵旰，而督抚争赂分宜父子。日进熟上前，冀苟免旦夕，至诡令台省，露章以微罪行为幸。上神圣，非臣下所及，谨察诸督抚，如阿大夫誉言，日至则心日益疑。而武臣，若马将军其人者，上自别用耳目得之。其为左都督与为大将，悉出宸断。罚严于文臣而宽于武臣，殆以是乎？

庚戌之变，大有所诛赏，而边饷日益。饷以赂权贵十五，以唉虏十一，以给兵十二三，而武臣复浚之，兵安得不弱？督抚之命寄于权贵，武臣之命寄于督抚。内赂权贵，外赂督抚，救过日不暇给，何所恃赖而出死力为国御虏？上久不视朝，一旦御门咨询筹画，诸臣集议阙下。赵文肃请叙大同周尚文功，以激励将帅，而仇鸾始幸拜大将军，总宣大诸路兵。上唯赐私银曰：朕所重唯卿一人。鸾败，上知道武臣不可偏任，弥责成文臣，而武臣宠绝，无望鸾万一。

马将军功名自庚戌始。以彼受特达知，积累战功不得侯，无乃有所惩耶？抑马将军耻为债帅行媚权贵致然耶？汉文帝惜李广不遇时，令当高祖世，万户侯岂足道哉！侯自人主可予，而文帝以惜广，盖厌兵故。比至武帝，好大喜功。诸裨校尉已下，材能不及中，取侯者数十人。广卒以失道见法。时命在天，人主如其臣何？马将军虽不侯，其所摧败业

232

足暴于天下矣。今虏款垂四十年，不可忸也。异日且有拊髀而思马将军者。夫人才难易，兵柄重轻，边计得失，朝政升降，余观《马将军传》未尝不三叹息焉。

马将军家传

马公名芳，字德馨，陕西灵川所人也。十岁为继母所虐，逃之李王堡[①]，依其从兄。会虏警，里人奉头鼠窜。语兄曰：虏亦人尔，奈何畏之甚？兄瞋目而嘻：童子何知，兵在其颈矣。公匿笑：始吾以兄为男子，乃妇人也，吾不与皆毙。不辞而行。失道逢虏，止公。使之牧，寸铁不着身，私以曲木为弓矢，革为弦，习射，命中如注。虏酋俺答，将万人猎。有虎咆哮，众蒲伏，虎至公所，一发殪之。酋属之目。内穹庐中饮，以径路刀、留犁、挠酒，裹以旃裘，授以良弓矢、善马，使执寝戈，而先后之。公阳为之用，而阴怀复国。所过山川，常登望识其处险，夷道近远，水草饶乏。熟察虏部落众寡，权力高下，惯习其饮食、衣服、言语。居则画地为军阵，明进退攻守之宜。慨然曰：虏譬之如禽兽，吾寝处之矣，七尺躯宁为羁终世乎！□当其夜，间道草山亡归，昧爽，虏觉而捕之，射杀二骑得脱。

周武襄方镇云中。投谒，试其技、咨其方略，大奇之，署勇士队士。不尽饮、不近水、不尽餐、不尝食，所过不樵树、不朵艺、不抽屋、不强丐，先计后战，战不必胜，不苟接刃。因事为势，用人不拘文法，往从其所。众喜曰：得主而为之死，犹不死也。

俺答猿臂善射，控弦之众数十万，最名桀黠。子黄台吉，有气敢往，部兵三千人，戴铁浮图，马被铠，长刀大镞，望之若雪，名铁甲军，为边郡患无虚岁。公数御之，斩馘中率过当，应得官。以父居灵州，食贫，愿悉受赏代养。嘉靖庚戌，都督郭公耳其名。檄召问：若何

---

① 当作李旺堡是，具体考证见前文。

而战？公对曰：谈何容易，镇兵十万，弱小、劳死、罢转十五六，壮丁十一二。又分置各路，其隶大将者不满五千。虏内犯，胜兵率数十万，少亦数万。我以五千人委之，罢士无伍，甲兵钝弊，几为笑而不陵我。然窃观俺答，勇而轻。黄台吉，愎而鲜断。诚广耳目、屯要害、深垒固军以须之，观衅而动，慎虑而从之，攻不足者，守有余。庶无全胜，必无丰败。若宣示购赏，为勇爵奋行者，官过其望。出其不备，掩其帐落，歼其种众。使妇子相怨却，徙而北，亦一策也。郭公拊髀曰：善哉！若之言是，何见之晚也。置麾下，力战深入之士，皆属焉。其秋，虏寇古北口，号三十万。壁清河，剽怀柔、顺义，吏民杀而膊诸城上，殴男妇、畜产万数，望屋而食，焚城郭庐舍，火光彻于都门，暴骨如莽。诸路援兵，各顾其后，蔑有斗心。公与私属徒百人三，踊于庭曰：芳在此，敢勤他人乎？麾其骑驰虏，虏不知所为，色骇。呕击之，斩虏将，解其左肩。虏奔，逐之左右角之，复斩其骑十数。诸军观者如堵墙，何物罴也，若是，其果于众，与众之信辑慕焉，有死命而无二心。盖公尝以事见法，故云。论功，授阳和卫总旗。

辛亥正月，虏寇水口。公射杀走之。壬子二月，虏寇威远，伏枭骑盐场，而以二十余骑摩垒致师。公知其诈我而驾也，以百骑先薄所伏，而三分其军之锐，以次合而函虏，虏辟易十里而远，斩首九十。三月，虏寇新平。御之，相持二日，虏云翔而不敢校，退次野马川。背山而营，期以明日战。公料虏且遁，秣马蓐食，潜师覆诸山下，虏骑过未半，我兵衷之。虏大乱，斩首九十六。众相贺，公有不豫色然者，众异之，路问曰：有喜而忧，如有忧而喜乎？公策其马曰：追将至矣。趋守险而身断后。顷之，虏麇至，矢三集。公面意气自如，督战益厉。虏啮指"是铁汉儿"，遂去。众问公：何以知虏遁，遁何以知复来？公曰：虏攻我不下，背山而营，惧也。期明日战，缓我也。目动而言肆，情见力屈矣。悉众复来者，意我胜而滋休息，收合余烬，致死于我也。众乃服。四月，虏复入寇。公御之，战于泥河。左股中流矢，不为动，大破之。斩首二百四十二，获负私从马二千八百。论功，授指挥佥事。

癸丑正月，虏入寇，公御之，至膳房堡。计曰：虏胆意甚盛，且道回远，师不继，不如捷之速也。自某至某抵虏穴，势必返顾，批亢捣虚，制胜在我矣。时大雪没牛马目，公拊而勉之，人人如挟纩。虏以汉马不能寒，相枕藉而寝，醒而矢如雨，一个负矢，百群皆奔，布路而逃。斩首七十人，获马三百有奇。二月，虏寇井坪，入朔州。守陴者皆哭。公不介马而驰抵朔，骑相属者财百人，直突虏围。有酋怒马以骋，公斩其足，而暂余众奔。斩首百八十二，夺所掠百七十人。三月，寇张家口。公闻，不顿舍，赴之。至登鹰巢困诸厄，矢石齐发，虏披靡舍马，以马鞍冒首而兑维其喙矣。斩首七十二，夺所掠二百八十四人。七月，俺答以二十万骑寇红市，逼紫荆，师徒挠败。督府苏公，总三镇之甲救之。问于介，众莫知计所出。公请据百草沟徼遮虏。苏公壮而许之。未至里许，尘起，公大叫：虏近矣。勇士刘汉曰：此游尘耳。公指视之：尘溯风前触，虏必非远。语卒，虏至。见我兵寡，扬鞭傲睨如无人。公不忍其逅也。前有骁骑，射之中股，又射之中目而死，交摔竟日。公敕厉其骑曰：用少莫如齐致死。士殊死战，无一还心，虏莫之亢也。已还次，闻诸军壁刘家营，忧之。是中无见粮，攻之以饥，剪马倾覆矣。先驰趋诸将为五陈，以相离，馈饷辐凑。既如是，虏怪问：孰为汉儿画此策者？以公对。俺答戒其众曰：是夫好勇，去之，以为之名。公名由此愈重。是月，虏寇铁果门，御之，战于鸽子堂。斩首八十六，获马六百有奇。十二月，寇洗马林，御之，战于黑石沟。斩首五十八。甲寅六月，论功，晋都指挥佥事，以游击将军领职如故。

十一月，虏寇龙门，逼新旧保安，副帅参将死之。虏钞略𫐓载，三十余里不绝。公率刘汉、葛奈，自阳和并道至张家口。帅胡升及诸军，军于东门。虏将三十骑纵招摇门下。公奋焉凭怒，必灭此而朝食。诸将恐：安知非诱，不少审，固糜烂矣。公笑曰：虏既厌所欲，我轻兵来诱，何利焉？岂固我哉？丈夫亦取单于耳，多人不无生得失。呼葛奈往其射之，矢三而已，左射马而右射人，皆射股。反队，众从之。乘胜斩首七十二，夺所掠五百四十三人。虏弃后重走，我兵取资焉。已寇宣

236

府。御之，战于麻峪口。斩首九十五。已，再寇新旧保安。御之，斩首五十三。乙卯三月，晋宣府西路左参将。

五月，虏寇采梁山。御之，战于晋家梁。斩首九十三，获马五百有奇。七月，徙东路。九月，虏寇井坪，公追及马到山。斩首九十四，获马二百有奇。是月，虏大举寇朔州，公援之。夜中召健儿十人，食马而食，"虏谓我未□难，邀战此时也，弗可失也"。系马舌、出火灶潜斫虏营，四面炮举，虏狂骇，不测我兵多少，遂溃。蹑北追奔，斩首百五十九。十月，虏大举寇上、下花园。公下令收保清野，虏无所掠而返。先伏兵马头山堑之及泉，断其后之木而弗殊，虏过之推而蹶之。斩首百二十四。丙辰正月，虏寇洗马林，公御之及孤山。斩首三十一。捷闻，上拜公左都督，赐蟒衣一袭。左都督于武臣穷贵矣，故事偏裨无授者，实自公始。是月，虏寇应州，相去里所。射士以鞭箭射虏，虏多死。视其箭短不可用，以为神，解围去。尾之，斩首八十六，获马二百有奇。捷闻，晋副总兵，仍领职如故。

丁巳二月，虏寇保峰山，御之。斩首四十三。是月寇朔州经二日，大获。公率葛奈追之及金城，虏反距。公度虏所获在前，防我之侵轶也，以骑牵我，先者不力战，后者不救，我可以逞，将注则虏关矣。射公，汰甲贯臂，血殷甲裳，众失色。公徐丸弓抽刃而前，到三甲首，众莫不生气，疾驱及，虏大众卒不能暇，合刃斩首二百八十二，夺所掠五百二十人，尽复其所失，亡者盖还，而公甫觉创重也。乡者不言，痛地忍之耳，两月而差（通"瘥"）。八月，虏寇万全左卫。公疾走并力袭虏。斩首六十一。是月，寇柴沟，至干庄，燔储胥，驱田中刍牧者。公再援之，众欲战，不从。我劳，寇佚，克不可命。虏归必渡河，伏其旁，半涉而后可击也，首尾不相顾，无生命矣。如其言，斩首百七十六，获马五百有奇。明月，虏围天城。督府在围中，公甫罢干庄之役，捉发走出，倍日并行天城。人见马都督来，喜以逆之，"吾属生矣"。夜缒纳师，公恚曰："婴城而守非夫也。命为军师而卒以非夫，唯余子能，我弗为也。"振臂而呼冲围，马如风，哗叩声如雷，城上人鼓噪而

237

应之。流矢中公股，拔矢反射中射者。首队于前众席胜，如墙而进。斩首百二十七，首刃者三。虏人相尤："故知马太师，勍何白送死为？"

十月，晋建昌副总兵。戊午九月，虏酋插罕儿寇界岭口，御之。以亲丁马孔英等先登，斩首七十八，生致其枭骑猛克兔等六人。虏乡不闻公徙建昌，公免胄而趋风。虏见之曰："信，马太师从天而下耶！"遂去之。论功，任子，世官卫正千户。己未三月，虏寇潘家口，薄大同桥。御之，战于金山寺。斩首五十二，夺所掠二百四十五人。初，边遽以告。上问辅臣："马芳安在？"捷闻，上大悦，撤御食，命中贵人劳公于师。虏从鲇鱼石出，公趋黄崖口，弇中劣容一骑。先遣李东阳等据之，我兵压虏而陈。虏自相蹈践，死尸满谷，斩其酋侏合赤以下二百一十八级，获马千二百有奇，夺所掠三百二十人。捷闻，赐百金，莽衣一袭。

十一月，仍故官移宣府。庚申七月，虏入寇，御之，战于洗马林。斩首九十八，俘生口二十六，获马五百有奇。虏兵号二十万，寇山西，薄忻州。公一日夜驰五百里而舍。诸军壁，日中不启。公呵之："今日之事，犹救火追亡人，唯恐不及。晋人缅然，引领北望，旦而立期焉，痛心疾首，容可需乎，需事之贼也。受命而来，望敌而退，厉之，不如忻口隘，虏骑虽众，无所用之，吾士未憖也。击其首，诸君分良以衡其中，虏离斯必败，偏败必携。晋难可抒矣。事机之会，间不容发，有如虏度忻口，晋必危。摽甲执兵，固即死也，死战，死曲挠，孰愈？"众阴喝，不得对。然而，前知其为人之异也。或窃言曰："事之不捷，恶有所分，姑听之。"公捉殴刀疾视曰："必尸女。"于是众踊跃从公。断虏为二，一自偏关，一自雁门出，七遇皆北。斩首百四十六，夺所掠三百四十人。九月，寇东城，御之。斩首二十六。捷闻，晋实职二等。

辛酉，虏寇平虏。御之，斩首八十三，获马、橐驼千五百有奇。九月，寇天城，御之，战于李家岩，斩首五十二。是月，虏大举寇怀来，公要击于土木。手刃三人。至干庄合战，又胜之。斩首五十六。十月，黄台吉大举寇西阳河。主帅李贤战城南，中流矢，余师不能军。公驰射

238

虏，殪二人，虏谨："马太师又来矣。"遂走，贤获免。上诘大司马："何不以芳代贤？"疏上，不逾时命下矣。公集诸将以值序，听政辟，抚剑而诏之曰："吾乡者，专行不获，无大威命。今三军生死悬吾手，吾与女约。夫以死捍边者，兵也。仁爱士卒可与之死与之生，而人不倦者，若曹也，有不共命视吾剑。"集诸兵而诏之曰："不惜重费养兵者，将也。不爱死以殉者，若曹也。有不共命视吾剑。"又集诸亲兵而诏之曰："乃公与若曹，万死一生，而就于此。人情，生于忧患，死于安乐。慈母有败子而严家无格，虏则能罚之加焉必也。有不共命视吾剑。"日益缮亭障险□，集明伍、候讨军实，归老幼，返孤疾，养斗士。衣以其衣，舞以其剑，同利相死，屹然金城汤池之固矣。云中上谷间，有御人者充斥于道，行李积患之。使健儿马虎等，衷甲而佯为妇人，装载以牛车，贼犯而遂执之，尽获之。壬戌二月，虏寇右卫。御之，战于柴沟，斩首五十四。九月，黄台吉寇洗马林，觇其有备也，不得入。而有为虏中行说，输国情者。说曰："红门有小径可至西山，以春时窃入，焚陵园。汉法，主将失守必诛。马公诛，余若发蒙振落耳。"诇者以告耳。明年三月，公往红门，以一列卒从，谁何（通"呵"）瓮脱中虏，身在此可决一战，谁敢者？虏愕，"是马太师耶"！公谇语："若鼠窃狗盗，以齿吾刃，不武。"虏头抢地，具道本指（通"旨"）所以为者，释之。黄台吉无所发愤。九月，拥众渡桑干，薄蔚州。公召诸将议之："吾隐情，以虞虏乱心无厌，昧于一来，难与争锋。计宜者为三：伏于道更，远以为疑兵；募死士取车输投津处，谍虏辂之；虏马陷，伏四起，夹而瘃之。"斩首二百五十二。公复召诸将议："虏易入塞，我不一犁其庭，终以我为怯。率葛奈等出膳房口，迹虏于马肺山，大破之。斩首三百二十七，获马二千八百有奇。甲子二月，虏寇青边口，以黑晓等御之。斩首五十六。八月，以亲兵马奉等出塞，迹虏战于大哈气，破之。斩首七十九，俘二渠率，获马六百有奇。乙丑，虏寇西阳河。以数骑尝我，我兵不手弓，而此者三。虏布骑四掠，公因纵击之。射其魁殪，众怖急，大崩。斩首六十七。八月，寇独石。公营于云州，虏以两

239

铁骑挑战。公恚曰:"谓吾骑不可,寡用乎! 耻也。"呼马奉、葛奈两人来,饮之厄酒而往拒之。各俘一骑,衿甲面缚,坐中军之鼓下,虏众遥望为寒恐,遂去。丙寅正月,虏寇西阳河。御之,战于草垛山,斩首三十一。二月,寇赤城。御之,战于郭外,斩首四十。三月,寇东山庙。御之,及其未定而薄之。斩首百七十三,俘二十一人,获马七百有奇。

七月,黄台吉寇东城。公以亲兵、斥候蹴伏山泽之险,虽所不至,必斾而斾陈之,而身提三百骑逆虏。虏骑十万,来避之入马莲堡。堡墙圮,众请塞之。不可。请登台亦不可。开堡四门,偃旗卧鼓,堡中寂若无人。虏欲入,黄台吉曰:"马太师善给人,将可乎哉!"殆于不可,日入虏野烧灼,天嚣达旦。围中人人泣下,公饮股卧,鼾声达户外,众稍安。日三商不起,左右撼之:"将若何?"公不答。趣堡人椎牛,切牛肩炙而啖之。虏骑窥者相伏莫适入,我兵益安。明日,公蹶然起,坐曰:"虏退矣。"众曰:"未也。"公乘城指虏北军多反顾,当有他谋,鸣笳吹角,按辔徐行,示之以整。诸将兵来会,请缘间宵突之,行三十里,公忽旋马顿足:"竖子,几败。"乃公事任副帅在右卫,其为人也,伐知而多力,寡谋而好名,遇虏必战,产害大矣。从近关往为之援,则右卫已窘之,击之,斩首百六十八,获马三百有奇,夺所掠四十人。诸将吏效首虏,贺将军以三百人当十万虏,坐颓堡中而无败,抑有说乎! 公叹曰:"堡墙颓,马可腾而上,虽闭门何为? 吾即出亦不能达大军,军摇心矣。穷鸟困兽犹知救死,吾欲以死决战,战而不胜,徒贻国辱。故知酉多忌,因以愚之,属有天幸而免。"众潸自失也。

丁卯正月,虏寇新开口。以亲兵马贵等御之,斩首七十五。二月,以亲兵解生等迹虏新平界外,战榆林县,大破之。斩首八十六,获马四千有奇。二月,以亲兵黑晓等迹虏洗马林,战于北沙城。斩首九十四,获马二千五百有奇。

七月,寇新河口,至于柴沟,御之。虏失利。公遽振旅,虏将更虞台岭,宜先往。众曰:"新河口近,而夷虏必走是。"公摇手曰:"虏非大败不速退，舍近而走远示我无畏也，舍易而走险示我难追也。吾已断之矣，无是贰言。"至岭，虏未尽度，鼓儳而扼之。斩首二百七十一，获马三百有奇。捷闻，赐飞鱼绯衣一袭。八月，黄台吉寇右卫，御之，战于水沟台。台吉使使来言："吾两人手相搏耳。"公为夷言语其使："吾发未燥，与虏战未得一当，若固所愿也。"台吉悔之前言，"姑尝彼，彼崛强"，乃尔引去。追之，斩首六十五。捷闻，任子世官锦衣卫正千户。

俺答寇山西，陷石州，主帅申维岳坐论死，副帅田世威等下诏狱。公上言："虏可斗知，不可斗力。世威等不量力致亡一城，罪何辞。然，胜负兵家之常，以一事诛诸将，继此者将折而入虏耳。乞以臣锦衣荫赎其罪。"不许。是月，虏寇膳房堡，御之。斩首七十九。

戊辰，或为黄台吉谋，曰："宣府城不过三仞，以五万人犯蔚州，马太师必悉兵驰援。更以五万人登宣府空城，亡无日矣。"公知其谋，率师伐木塞外，得百万株，衰宣府城匦，月而毕。其秋虏犯蔚州，命将御之，黄台吉果寇宣府。城高而坚，亡如何，遂去。蔚州围亦解。是月，公出独石境，迹虏，战于张水海子，大破之。斩首三百六十七，获马二千有奇。捷闻，复任子一人锦衣卫正千户。

四月，虏寇洗马林。率副总兵刘国御之，战于石窑山。斩首六十五。是月，以亲兵马奉等出洗马林迹虏，战于盐海子，大破之。斩首百四十七，获马三千八百有奇。以亲兵补于汉等出西阳河迹虏，战于马肺山，大破之。斩首二百五十一，获马千八百有奇。以亲兵颇贵等出龙门所迹虏，战于三间房，大破之。斩首二百五，获马三千八百有奇。以亲兵马贵等出右卫迹虏，战于白草沟，大破之。斩首二百四十三，获马千三百有奇。督裨将麻贵出迹虏，战于罕留兔（后文脱漏）。

241

马将军传赞①

李维桢

　　旧史氏曰：嘉隆间宣大称名将，以赵公岢及公为巨擘，战则同疆，守则同固，而公尤著。少而隐悼播越，能自归，壮而受知郭公。不五年官一品，又五年为大将。身经九十余战，被十余创，卒未尝挫，以功名终，真男子哉！目不知书，行事暗合古人。既贵，折节好儒，尽与其乡士大夫、贤豪长者相结，日造请不厌。田世威已释，遇公寡恩，曾不一校。吾乡者，为官家公计，非望德我也，其喻大义如此。子栋官晋帅，林官辽帅，有父风。

---

　　① 〔清〕王育榜修，李舜臣纂：（乾隆）《蔚县志》卷30《艺文·马将军传赞》，第172、173页。

书马大将军传后^①

　　大将军马公芳，为明神宗时名帅，秦人也。总镇宣云，经九十余战，身被十余创，斩级数千，西边称太师而莫敢名。京山李公本宁为作《传》，甚备。生子二，长栋，次林，皆总兵柄，声烨烨著朝野，边人至今多怀之。孙数人，曰炯、曰爋，亦拜大帅。父子相率没于王事，尽臣节，共事绩，详之家乘，不具论。今有大将军孙，名烜，号澧水者，曾任偏将，乞归，侨居广昌。数相过从，得备闻其家世，而惜公父子著大节，不见鸣于世。因撮其要，私窃向慕云。澧水称述，大将军幼孤，居灵州，值西部入，挟之出塞。使牧羊，冬夏一裘，听其栖止。大将军闲中削荆为弓矢，日习射，且精。更从同作土语，不少异，得周知西部虚实。

　　会当天大雪，西部长纵猎穹庐外。人各捕射鸟兽，不暇成队。遇猛虎逸出，奔西部长，长怆皇驰走，将噬及，忽旁飞一镞，穿虎腹，得少挫。长控马，顾再镞，虎已毙矣。因呼曰：援我者谁？则见披敝裘，盘跚而前者，为公也。长愕然，呼渐至，乃与公偕归幕，速之坐，公曰：予小人曷敢？长曰：非子，予且不支矣，子为予之功臣，何泥常格为？因叩公名，知灵州挟与来者，自是不令牧。易缟纻、骏马，位次通侯间，同卧起。久之，西部长复内举，用公前导。公阴识出入山川、道里，随其归。归未卒岁，乘长夜，寝盗其捷足、利刃，驰入边。路方半，追者踵至，公先后格杀数人。叩关门，陈来状。关吏白诸大中丞，

────────────

　　① 〔清〕宋起凤撰：《大茂山房合稿》卷5《书马大将军传后》，第807—809页。

询知为内地俘掳者。壮公胆略，录为百夫长。遇警，公出智计堵御，屡建奇功，渐晋职偏裨。公所在，立繁重不胜毛举，此特出身一班也。

大将军次子林，为榆关总戎。素闲韬略，善书，饶有机变。方神宗五路出师，经略公檄令监司某视师。监司故书生，不习兵事。公为之谋曰：前锋俱长驱出关，我辈提一旅，不先计险要，进退之方，徒相率争胜，脱有不济，何以应？且敌未可与斗也。俟其来，吾坚壁待之，乘其师老粮匮，一击而不复振矣。监司某，利于速战，不听。速公行，兵至塞外，果不辨地势。方金鼓成列，间大敌猝至，交斗未久，而人马疲毙，全军为之尽覆。公率死士数十骑，且战且仰天叹曰：天乎！臣力尽矣，非臣之罪也。时二子燃、熠俱从军，相顾失曰：忠孝，至是可以见大父地下无愧，遂共死焉。死之日，门下勇士咸以身殉，无一还者，故公父子遗躯莫可问。澧水奉太夫人惟涕泣，举衣成礼而已。凡数十年来，马氏中衰，独澧水孝思不匮，眷眷以墓地为中间，力不能举，则日夜饮痛，效古人作佣事，愿鬻身以营葬。澧水虽将种，颇具父风，攻诗亦善书。游崆峒，异人授秘录，隐而不发，盖学道人欤？以父葬未果，中心萦结，凡一切世俗酬酢，与人旷然。亲友相目为马痴，而不知其中有隐恸也。澧水从余游最久，述其梗概若此，是诚足传。

儒将马林的辽东生涯

摘　要：明代回族将领马林虽名为武将，内里却是一位饱学之士，颇有士大夫情怀。他初任辽东总兵期间，曾条陈"边务十策"，但目前仅可考见其中之两项主张，即留大同援辽之兵和增加辽东粮饷。此外，他因主张开放辽东马市而与同僚发生龃龉，但他主动公开矛盾的做法则给其自身政治前途埋下了隐患。最后，他又因极力反对税使高淮而遭到明神宗罢遣。马林之遭遇，与其自身性情、李成梁等人的政治操弄以及明神宗的刚愎自用均有关系。

关键词：明代；马林；儒将；辽东

学界此前关于马林的研究主要着眼于他及其率领的北路明军在萨尔浒之战期间的表现。如，李鸿彬的《论萨尔浒之战》，对马林所部明军在尚间崖、斐芬山的战斗过程作了扼要梳理。[①] 李金涛的《萨尔浒之战研究》，对北路明军指挥人员及士兵的构成及马林于临敌之际的战场部署作了简要叙述。[②] 与前两文相比，原廓的《血染尚间崖——三月初二：北路明军死守变"守死"》一文，不仅对北路明军的战斗历程作了更为细致的考述，还指出马林在尚间崖之战中存在严重指挥失误，导致该路明军的战斗力没能得到充分发挥，然而，此路明军在战场上的顽

[①] 李鸿彬：《论萨尔浒之战》，《中央民族学院学报》1979 年 Z1 期，第 54、55 页。

[②] 李金涛：《萨尔浒之战研究》，中央民族大学博士学位论文，2012 年，第 74 页。

强作风还是给建州女真军队造成了不小的杀伤。① 要指出的是，马林曾先后两次出镇辽东，萨尔浒之战发生在他的第二任辽东总兵任内，除此之外，马林此前在辽东的诸多历史作为尚有值得探究之处，惜目前无专文对其进行考察。笔者以为，在历史人物研究层面，单抽出某一历史片段进行分析未必能够做到周致，进而影响到对于人物本身的客观性评价。对于马林的研究，应该建立在长时段考察的基础上，再对其一生作为给予总体考量。此即是本文撰写的初衷。因篇幅所限，文章暂且对马林初任辽东的相关史事进行考析，二次出镇辽东之事迹将另作文考述。粗疏率略处，请方家赐教！

一、将门子弟，儒者气象

马林，蔚县人，生年不详，万历四十七年（1619）战殁于开原城下。其父乃是明代嘉靖、隆庆、万历年间的著名将领马芳，母亲师氏，出身于阳和卫武将家庭，马林是马芳与师氏所生第三子。②

（一）仕途顺遂

由于马芳屡立战功，作为儿子的马林较为顺利地得以经荫官之途成为武官。据《蔚州卫选簿》记载："长男马桧，嘉靖四十四年随父在宣府渡口堡斩首一颗，拟升小旗，故绝。次男马林系应袭儿男，承袭正千户，加亲兄马桧小旗一级并授指挥佥事。四年，马芳更任大同总兵，北虏款贡，有功，题荫一级，世袭。马林加升指挥同知。"③ 据此，马林在嘉靖末年即承袭了蔚州卫指挥佥事，又于隆庆四年（1570），加升指挥同知。

马林早年的仕途颇为顺遂。《明史》称："林，由父荫累官大同参

① 原廓：《血染尚间崖——三月初二：北路明军死守变"守死"》，《国家人文历史》2019 年第 10 期，第 83—87 页。

② 韩立基：《明马芳及夫人师氏墓志铭考》，《明诰封夫人师氏合葬墓志铭》，《文物春秋》1993 年第 2 期，第 75 页。

③ 中国第一历史档案馆、辽宁省档案馆编：《中国明朝档案总汇》，《蔚州卫选簿》，第 70 册，广西师范大学出版社，2001 年，第 247 页。

将。"① 此中道出父亲对于其早年仕途的影响。马林擢升参将的时间为万历十八年（1590）二月，"以总督宣大标下游击马林，充分守蓟州镇太平寨参将"②。万历十九年（1591），因阅视大同边务光禄寺少卿曾乾亨的举荐，马林受到朝廷嘉奖。"马林等各赏银十两……曾乾亨荐其边材可用也。"③ 万历二十年（1592）五月，顺义王扯力克执献史车部两酋长，马林则以制敌功，被擢升为宣大副总兵。"以虏王擒献史车二酋，叙文武诸臣功。加……马林副总兵……各赏银币有差。"④ 万历二十二年（1594）十月，调任大同左卫，"以宣大副总兵马林，调补大同左卫"⑤。万历二十三年（1595）二月，巡按御史林寅宾阅视宣、大边军后奏请叙文武将吏劳绩，马林再受嘉奖。"将领麻贵、马林以下，各升俸赏银币有差。"⑥ 万历二十七年（1599）九月，升任辽东地方兼备倭总兵官，"命马林以原官挂印镇守辽东地方兼备倭总兵官"⑦。要说明的是，马林此时虽兼任备倭总兵官，但明朝与日本在朝鲜的战事已经完结，因而马林未入朝参与作战。

以上即是马林历官过程。从中可以看出，除恩荫、奏请、集体叙功之外，基本未见他有因战功而受到升擢或嘉奖的情况。故而，史官在评价马林一生军事作为时不无苛责之意地写道："虽更历边镇，然未经强敌，无大将才。当事特以虚名用之，故败。"⑧

（二）雅好文学

徐阶在上呈明世宗的奏疏里讲："臣惟用人当论其材，不当专论资格。至于将官，尤要取其谋勇惯战，而略其粗率，如马芳、胡镇，皆起

---

① 张廷玉：《明史》卷 211，列传第 99，中华书局，1974 年，第 5586 页。

② 《明神宗实录》卷 220，万历十八年二月乙酉，第 4121 页。

③ 《明神宗实录》卷 241，万历十九年十月乙卯，第 4498 页。

④ 《明神宗实录》卷 248，万历二十年五月辛巳，第 4623 页。

⑤ 《明神宗实录》卷 278，万历二十二年十月己未，第 5140 页。

⑥ 《明神宗实录》卷 282，万历二十三年二月丙午，第 5208 页。

⑦ 《明神宗实录》卷 339，万历二十七年九月己巳，第 6302 页。

⑧ 〔明〕张廷玉：《明史》卷 211，列传第 99，第 5587 页。

自行伍，不识一字却能杀贼。"① 此处虽旨在阐明用人之道，却道出马芳不识字的这一情况。对此，马芳墓志里则讲得较委婉，其说曰："虽质朴少文，然多大略，晓畅兵事。"② 总之，马芳"少文"当是事实。为改变这个局面，马芳的妻子师氏非常重视后代的教育，"为隆师亲友，责其凡斤习铅椠业，故二子敦诗书，挽礼乐，塞上无能右者"③。马家培育后人习文与当时社会大环境有较大关系。明人唐枢曾言："本朝武臣至嘉靖一大变，而武欲胜文矣。究厥所自，国初以将对敌，举动自由。以渐而制于群珰之出镇，乃设巡抚以制群珰。又以渐而制于巡抚、总督之吹求。重臣握兵权，借巡按以为纠察，又以渐而制于巡按之翻异随在掣肘。不得不文，以为自御之计。且文臣轻辱鄙陵，动以不识字为诮，及其荐剡，则右文而后武。又不得不文，以为自立之途。于是，天下靡然从之，莫知其自为武矣，此岂安不忘危之道哉。④ 前引史料大体道明代武将常因文化欠缺在官场中受到文官的鄙夷乃至欺凌。鉴于此，为身家计，武将努力习文以为"自立之途"已然成为嘉靖时期的普遍做法。马林就是在这样的社会背景之下逐渐养成儒者之气韵的。

马林的岳父孙献策⑤，曾于嘉靖三十八年（1559）在其家乡广灵县建一楼阁，"建水磨、水碾，遂于北崖上修筑砖楼一座，高入云霄，故名曰：缥缈楼"⑥。后来，马林在"缥缈楼"附近，"增建东楼，曰：栖

① 〔明〕徐阶：《世经堂集》卷 2《又答兵事》，《四库全书存目丛书》集部第 79 册，齐鲁书社，1997 年，第 389 页。

② 河北省文物局长城资源调查队编：《明故特进荣禄大夫前军都督府左都督兰溪马公墓志铭》，第 678 页。

③ 《明诰封一品夫人马母师氏合葬墓志》，载韩立基：《明马芳及夫人师氏墓志铭考》，第 75 页。

④ 〔清〕谭吉璁：《延绥镇志》卷 3《名宦志下》，《四库全书存目丛书》史部第 227 册，齐鲁书社，1996 年，第 378 页。

⑤ 《明诰封夫人师氏合葬墓志铭》，载韩立基：《明马芳及夫人师氏墓志铭考》，《文物春秋》1993 年第 2 期，第 75 页。

⑥ 〔清〕刘荣：《广昌县志》卷 13《古迹录》，成文出版社，1969 年，第 621 页。

云，西楼曰：待月，楼前创水云居。崖上周围雉堞，楼后建方月轩，左、右罗列皆书斋。后有果园，广二十亩，名知乐园。楼东创一洞，石级而下，即建青莲阁三间，石柱擎空，浮在水面。前有莲池，后建环玉堂，前后书斋婉曲，四面小屋围绕。过水碾百步，建万花谷，构环翠亭，北依山南，临流东西，短垣编菊为篱，名花佳卉，无不尽列。亭前作曲水流觞，外有园地数顷，多植蔬菜。是园也，林木葱蒨，楼阁掩映，花香鸟语，四时皆有春色。往来游客无不赏心，虽曰塞北，实似江南"①。经此一番营建，"缥缈楼"及附属建筑群成为当地胜景，另外，园内书斋中贮藏的大量典籍，为文人墨客参研学问提供了便利的条件，"缥缈楼在县东一里。嘉靖间指挥孙献策建，后总兵马林增构馆阁、亭轩，聚古今图史，俾志学者肄讲焉"②。由上可见，马林的生活是何其雅致。

正是文化上的熏陶，使得名为武将的马林在内里已与文人没有多大差异。甚者，他所展现出来的才气为一般士大夫所不及。"都督林并以大将驰文坛，无愧色。今两蔚祠庙、寺观径尺大字，林所书，皆栋所题也。说礼乐而敦诗书，故屡莅严疆，胥能以功名见。"③ 因文才出众，马林得到了时人的赞誉，称其有"古儒将风"④。总之，蔚州马氏到了马林这代人时文化素质已经有巨大改观，不再是纯粹的武人家庭。明了这一点，有助于解读马林日后在辽东诸多作为的内在动机。

二、初任辽东，锐意振作

马林赴任辽东后，对该地的军务措置颇有主张。上任伊始，他就积极建言陈说其边务主张。"尝陈边务十策，语多触文吏，寝不行。"⑤ 据

---

① 〔清〕刘荣：《广昌县志》卷13《古迹录》，第621、622页。

② 〔明〕觉罗石麟：《山西通志》（二）卷36《学校》，（景印）《文渊阁四库全书》第543册，台湾商务印书馆，1986年，第226页。

③ 〔清〕王育橒修，李舜臣等纂：《蔚县志》卷20《武功》，成文出版社，1968年，第114页。

④ 〔清〕李英：《蔚州志》卷下《学校志》，清顺治十六年刻本。

⑤ 〔明〕张廷玉：《明史》卷211，列传第99，第5586、5587页。

此，"边务十策"未被采纳。尽管，这通奏疏未被明清以来的各类史书收录，但在《明神宗实录》及其他相关史籍的零星记载中仍能窥见其中个别主张。

（一）留大同援辽之兵

众所周知，由于早前的"壬辰倭乱"，明廷为应对在朝鲜对日军的作战行动，曾抽调部分宣、大及其他地区军士前往辽东或朝鲜助战。马林就任辽东总兵时，对日战事已经完结，但此时尚有各地援军驻留辽东。从兵部的题奏来看，马林主张早前援辽的大同兵马仍留该地归其节制。

兵部题：大同援辽之兵，原为一时济急。今东事既宁，岂容久假不归？既该总兵马林查议，应留、应撤。其马匹粮料，仍于辽东马价年例内扣除。所遗马七百四十五匹，除各存留军丁领骑，余者归于何处，亦要查明。①

据上，兵部以为，朝鲜战事既已完结，则大同之兵就不宜久驻辽东，这是总的基调。不过，鉴于马林的请求，仍然允许一部分大同兵士留驻辽东归他统属，其余则要撤回本镇。此外，大同驻辽兵士的马匹粮草供给，仍令辽东镇负担。最后，大同兵回镇后，留在辽东的七百四十五匹战马如何处置，让马林核查后再行处置。

马林提出前述要求，情有可原，他毕竟是出身宣、大的武将，统领大同之兵或更得心应手。另外，朝鲜战事此时虽已完结，明廷若遽然撤回在朝军队可能给日本以卷土重来之机。主持御倭事务的邢玠、万世德亦表达了这样的担忧，"属国初复，气势尚微。留兵善后，所以周万全之虑，终字小之仁也。第当撤，不撤必滋靡费，不当撤而遽撤，恐隳成功"②。二人之上疏大约与马林同时。据此，鉴于当时形势，作为备倭总兵官的马林，为防止朝鲜重燃战火，请求将具有预备队性质的援辽大

---

① 《明神宗实录》卷345，万历二十八年三月丁巳，第6428页。
② 《明神宗实录》卷345，万历二十八年三月丁卯，第6439页。

同军士留驻辽东亦属分内之事。

（二）增派辽东粮饷

从户科都给事中李应策回应马林的题奏可知，后者在"边务十策"中曾要求朝廷增加辽东兵士的粮饷。"户科都给事中李应策题：该辽东总兵马林条议补救十策。欲每兵月加银一钱。"① 此请求遭到李氏反对，其言曰："臣查：辽东九万五千兵额，今堪战守者，止四万，是兵减去十分之六，不见所余之粮饷，而但见增饷七万七千。马额今堪用者二万，是马减去三分之二，不见所余之刍料，而但见增料。要见该镇如何粮饷屡加，兵马愈少。酌令，民财匮乏之时，非惟部伍月粮，势不能加。虽保寨仓场亦难轻设，非惟该镇新议，力不能从。虽援兵旧饷亦难久给，伏乞严加稽核，以纾国计。岂得以国之命脉，民之膏血，填无穷之壑哉！"② 显然，在李氏看来，辽东兵不满伍，边务废弛，但兵马愈少的同时却粮饷屡加，在逻辑上讲不通，加之，国家民财匮乏，故而，马林的请求势难应允。此外，据"虽保寨仓场亦难轻设"判断，马林还主张增设一些钱粮存储场所，但也一并遭到反对。李氏的反驳之辞得到了皇帝的认可，"将官才说振饬，便请增粮，及至粮增，依旧不曾振饬一番。增粮，各镇习以成风，有何纪极，马林条陈有无裨益边计，该部看了来说"③。据此，马林增加粮饷的建议先前曾被采纳，但此次则因李应策的驳斥而作罢。

"十策"提出不久，辽东广宁营军就发生了哗变，马林因连带责任被罚俸处理。④ 或许马林前次索要钱粮就是为了避免类似事情的发生。当时的吏部侍郎冯琦也曾进言："军伍既缺军饷，复迟以枵腹之兵，抱离心之衅，自春间呼噪之后，尚自汹汹不安。"⑤ 内中已道出广宁营兵

---

① 《明神宗实录》卷345，万历二十八年三月戊午，第6428页。
② 《明神宗实录》卷345，万历二十八年三月戊午，第6428、6429页。
③ 《明神宗实录》卷345，万历二十八年三月戊午，第6429页。
④ 《明神宗实录》卷348，万历二十八年六月壬申，第6489页。
⑤ 〔明〕冯琦：《宗伯集》卷50《奏疏》，《四库禁毁书丛刊》集部第15册，北京出版社，1997年，第627页。

变是因缺饷之故。总之，"边务十策"的具体文本已难详考，但前述两项主张当是其重要内容。从这两项主张的采纳情况看，前引《明史》"寝不行"的说法并不严谨，而应是部分得到允纳。

（三）倡议开放马市

马市是明政府与边疆少数民族互市的一种固定场所，因主要以交换或收买马匹为主，故名。明代重要的马市有辽东马市、宣大马市等。"隆庆四年，俺答孙把汉那吉来降，于是封贡互市之议起。而宣、大互市复开，边境稍静。然抚赏甚厚，朝廷为省客兵饷，减哨银以充之。频年加赏，而要求滋甚，司事者复从中乾没，边费反过当矣。辽东义州木市，万历二十三年开，事具《李化龙传》。二十六年从巡抚张思忠奏，罢之，遂并罢马市。其后总兵李成梁力请复，而蓟辽总督万世德亦疏于朝。"① 此处较为清晰地展现了隆庆至万历年间宣大、辽东马市（木市）的开罢情况及背后考量。

马林至辽东，正值马市关闭。然而，在他看来，开放马市可以缓和同女真之关系，进而减轻辽东官军的军事压力。此主张在朝中引起了冯琦的响应，冯氏认为"若军挟粮赏，虏挟马市，内外相合，良可"②。但是，辽东巡抚李植则坚决抵制这个主张，甚者与马林因此事而交恶，"因抚臣不欲开义州、广宁木马市以苟安，而弛内备。镇、道欲开市以便耕牧，息士马，因此矛盾"③。李植认为，开放马市苟安的做法，日后必将导致辽东军事防御的松懈。此外，引文中的"道"指时任辽东兵备道副使张中鸿，他与马林皆主张开放马市。

与马林相比，李植在防御女真的问题上颇为激进，他主张将防御线前推，"欲复旧辽阳，请内帑十万，募精兵五千人，筑新边，以御虏……人言植议筑边，欲籍全辽之众，三丁抽一以事工作。"④ 在坚持

---

① 〔明〕张廷玉：《明史》卷81志第57，《食货五》，第1983页。
② 〔明〕冯琦：《宗伯集》卷50《奏疏》，第627页。
③ 《明神宗实录》卷348，万历二十八年六月己亥，第6512页。
④ 《明神宗实录》卷365，万历二十九年十一月辛丑，第6822页。

这一策略的前提下，他不可能主张开放马市进而缓和同女真的关系。兵科给事中侯先春支持李植，并对马林、张中鸿提出批评，其言曰："辽左马市创设已久。旧抚臣张思忠以糜费日增，会题报罢。义州木市，抚臣李化龙题请开设，未几，亦竟停止。两者于战守军机毫无关系，镇、道惑于地方靡房之计，坚意举行，训练兵马置之不讲，及房背约内犯，辄咎抚臣不从之故。是镇、道之见诚左，而抚臣必请部院会议，则又不任事之故也……房之入寇，殆无虚日，缮甲厉兵，犹惧不足，乃欲以二三千金之赏，饱其溪壑而遂得安枕哉?"① 尽管李植、侯先春等反对开放马市，但朝廷最终采纳了马林的意见，同意在辽东重新开放马市、木市，"二十九年复开马、木二市，后以为常"②。

三、力抗高淮，惨遭罢遣

自万历二十四年（1596）开始，神宗陆续向地方派出矿监、税使，以搜刮民间财富。对此，明廷内部有识之士纷纷上疏试图谏止这一政策，但皇帝一意孤行，甚者对持异见者施加惩戒。马林就是因为坚持对辽东税使高淮进行抵制而遭到明神宗的严厉处置。

高淮是在万历二十七年（1599）三月被命前往辽东征税的，"丙戌，遣监丞高淮，督原奏阉大经等往辽东开矿征税"③。到了辽东后，高淮恣意妄为，引起士大夫诸多批评。同年五月，御史涂宗濬上言："迩来税使横矣，犹未敢擅议大政，残琢缙绅。未有如高淮之怀奸越俎，恣无忌惮者也。夫报功抚按之任也，而淮辄侵之。"④ 涂氏明确指出，高淮侵夺辽东督抚之权，建议皇帝："严旨戒饬高淮，以后止理税务，至地方军兵边情，专听督抚裁决，不得一毫干预。则小人窥伺之萌可杜，而国家无疆之业可永矣。"⑤ 神宗对此则置若罔闻。蓟辽总督蹇达

---

① 《明神宗实录》卷348，万历二十八年六月癸酉，第6490页。
② ［明］张廷玉：《明史》卷81志第57，《食货五》，第1983页。
③ 《明神宗实录》卷332，万历二十七年三月丙戌，第6142页。
④ 《明神宗实录》卷335，万历二十七年五月壬申，第6215页。
⑤ 《明神宗实录》卷335，万历二十七年五月壬申，第6216页。

也曾先后二十余次上疏参劾高淮，但皆无下文。"高淮张甚，参劾不下二十余疏，如水投石。"①

在这样的背景下，作为辽东总兵的马林与高淮发生了冲突，起因还是后者过分干预辽东军政。兵科给事中宋一韩题称："税监高淮，本市井亡赖，有妻有子。少时包揽崇文门税课，深知税之有利，故贿买奸弁，代奏抽榷辽左。又鼓弄神术溷称'镇守'二字，借此恐喝将领，刻削军士。"②高淮假称"镇守"对辽东将士颐指气使，这对于作为总兵官的马林而言是无法容忍的。据前述，马林是一位具有浓厚文人性情的武将，他与士大夫对高淮的态度也是基本一致的。"税使高淮横恣，林力与抗。"③对于马林的不合作，高淮直接上疏参劾，最终神宗听信高淮说辞，将马林罢官且永不叙用。万历二十九年（1601）二月，皇帝下旨："内外官员俱系朝廷钦差，义当同寅协恭，何乃各分彼此，偏执纷争，职守安在？总兵官马林，蔑旨玩法，诸不法事情，好生可恶，本当拿问究治，姑且革职闲住，永不叙用，员缺便推堪用的去。"④据，"何乃各分彼此，偏执纷争"判断，马林对高淮越俎代庖之举做了有力抗争。

神宗站在高淮一边，对马林做出罢官遣戍的处置，这引起朝中轩然大波。"会中使榷税辽左者，疏劾大将军马林，上用其言，罢之，朝论大骇。"⑤先前反对开放马市的侯先春这次则上疏申救马林，其说曰："本朝镇帅皆廷推。设有不法，则抚按交章，兵部议复，以俟宸断，盖其重也。今以横珰片辞，徼中旨黜罢，令将权日益削，边事日益非，究

① 〔明〕高汝栻：《皇明续纪三朝法传全录》卷6，《续修四库全书》史部第357册，上海古籍出版社，2002年，第730页。

② 〔明〕吴亮：《万历疏钞》卷41，《辽建类》，《续修四库全书》史部第469册，上海古籍出版社，2002年，第537页。

③ 张廷玉：《明史》卷211，列传第99，第5587页。

④ 《明神宗实录》卷356，万历二十九年二月丙申，第6661、6662页。

⑤ 〔明〕赵南星：《赵忠毅公诗文集》卷14《明正人兵部职方司郎中张公墓志铭》，《四库禁毁书丛刊》，集部第68册，北京出版社，1997年，第428、429页。

且祸国。"① 侯氏以为，神宗以发中旨处置马林不符合程序，高淮作为宦官干涉边事，遗祸无穷。侯先春的上疏令神宗震怒，激烈回应道："今日览文书，见兵科党救总兵马林，好生可恶。马林先日妄言要誉，排陷督抚。今又凌辱钦使，抗阻违玩，及诸不法事情，姑念大将从轻处了。侯先春徇私逞臆，必受彼贿赂。马林着发于烟瘴边卫充军，侯先春降二级，调极边方用，不许朦胧推升。再有激奏的，一体重治。况旨下将极旬日，该部尚未推堪任的来，其中亦有私曲情弊，着回将话来。"② 从"凌辱钦使"判断，马林或是对高淮做出了让后者难堪的举动。这次神宗加大了对马林的惩罚力度，将他发遣充军，又以"受贿"为由将侯先春降职边方。

如前引圣旨所讲，"再有激奏的，一体重治"，表皇帝以此种激切方式处置马林等，实则为防止诸臣再以营救之名而行反对矿监税使政策之实。此外，神宗还借题发挥对兵部大加责备，尚书田乐只得请罪，"乙巳，兵部尚书田乐请宽马林。上切责之"③。然而，神宗的做法并未能起到震慑效果。刑部郎中严贞度等又会同一些官员上疏申救马林，也被削职为民。"会辽东总兵马林为太监高淮诬劾，奉旨谪戍。贞度以非罪，与同官固持之，上怒以为阻挠矿税，斥为民。"④ 总之，马林抵制高淮的举动与当时士大夫群体反对矿监税使的主张是一致的，在道义上也是站得住脚的。正因如此，他的遭遇得到了有识之士的同情。

四、罢官遣戍，事出有因

马林出镇辽东，本欲振作一番，但最终却以罢官遣戍收场，其任期前后不足两年（约 17 个月）。前述结局的造成与马林自身性情、李成

---

① 〔明〕申时行：《赐闲堂集》卷 27《文林郎兵科都给事中侯君墓志铭》，《四库全书存目丛书》集部第 134 册，齐鲁书社，1997 年，第 564 页。

② 《明神宗实录》卷 357，万历二十九年三月癸卯，第 6665 页。

③ 〔明〕谈迁著：《国榷》卷 79，万历二十九年三月乙巳，中华书局，1958 年，第 4873 页。

④ 〔明〕韩浚、张应武：《嘉定县志》卷 11《人物考上》，《四库全书存目丛书》史部第 209 册，齐鲁书社，1996 年，第 59 页。

梁等人的政治操弄，以及明神宗的刚愎自用都有重要关系。

首先，自视颇高，性情执拗。据《蔚州志》记载："（马）林，丰仪美髯，博经史，善谈论，精韬略，行楷大书尤称独擅，人号武翰林焉。"① 据此，马林仪表不俗且博学善辩。《明史》也称马林，"雅好文学，能诗，工书，交游多名士，时誉藉甚，自许亦甚高"②。通常而言，自视甚高的人往往也比较执拗。在马市问题上，他与李植的分歧本属平常，但不知何以成水火不容之势。又据沈一贯透露，马林曾主动公开他与李植及张中鸿之间的矛盾，"臣接得辽东总督、巡按屡次书揭，及巡抚李植自致书揭，皆言巡抚与总兵、该道意见不合，事事参差，蓄疑蓄愤，日甚一日，彼此之间已成不易释之疑、互不可解之仇，今总兵揭誓词于通衢，以告神明矣"③。马林"揭誓词于通衢"的做法引发沈一贯批评："此等光景，岂可下与士民见、而外与夷虏知乎？不但不能同心报国，勠力防边，必且虏至而战守乖方，盗发而缉捕推诿，酿成大变，有不忍言，全辽之危如同累卵……总兵、该道又当议处，皆宜妙选，相应刻期代任。"④ 在沈氏看来，马林的做法不识大体，给辽东地区的军政工作带来消极影响，故而，在催促确定新任巡抚的同时建议对马林、张中鸿进行撤换。但该意见未引起皇帝回应，于是兵部又上言："辽东抚臣与镇、道，各怀异心，势不能令释憾同事。乞于会推中简任一人，若马林、张中鸿不可不调处，以一事权者也。"⑤ 这次神宗下旨："辽东近多虏患，总兵偏执违拗，本当革调，但念秋防正急，易将非宜，马林姑着策励供职。一应战守，务要巡抚协谋，如再抗玩失误，从重参来处治。"⑥ 神宗虽对马林提出批评，但还希望他与李植、张中鸿等人摒弃

① 〔明〕李英：《蔚州志》卷下《人物志》，第 273 页。

② 〔明〕张廷玉：《明史》卷 211，列传第 99，第 5586 页。

③ 南炳文、吴彦玲辑校：《万历起居注》（三），万历二十八年，天津古籍出版社，2010 年，第 1757 页。

④ 南炳文、吴彦玲辑校：《万历起居注》（三），万历二十八年，第 1757 页。

⑤ 《明神宗实录》卷 348，万历二十八年六月辛丑，第 6513 页。

⑥ 《明神宗实录》卷 348，万历二十八年六月辛丑，第 6513、6514 页。

前嫌，同心职事。

然而，事态的发展未如神宗的预期。蓟辽总督邢玠再上疏："题催速点辽东巡抚，因论总兵官马林、兵备张中鸿意见不合，渐生乖忤。乞另议更调。部复，以秋防在迩，道、将官不宜轻易而辽抚见推已久，乞赐速点，以便统辖，允之。"① 神宗虽答应尽快处置，然又犹豫不决。为此，冯琦上言："总兵马林、兵备张中鸿，意见不合，渐生乖逆。彼此之情既隔，文武之衅已开，此其势诚不可共处。督臣具参前来，欲将马林、张中鸿调用，而请速点新推抚臣，诚为边方深计，不容一日缓者，臣等读其疏，而不胜杞人之虑也。"② 内中再次强调邢玠的建议绝非杞人忧天之辞，望尽早对辽东军政人员予以处置。神宗回复道："辽东数婴虏患，兵疲将骄。该道既与巡抚不协，本当调处。秋防甚急，张中鸿姑著策励供职，责成后功，不许□□事，以取重罪。新推巡抚已点用了。"③ 总之，前述诸臣大多建议对马林另作安置，给他的政治生涯增添了变数。从"偏执违拗""兵疲将骄"等话语亦可知，马林自视甚高的性情已经引起神宗的不满，只是出于边情考量才没有对他立即撤换。

其次，李成梁等人的政治操弄。从表面上看，马林罢官直接源于高淮的参劾，但背后原因却没有这样简单。继马林之后，李植也遭到罢官，《明神宗实录》在解释他罢官原因时写道："辽自李成梁父子世握兵柄，抚、镇以下，非其亲昵，无不立被斥逐。"④ 马林罢官是否与李成梁存在关联？宋一韩上言："近据人言，咸谓高淮之横，实借总兵李成梁之势。故每见成梁，辄呼太爷，稽首俯伏，而成梁于淮，亦以儿子辈畜之，彼此以权力互援。微高淮之力，马林必不得去，成梁必不得再

① 《明神宗实录》卷349，万历二十八年七月戊申，第6525页。
② 〔明〕冯琦：《宗伯集》卷50《奏疏》，第626页。
③ 〔明〕冯琦：《宗伯集》卷50《奏疏》，第627、628页。
④ 《明神宗实录》卷365，万历二十九年十一月辛丑，第6821、6822页。

来登坛。"① 按此，李成梁与高淮结成同盟，以权力互为应援，马林之遭遇背后有政治操弄的可能。此外，马林罢官伊始，辽东立即有人在朝中放出风声，称辽东局面需李成梁来收拾。万历二十九年三月八日，沈一贯言："全辽乡官、士民投揭朝房，谓李成梁镇守辽东二十年，虏人畏服。成梁离镇十年，八易将，戎务尽弛，战守无资，辽事大坏。还遣成梁前去，方可整理。"② 马林一遭罢官立即有"全辽乡官、士民"为李成梁索官，这过于巧合。由于此请求未得到回应，沈氏遂于五天后上言："总兵马林既蒙革任，内外佥论谓非李成梁不可。皇上往年特用李如松，固嘉成梁威名尚在，而谓其子必能制虏也。今若使成梁，老手展布，视子更精，必当不负任使矣。麻贵亦一老将，但系西人，必用西兵为家丁。马林因用西丁，搅扰辽人，家家为之厌苦。麻贵若不带家丁则无手足，若带家丁又蹈前辙，不若成梁即用辽丁为简便也。"③ 除劝说皇帝点选李成梁之外，这次又解释不能点选麻贵为辽东总兵的原因，这似乎表明朝中对李成梁继任总兵有异见。其实沈氏反对麻贵出镇的理由实在过于牵强，因为万历三十六年（1608）六月，麻贵不仅出任辽东总兵并且任职达四年之久，④ 难道那时麻贵的前述"劣势"就不存在了？在沈一贯连番请求下，李成梁再任辽东总兵官。"戊午，命宁远伯李成梁，以原官挂印镇守辽东。"⑤ 前述史料记载表明，马林的罢官与李成梁等人的政治操弄有关。

最后，明神宗刚愎自用。马林反对高淮在道义上是站得住脚的，可神宗利令智昏，对矿监税使的危害完全不予正视，而是一味用粗暴手段处置马林等人借以压制庙堂舆论。在皇帝庇护下，其后的辽东军政诸臣大多不敢与高淮颉颃，使得他更肆无忌惮。宋一韩直言不讳地讲："年

① 〔明〕吴亮：《万历疏钞》卷41，《辽建类》，第538页。
② 《明神宗实录》卷357，万历二十九年三月丙午，第6668页。
③ 南炳文、吴彦玲辑校：《万历起居注》（三），万历二十九年，第1807页。
④ 纪海龙：《麻贵军旅行实考析》，《回族研究》2020年第2期，第51页。
⑤ 《明神宗实录》卷357，万历二十九年三月戊午，第6674页。

来借税杀人，黩货无厌。阴蓄夷丁数百人，战马数百匹，靡费无算。诸臣明知，而不敢问，此可骇也。且名马、参貂，产自建州，淮不但骚扰驿递，凌轹军卒。每借口交易，输情外夷，起窥伺之谋，招侵侮之渐，而淮因欲以消其平日之技痒。淮之罪，罄竹不足书矣。岂止前屯激变一事已耶！淮自言不早撤，人终籍口。不知宋人靖康之祸，借口童贯，近世庚戌之变，借口仇鸾。中人生事边庭，万年唾骂，古今一辙，何独淮也。淮既知此，何不亟求罢免，必待众怒难犯，始将家私宝货，搬回私第龙窝，为图归计晚矣。龙窝本名打狗屯，淮改今名，此其意可胜诛哉！"① 神宗则是对此熟视无睹，一味让高淮在辽东搜刮财货。万历四十七年（1619）御史杨州鹤上言："职又思税珰高淮，二十余年来，剥蚀辽人不知几千百万金，填委大内。"② 其搜刮财富之巨可见一斑。神宗虽然用这种手段搜刮了大量民间财富却也给明朝的败亡种下了祸患。明史专家赵轶峰言："尽管朝野一片抗议之声，万历皇帝还是坚持这种搜刮社会的政策，直到万历四十八年（1620）他'龙驭上宾'方才中止。在这二十多年间，社会矛盾空前激化，民变蜂起。而且，辽东地方逐步强大起来的后金政权，也在努尔哈赤的率领下公开起兵，开始对明朝开展进攻了。"③ 总之，矿监税使政策在当时是极其不得人心的，对明朝的国运产生了相当严重的负面影响。马林对高淮的抵制，虽然直接表达了他对后者干预辽东军政的不满，更深层次的原因在于他反对明神宗的矿监税使政策。在这一问题上，马林的行为应予肯定。

（发表于《回族研究》2021 年第 4 期）

---

① 〔明〕吴亮：《万历疏钞》卷 41，《辽建类》，第 537、538 页。
② 《明神宗实录》卷 580，万历四十七年三月甲午，第 10983 页。
③ 〔明〕黄宗羲著，赵轶峰注说：《明夷待访录》，《〈明夷待访录〉通说》，河南大学出版社，2016 年，第 6 页。

参考文献

一、古代典籍

[1]《明宣宗实录》，台北："中研院"史语所，1962 年校印本。

[2]《明英宗实录》，台北："中研院"史语所，1962 年校印本。

[3]《明宪宗实录》，台北："中研院"史语所，1962 年校印本。

[4]《明世宗实录》，台北："中研院"史语所，1962 年校印本。

[5]《明穆宗实录》，台北："中研院"史语所，1962 年校印本。

[6]《明神宗实录》，台北："中研院"史语所，1962 年校印本。

[7]《明熹宗实录》，台北："中研院"史语所，1962 年校印本。

[8]〔明〕李维桢撰：《大泌山房集》，《四库全书存目丛书》集部第 152 册，齐鲁书社，1997 年。

[9]〔明〕王樵：《方麓集》，（景印）《文渊阁四库全书》第 1258 册。

[10]〔明〕陈子龙等选辑：《明经世文编》，上海书店出版社，2019 年。

[11]〔清〕张廷玉等撰：《明史》，中华书局，1974 年。

[12]〔清〕旧题万斯同撰：《明史》，《续修四库全书》，第 329 册，上海古籍出版社，2002 年。

[13]〔明〕唐顺之著：《唐顺之集》，马美信、黄毅点校，浙江古籍出版社，2014 年。

[14]〔清〕宋起凤撰：《大茂山房合稿》，《四库未收书辑刊（第七辑）》第 19 册，北京出版社，2000 年。

[15]〔南朝宋〕范晔撰：《后汉书》，中华书局，1965 年。

[16]〔清〕许容等监修，李迪等编纂：《甘肃通志》，（景印）《文渊阁四库全书》第 315 册，台湾商务印书馆，1986 年。

[17]〔明〕朱国祯著：《涌幢小品》，中华书局，1959 年。

[18]〔清〕洪钧撰：《元史译文证补》，《续修四库全书》第 283 册，上海古籍出版社，2002 年。

[19]〔清〕查继佐撰：《罪惟录》，《续修四库全书》第 323 册，上海古籍出版社，2002 年。

[20]〔明〕杨一清撰：《关中奏议》，（景印）《文渊阁四库全书》第 428 册。

[21]〔清〕吴都梁修，潘问奇纂：（康熙）《昌平州志》，《中国地方志集成·北京府县志辑④》，上海书店出版社，2002 年。

[22]〔清〕佚名撰：《清国史》，民国嘉业堂钞本。

[23]〔清〕李塨撰：《恕谷后集》，《续修四库全书》第 1420 册，上海古籍出版社，2002 年。

[24]〔清〕徐釚撰：《南州草堂集》，《续修四库全书》第 1415 册，上海古籍出版社，2002 年。

[25]〔清〕吴暻撰：《左司笔记》，《四库全书存目丛书》史部第 276 册，齐鲁书社，1996 年。

[26]〔明〕何乔远撰：《名山藏》，《续修四库全书》第 427 册，上海古籍出版社，2002 年。

[27]〔明〕曾铣撰：《复套议》，《四库全书存目丛书》第 60 册，齐鲁书社，1996 年。

[28]〔汉〕司马迁撰：《史记》，中华书局，1959 年。

[29]（战国）左丘明著，〔晋〕杜预注：《左传》，上海古籍出版社。

[30]〔清〕王育榞修，李舜臣等纂：《蔚县志》，成文出版社，1969年。

[31]〔明〕申时行等修：《明会典》，中华书局，1989年。

[32]〔明〕于慎行撰：《谷城山馆文集》，《四库全书存目丛书》集部第147、148册，齐鲁书社，1997年。

[33]中国第一历史档案馆、辽宁省档案馆编：《中国明朝档案总汇》第70册，广西师范大学出版社，2001年。

[34]〔明〕苏祐撰：《督府疏议》，中国国家图书馆编：《原国立北平图书馆甲库善本丛书》第2220册，国家图书馆出版社。

[35]〔明〕苏祐著：《苏祐集》，王义印点校，上海古籍出版社，2023年。

[36]〔明〕张爵撰：《京师五城坊巷衚衕集》，《续修四库全书》第729册，上海古籍出版社，2002年。

[37]〔明〕沈德符撰：《万历野获编》，中华书局，1959年。

[38]〔明〕徐阶撰：《世经堂集》，《四库全书存目丛书》集部第79、80册，齐鲁书社，1997年。

[39]〔清〕李英纂修：（顺治）《蔚州志》，清顺治十六年刻本。

[40]包安保修，何耀慧纂：《龙关县志》，《中国方志集成·河北府县志辑》，上海书店出版社，2006年。

[41]〔清〕王文焘修，张志奇续修：（乾隆）《宣化府志》，《中国方志集成·河北府县志辑》，上海书店出版社，2006年。

[42]〔明〕王崇献纂修：（正德）《宣府镇志》，李建武、程彩萍校注，天津古籍出版社，2024年。

[43]〔清〕嵇璜等撰：《续通典》，（景印）《文渊阁四库全书》第399册，台湾商务印书馆，1983年。

[44]〔明〕李侃、胡谧撰：（成化）《山西通志》，《四库全书存目丛书》史部第147册，齐鲁书社，1996年。

［45］〔清〕洪亮吉撰：《乾隆府厅州县图志》，《续修四库全书》第 625 册，上海古籍出版社，2002 年。

［46］〔明〕佚名撰：《诸司职掌》，《续修四库全书》第 748 册，上海古籍出版社，2002 年。

［47］〔清〕陈坦纂修：(乾隆)《宣化县志》，乾隆元年增刻本。

［48］〔明〕孙世芳修，来临纂辑：(崇祯)《蔚州志》，《日本藏中国罕见地方志丛刊续编》，北京图书馆出版社，2003 年。

［49］〔明〕孙世芳修，栾尚约辑：(嘉靖)《宣府镇志》，《中国方志丛书·塞北地方·第 19 号》，成文出版社，1970 年。

［50］李佩恩修，张相文纂：《泗阳县志》，《中国地方志集成·江苏府县志辑》，江苏古籍出版社，1991 年。

［51］〔明〕茅元仪撰：《武备志》，《续修四库全书》第 965 册，上海古籍出版社，2002 年。

［52］〔明〕宋濂撰：《元史》，中华书局，1976 年。

［53］〔东汉〕赵晔撰，崔冶译注：《吴越春秋》，中华书局，2019 年。

［54］韩浚、张应武：《嘉定县志》，《四库全书存目丛书》史部第 209 册，齐鲁书社，1996 年。

［55］〔明〕谈迁著：《国榷》，中华书局，1958 年。

［56］〔清〕觉罗石麟：《山西通志》(二)，(景印)《文渊阁四库全书》第 543 册，台湾商务印书馆，1986 年。

［57］南炳文、吴彦玲辑校：《万历起居注》，天津古籍出版社，2010 年。

［58］〔明〕李贤等撰：《明一统志》，(景印)《文渊阁四库全书》第 472 册，台湾商务印书馆，1983 年。

［59］〔清〕傅维鳞撰：《明书》，《四库全书存目丛书》第 83 册，齐鲁书社，1996 年。

［60］〔清〕沈廷芳撰：《隐拙斋集》，《四库全书存目丛书补编》第 10 册，齐鲁书社，2001 年。

［61］〔清〕孟思谊撰：（乾隆）《赤城县志》，《中国方志丛书·塞北地方·第 22 号》，成文出版社，1970 年。

［62］〔明〕徐学聚撰：《国朝典汇》，《四库全书存目丛书》史部第 266 册，齐鲁书社，1996 年。

［63］〔清〕谷应泰撰：《明史纪事本末》，中华书局，2015 年。

［64］〔清〕傅恒撰：《通鉴辑览》，（景印）《文渊阁四库全书》第339 册，台湾商务印书馆，1983 年。

［65］〔明〕叶盛撰：《叶文庄公奏议》，《续修四库全书》第 475 册，上海古籍出版社，2002 年。

［66］〔明〕李维桢修：（万历）《山西通志》，明万历刻后印本。

［67］〔元〕脱脱等撰：《宋史》，中华书局，1977 年。

［68］〔明〕吴道行辑：《不愧堂刻奏疏》，《四库禁毁书丛刊补编》，北京出版社，2005 年。

［69］〔明〕王鸣鹤：《登坛必究》，《续修四库全书》第 961 册，上海古籍出版社，2002 年。

［70］〔明〕焦竑辑：《国朝献征录》，《续修四库全书》第 527、531 册，上海古籍出版社，2002 年。

［71］〔清〕谢庭薰修，陆锡熊纂：（乾隆）《娄县志》，《中国地方志集成·上海府县志辑⑤》，上海书店出版社，2010 年。

［72］〔清〕黄文炜、沈青崖纂修：（乾隆）《重修肃州新志》，《中国方志集成·甘肃府县志辑》，凤凰出版社，2008 年。

［73］〔清〕郭磊纂修：（乾隆）《广灵县志》，《中国方志丛书·华北地方·第 411 号》，成文出版社，1976 年。

［74］〔明〕顾养谦撰：《冲庵顾先生抚辽奏议》，《续修四库全书》第 478 册，上海古籍出版社，2002 年。

［75］〔明〕周宗建撰：《周忠毅公奏议》，《续修四库全书》第 492 册，上海古籍出版社，2002 年。

［76］〔清〕章焞纂修：（康熙）《龙门县志》，《中国方志丛书·塞

北地方·第 23 号》，成文出版社，1969 年。

[77]〔清〕刘士铭修，王霭纂：（雍正）《朔平府志》，《中国地方志集成·山西府县志辑》，凤凰出版社，2005 年。

[78]〔清〕曾国荃、张煦修，王轩、杨笃纂：（光绪）《山西通志》，《续修四库全书》第 645 册，上海古籍出版社，2002 年。

[79]〔清〕穆彰阿、潘锡恩等纂修：《大清一统志》卷 60《奉天府二》，《续修四库全书》第 614 册，上海古籍出版社，2002 年。

[80]〔清〕王克昌修，殷梦高纂：（康熙）《保德州志》，《中国方志丛书·华北地方·第 414 号》，成文出版社，1976 年。

[81]〔明〕卢承业原编，〔清〕马振文等增修，王有宗校订：《偏关志》，《中国方志丛书·华北地方·第 78 号》，成文出版社，1969 年。

[82]〔明〕申时行撰：《赐闲堂集》，《四库全书存目丛书》集部第 134 册，齐鲁书社，1997 年。

[83]〔清〕刘荣纂修：(光绪)《广昌县志》,成文出版社,1969 年。

[84]〔明〕李春芳撰：《李文定公贻安堂集》，《四库全书存目丛书》集部第 113 册，齐鲁书社，1997 年。

[85]〔明〕郑晓撰：《郑端简公奏议》，《续修四库全书》第 477 册，上海古籍出版社，2002 年。

[86]〔明〕过庭训纂集：《明朝分省人物考》，广陵书社，2015 年。

[87]〔明〕徐日久撰：《五边典则》，《明代蒙古汉籍史料汇编》第五辑，内蒙古大学出版社，2009 年。

[88]〔明〕雷礼等撰：《皇明大政纪》，《续修四库全书》第 354 册，上海古籍出版社，2002 年。

[89]〔清〕朱珪修,李舜臣纂:(乾隆)《蔚县志》,乾隆四年刻本。

[90]〔明〕王圻撰：《王侍御类稿》，《四库全书存目丛书》第 140 册，齐鲁书社，1997 年。

[91]〔明〕吴瑞登撰：《两朝宪章录》，《续修四库全书》第 352 册，上海古籍出版社，2002 年。

[92]〔明〕杨博撰：《杨襄毅公本兵疏议》，《续修四库全书》第477册，上海古籍出版社，2002年。

[93]〔明〕黄景昉著：《国史唯疑》，上海古籍出版社，2002年。

[94]〔明〕王世贞撰：《弇州史料后集》，《四库禁毁书丛刊》史部第49册，北京出版社，1997年。

[95]〔明〕熊廷弼撰：《按辽疏稿》，《四库禁毁书丛刊》史部第9册，北京出版社，1997年。

[96]〔明〕项德桢编：《杨襄毅公年谱》，明刻本。

[97]〔明〕王鏊撰：《震泽集》，（景印）《文渊阁四库全书》第1256册，台湾商务印书馆，1983年。

[98]〔明〕赵贞吉撰：《赵文肃公文集》，《四库全书存目丛书》集部第100册，齐鲁书社，1997年。

[99]〔清〕王崇炳撰：《金华征献略》，《续修四库全书》第547册，上海古籍出版社，2002年。

[100]〔清〕诸自谷等修，程瑜等纂：（嘉庆）《义乌县志》，《中国方志丛书·华中地方·第82号》，成文出版社，1970年。

[101]〔清〕裴天锡修，罗人龙纂:(康熙)《湖广武昌府志》,《中国方志集成·湖北府县志辑》，凤凰出版社，2013年。

[102]〔明〕张居正撰：《新刻张太岳先生文集》，《续修四库全书》第1346册，上海古籍出版社，2002年。

[103]〔明〕程开祜辑：《筹辽硕画》，《丛书集成续编》第22册，台北新文丰出版公司，1988年。

[104]〔明〕陈师撰：《禅寄笔谈》，《四库全书存目丛书》子部第103册，齐鲁书社，1995年。

[105]〔明〕焦竑撰：《焦氏笔乘》（续集），《四库全书存目丛书》第107册，齐鲁书社，1995年。

[106]〔清〕徐开任辑：《明名臣言行录》，《续修四库全书》第521册，上海古籍出版社，2002年。

[107]〔明〕刘大夏撰：《刘忠宣公遗集》文集，《四库未收书辑刊（第六辑）》第 29 册，北京出版社，1998 年。

[108]〔明〕方孔炤辑：《全边略记》，《续修四库全书》第 738 册，上海古籍出版社，2002 年。

[109]〔明〕伍袁萃撰：《林居漫录》，《续修四库全书》第 1172 册，上海古籍出版社，2002 年。

[110]〔明〕陈懿典撰：《陈学士先生初集》，《四库禁毁书丛刊》第 79 册，北京出版社，1997 年。

[111]〔明〕项笃寿撰：《今献备遗》，（景印）《文渊阁四库全书》第 453 册，台湾商务印书馆，1983 年。

[112]〔明〕茅元仪撰：《督师纪略》，《四库禁毁书丛刊》史部第 36 册，北京出版社，1997 年。

[113]〔明〕王士性撰：《广志绎》，中华书局，1981 年。

[114]〔明〕张四维撰：《条麓堂集》，《续修四库全书》第 1351 册，上海古籍出版社，2002 年。

[115]〔明〕沈一贯撰：《敬事草》，《续修四库全书》第 1358 册，上海古籍出版社，2002 年。

[116]〔明〕王世贞撰：《弇州四部稿》，（景印）《文渊阁四库全书》第 1280 册，台湾商务印书馆，1983 年。

[117]〔明〕王在晋撰：《三朝辽事实录》，《续修四库全书》第 437 册，上海古籍出版社，2002 年。

[118]〔清〕阿桂修，刘谨之纂：（乾隆）《盛京通志》，（景印）《文渊阁四库全书》第 502 册，台湾商务印书馆，1983 年。

[119]〔明〕黄宗羲著，赵轶峰注说：《明夷待访录》，《〈明夷待访录〉通说》，河南大学出版社，2016 年。

[120]〔清〕张玉书撰：《张文贞集》，（景印）《文渊阁四库全书》第 1322 册，台湾商务印书馆，1983 年。

[121]〔明〕杨嗣昌撰：《杨文弱先生集》，《续修四库全书》第

1372 册，上海古籍出版社，2002 年。

[122]〔清〕许鸿磐撰：《方舆考证》卷 15《奉天一》，国家图书馆藏民国七年至二十二年刻本。

[123]〔清〕萧琯等纂：（道光）《贵阳府志》，《中国方志集成·贵州府县志辑》，巴蜀书社，2006 年。

[124]〔清〕黄宅中修，邹汉勋纂：（道光）《大定府志》，《中国方志集成·贵州府县志辑》，巴蜀书社，2006 年。

[125]〔清〕王赠芳等纂：（道光）《济南府志》，《中国方志集成·山东府县志辑》，凤凰出版社，2008 年。

[126]〔清〕曾道唯等修，葛荫南等纂：（光绪）《寿州志》，《中国方志集成·安徽府县志辑》，江苏古籍出版社，1998 年。

[127]〔清〕潘镕修，沈学渊、顾翰纂：（嘉庆）《萧县志》，《中国方志集成·安徽府县志辑》，江苏古籍出版社，1998 年。

[128]〔清〕李鸿章等修，黄彭年等纂：（光绪）《畿辅通志》，《续修四库全书》史部第 631 册，上海古籍出版社，2002 年。

[129]〔明〕黄克缵撰：《数马集》，《四库禁毁书丛刊》集部第 180 册，北京出版社，1997 年。

[130]〔明〕鹿善继撰：《鹿忠节公集》，《续修四库全书》第 1373 册，上海古籍出版社，2002 年。

[131]《清实录·满洲实录》，中华书局，1986 年。

[132]〔清〕阿桂、于敏中等奉敕撰：《钦定满洲源流考》，（景印）《文渊阁四库全书》第 499 册，台湾商务印书馆，1983 年。

[133]〔明〕刘理顺撰：《刘文烈公全集》，《四库禁毁书丛刊》集部第 144 册，北京出版社，1997 年。

[134]〔明〕方逢时撰：《大隐楼集》，《四库未收书辑刊（第五辑）》第 19 册，北京出版社，1998 年。

二、今人著述

[1] 纪海龙：《明代边臣养廉地之初探》，《内蒙古大学学报（哲学社会科学版）》2018 年第 1 期。

[2] 陈亮、王娜：《明代蔚州将门马氏补阙》，《回族研究》2016 年第 1 期。

[3] 韩立基：《明马芳及夫人师氏墓志铭考》，《文物春秋》1993 年第 3 期。

[4] 李兴华、李大钧、李大宏：《大同伊斯兰教研究》，《回族研究》2006 年第 3 期。

[5] 李海：《大同清真大寺历史沿革考释》，《山西大同大学学报（自然科学版）》2016 年第 2 期。

[6] 杨大业：《明清回族进士考略（十九）》，《回族研究》2010 年第 1 期。

[7] 范东杰、刘定一：《明代马家将及其形成原因探析》，《武术研究》2016 年第 2 期。

[8] 赵茜茜：《明代"走回人"研究》，中央民族大学硕士学位论文，2013 年 5 月。

[9] 曹永年：《阿勒坦汗和丰州川的再度半农半牧化——阿勒坦汗研究之一》，《内蒙古大学学报（哲学社会科学版）》1980 年 Z1 期。

[10] 方志远：《明代国家权力结构及运行机制》，广西师范大学出版社，2024 年 3 月。

[11] 孙靖国：《蔚州城最初修筑年代考》，《中国史研究》2014 年第 3 期。

[12] 刘凡、肖守库：《古蔚州城建布局与礼制探研》，《河北北方学院学报（哲学社会科学版）》2019 年第 5 期。

[13] 孙沫青：《丁酉战争中的万世德及其历史书写初探》，山东大

学硕士学位论文，2020年。

［14］胡凡、孟修：《明成化弘治时期对蒙古族的"捣巢"作战》，《明长陵营建600周年学术研讨会论文集》，社会科学文献出版社，2010年。

［15］岳宗霞、高文涛：《明代的"搜套""剿套"活动》，《重庆科技学院学报（社会科学版）》2011年第17期。

［16］张小永、侯甬坚：《明朝边军对河套蒙古部落的捣巢研究》，《贵州民族研究》2014年第6期。

［17］张建：《萨尔浒战后明将马林的联蒙抗金》，《满语研究》2022年第2期。

［18］纪海龙：《麻贵军旅行实考析》，《回族研究》2020年第2期。

［19］河北省文物局长城资源调查队编：《河北省明代长城碑刻辑录》（下），科学出版社，2009年。

［20］右玉县政协文史资料委员会编：《右玉文史资料》（第十四辑），2003年12月。

［21］李鸿彬：《论萨尔浒之战》，《中央民族学院学报》1979年Z1期。

［22］纪海龙：《〈战功私录〉发覆》，《回族研究》2020年第4期。

［23］赵晓翠：《从周易家人卦看中国古代家风之道》，《山东社会科学》2019年第5期。

［24］郑岩成：《明代将领马芳的生平及用兵之道》，《西部学刊》2024年9月上半月刊。

后　　记

经过近两年的努力，这本小书终于得以完成。这是我在明代军事史领域出版的首部专著。目前，我的主要研究工作依然围绕《明实录》的修纂史展开，因此，这本书的出版或许显得有些"不务正业"。未来，我将继续专注于《明武宗实录》的研究，同时也会将发现的与明代军事史相关的"有趣话题"陆续撰写成文。

2007 年，我考入内蒙古师范大学历史文化学院，攻读历史专业。在四年的学习生涯中，我结识了许多良师益友。特别要感谢张建军教授，正是在他的鼓励下，我确立了未来从事历史研究的志向。在攻读硕士和博士学位期间，张老师也一直给予我鼓励，至今我仍满怀感激。同时，我也要感谢唐彩霞、李艳洁、王洁、丁晓杰、于永等几位老师，他们在学业上给予了我悉心的指导，并在工作中给予了我大力支持。2012 年，我考入东北师范大学亚洲文明研究院，专注于明史研究。在这里，我有幸结识了赵轶峰先生和李媛老师。赵老师是学界公认的史学大家，他治学严谨、见识卓越、气质不凡，令人钦佩不已。李媛老师是我的硕士生导师，她学术功底扎实，待人谦逊有礼。我特别感激赵老师和李老师对我在学业上的指导以及生活中的关怀。此外，我要特别感谢刘波、肖晴、常文向、谢进东、李小庆、宋学斌、宋兴家、闫瑞、李谷悦等诸位师友，感谢他们一直以来给予我的关心与支持。

2015 年，我顺利考入南开大学历史学院，攻读中国史博士。与大多数博士生相比，我尤为幸运，因为有幸得到两位博士生导师的悉心指导，他们分别是南炳文先生和李小林先生。在入学伊始，南炳文先生就给我选定了研究方向，先生希望我未来十五年左右专注于《明武宗实录》的研究，并在此基础上逐渐扩充自己的研究领域。南先生是享誉世界的明史专家，博学多闻，待人热情，每每对我加以开导，获益良多。我的另一位导师李小林研究员同样是明史研究领域的杰出学者，她在学业与生活方面给予了我无微不至的帮助。即便在我工作之后，李老师仍时常关心我的近况，其关怀之深切，犹如至亲一般。在南开大学求学期间，我曾先后得到何孝荣、庞乃明、王薇、李凡、张传勇、邓阔旸、王丽婕、张楠、薛未未、李俊颖、闫福新、张林峰、姚彦超、任兆杰、邓国军、邵世臻、白瑶瑶、简玉祥、张楚南等师友的悉心教诲与热情帮助，在此一并致以诚挚的谢意。

2019 年，我加入了廊坊师范学院历史系。在这里，我有幸结识了杨学新校长和时培磊副校长。他们两位都是严谨的历史学者，对历史专业的发展尤为关注，并在关键时刻给予了我大力支持，使我的研究工作得以顺利展开。至今，历史专业已经建成了两个省级科研平台，一个"明史与明代研究中心"，这在河北省同级别院校中也并不多见。此外，陈新海、王荣芳、韩建波、李建武、许宏峰、程彩萍、张磊、时亮、冯峰、高克冰、张爱东、朱安文、马寒梅、徐德华、杨文雅、穆俊、郑京辉、任小伟、倪凯哥、赵斌、闫泽宇、张国禄、孙曼华、丁雪、王文辉、张蓉、安月颖、李欣、曾磊、韦彦、迟雪鑫、陈宗华、郭倩、陈琳静、葛新超、胡艳飞等一众同事和领导也给我提供过诸多帮助。我想说的是，正是由于有了各位平时的关照，才让我的心灵在较为繁重的工作之余得了些许慰藉，我对此心存感激。

在本书的撰写过程中，山西师范大学的韩帅老师给我提供了他早前收集的国图馆藏明人苏祐撰写的《督府疏议》。我的学生曹璇帮助我找了部分《马氏家谱》。河北师范大学的刘京老师、中华女子学院的肖晴老师、西南大学的硕士研究生刘泰洁，以及中国文史出版社的编辑，均已阅读了部分书稿，并提出了许多中肯的修改建议。尤其是刘泰洁同学，将书中引文再加以核对，尽可能降低其中的讹误。

同时，我还要感谢我的家人。我的父母、妻儿、弟弟以及岳父、岳母，在我的日常生活中给予了我无微不至的关爱和支持。正是因为他们无私的爱护和不断的鼓励，我才能够拥有充足的时间沉浸在书籍的海洋中，深入地进行思考和学习。他们不仅为我的生活带来了温暖和安心，也成为我前进道路上的强大动力，让我所做的一切工作和努力都充满了意义和价值。另外，需要说明的是，本书为河北省教育厅青年拔尖人才项目"边城世将"家族与晚明军政——以蔚州马氏为中心（项目编号：bjs2022001）阶段性成果。本书的出版还得到了河北省高等学校人文社科研究基地——廊坊师范学院史学理论与中国史学史研究中心及河北省哲学社会科学重点研究基地——海河流域治理与区域社会发展研究的资助，在此一并表示感谢。

最后，对于书中可能存在的讹误，皆由我本人负责，真诚地欢迎读者提出善意的批评以便于后续改进。

2024 年 11 月 30 日于廊坊师范学院二区寓所
2024 年 12 月 15 日于廊坊师范学院二区寓所二修
2025 年 2 月 16 日于天津三修

图书在版编目（CIP）数据

马芳：从俘虏到将军／纪海龙著. -- 北京 ：中国
文史出版社，2025. 6. -- ISBN 978-7-5205-5148-9

Ⅰ. K825.2

中国国家版本馆 CIP 数据核字第 2025HH3090 号

责任编辑：薛未未

出版发行：**中国文史出版社**

社　　址：北京市海淀区西八里庄路 69 号院　　邮编：100142

电　　话：010-81136606　81136602　81136603（发行部）

传　　真：010-81136655

印　　装：北京科信印刷有限公司

经　　销：全国新华书店

开　　本：720×1020　1/16

印　　张：17.75　　字数：249 千字

版　　次：2025 年 6 月第 1 版

印　　次：2025 年 8 月第 1 次印刷

定　　价：58.00 元